Thomas Söding
Blick zurück nach vorn

Bilder lebendiger Gemeinden
im Neuen Testament

W0231840

Herder
Freiburg · Basel · Wien

© Verlag Herder Freiburg im Breisgau 1997
Alle Rechte vorbehalten.

Umschlaggestaltung: Neil McBeath
Titelbild: © Bavaria Bildagentur
Herstellung: Freiburger Graphische Betriebe

Gedruckt auf umweltfreundlichem,
chlorfrei gebleichtem Papier.

Printed in Germany.
ISBN 3-451-26467-6

Inhalt

Vorwort

Was Kirche ist, welche Aufgaben und welche Chancen sie hat, welchen Versuchungen sie ausgesetzt ist und welche Grenzen ihr gesteckt sind – diese Fragen werden nicht nur von engagierten Gemeindemitgliedern gestellt; es sind Fragen, die in Zeiten allgemeinen Wertewandels, massiver Kirchenkritik und »wilder« Religiosität auch erhebliche gesellschaftliche Bedeutung haben.

Eine Antwort auf diese Fragen setzt immer den Blick in das Neue Testament voraus, in die prägende Anfangszeit der Kirche – nicht, weil dort die Rezepte für die Lösung der gegenwärtigen Probleme bereitlägen, sondern weil das Urchristentum eine faszinierende Form des Kirche-Seins und Kirche-Werdens vor Augen stellt, die aktuell ist bis heute. Entscheidend ist freilich, nicht nur die neutestamentliche Kirchen-*Theorie* zu verstehen, sondern auch die Kirchen- und Gemeinde-*Praxis* im Blick zu haben, und nicht nur nach der Ausbildung kirchlicher Ämter zu suchen, sondern auch die verschiedenen Lebensformen der ersten Christengemeinden zu verstehen. Darauf konzentrieren sich die folgenden Ausführungen. Sie streben keine historische oder systematische Gesamtdarstellung der neutestamentlichen Ekklesiologie an; sie wollen vielmehr typische Szenen der Jesus-Nachfolge in urchristlicher Zeit beleuchten, beispielhafte Konstellationen geglückten und konfliktreichen Gemeinde-Lebens, farbige Ur-Bilder der Kirche, treffende Momentaufnahmen der neutestamentlichen Glaubens-Gemeinschaft. Sie lenken die Aufmerksamkeit auf einige Texte, die nicht zu den »klassischen« Belegen neutestamentlicher Ekklesiologie gehören, aber das konkrete Kirchen-Leben widerspiegeln, und sie werfen ein neues Licht auf manche der bekannten Beispielperikopen.

Das Buch geht auf eine vom Herbst 1995 bis zum Sommer 1996 erschienene Artikelserie der Wochenzeitschrift »Christ in der Gegenwart« zurück. Dem Chefredakteur, Johannes Röser, danke ich für die Initiative und die Motivation zur Mitarbeit. Zahlreiche Reaktionen von Leserinnen und Lesern ermutigen mich, jene Artikel, leicht überarbeitet und um einige Abschnitte erweitert, nun im Zusammenhang erneut zur Diskussion zu stellen.

Mein Dank gilt nicht zuletzt meinen Mitarbeiterinnen und Mitarbeitern in Wuppertal und Münster, Jutta Birke, Dorothee Fluthgraf, Jürgen Schulze Herding, Marcus Sigismund, Christian Nanz und Alexander Weihs, besonders aber meinem Assistenten Christian Münch: Sie haben mir wichtige Hinweise zur Relevanz der Themen und zur Form der Texte gegeben.

Möge das Buch zu einer klareren Sicht auf die neutestamentliche Gründungszeit der Kirche und zu einer Konzentration der gegenwärtigen Kirchen-Diskussion auf die wesentlichen Fragen beitragen!

Wuppertal und Münster, 7. März 1997
THOMAS SÖDING

I.
Kirchen-Bilder des Neuen Testaments

Das Neue Testament liefert keine Vorbilder für eine reiche, mächtige, siegreich triumphierende Kirche; wohl aber liefert es viele Vorbilder für eine Kirche, die angefochten und dennoch kraftvoll ist, angefeindet und dennoch überzeugend, schwach und dennoch stark, im Gegenwind und dennoch voller Energie.[1]

1. Kirche damals – Kirche heute

Die Urgemeinde hat keinen politischen Einfluß und keine wirtschaftliche Macht. Es gibt keine kirchliche Bürokratie und keine zentrale Institution, die für Effizienz und Orthodoxie sorgen würde. Es gibt lebendige Gottesdienste und engagierte Gemeindeglieder, anspruchsvolle Verkündigung und intensive Diakonie, missionarische Kreativität und spirituelle Gemeinschaft. Es gibt starke Spannungen, die Einheit stiften, und heftige Kontroversen, die zur sachlichen Klärung führen. Freilich: Es gibt auch Mittelmäßigkeit und Enge, aggressive Abgrenzung und militanten Rigorismus, menschliche Schwäche und sozialen Anpassungsdruck. Es gibt, nicht zu vergessen, mannigfaltige Benachteiligungen von Frauen und schwere Diffamierungen von Juden. Mit einer Romantisierung des Urchristentums ist keinem gedient. Dennoch: die ersten Christen haben Eindruck gemacht. Als einzelne und als Gemeinschaft haben sie anders gelebt, gedacht und gebetet als andere Menschen. Dadurch haben sie Interesse geweckt und Widerspruch provoziert; sie haben Aufmerksamkeit erregt und Anziehungskraft entfaltet, und sie haben viele überzeugt. So klein die neutestamentlichen Gemeinden sind und so verschwindend gering die christliche Minderheit am Ende des ersten Jahrhunderts bleibt, so groß ist die »Dynamik des Anfangs« (Anton Vögtle)[2], und so tief ist in urchristlicher Zeit die spätere Geschichte der Mission verwurzelt, die auf gewaltfreiem Wege weite Teile des Römischen Reiches christianisiert hat – lange vor Konstantin.

In diesen Charakteristika liegt die Bedeutung der neutestamentlichen Gemeinde-Bilder. Die Kirche macht in unseren Breitengraden eine tiefe Krise durch. Genau besehen, läßt sie sich nicht auf die heißen Diskussionspunkte wie Zölibat und Frauenordination fixieren. In Wahrheit ist die Kirchenkrise Seismograph und Verstärker einer »Gotteskrise« (Johann Baptist Metz)[3] unserer Gegenwart: Die Menschen sind nicht weniger religiös als früher, aber weniger kirchlich gebunden. Der Hunger nach authentischer Erfahrung, nach unbedingtem Angenommensein, nach persönlicher Lebenserfüllung ist größer denn je; doch die Unsicherheit, wie dieser Hunger gestillt werden kann, steigt. Das Spektrum konkurrierender Sinnangebote ist groß – ebenso die Lust an der Vielfalt, die Freude am Experiment, der Genuß ständiger Abwechslungen; nicht minder groß sind ein gewisser Überdruß am »etablierten« Christentum und ein tiefsitzendes Mißtrauen gegen die großkirchlichen Institutionen. Allein: nur von Neuigkeiten kann man nicht leben. Was ist, wenn religiöse Sehnsucht sich mit Orientierungslosigkeit paart und individuelles Freiheitsstreben zur Überforderung führt? Wo Religion zum Mittel wird, das menschliche Grundbedürfnis nach Sinn, Bedeutung und Glück zu befriedigen, verschwimmen die Konturen des Gottesbildes; die Kraft zu verbindlichen Glaubens-Entscheidungen und dauerhaften Glaubens-Haltungen schwindet.

Der Gießener Philosoph Odo Marquard, der einst das »Lob des Polytheismus« gesungen und die »Apologie des Zufälligen« vorgetragen hat[4], schrieb 1996 zu Ehren Josef Piepers[5]:

... unser Leben ist kurz, darum haben wir nicht die Zeit, alles oder auch nur das wichtigste neu zu regeln ... Zukunft braucht Herkunft; denn – vita brevis – wir müssen an Traditionen anknüpfen.

Was aber für das Leben allgemein gilt, ist *a fortiori* für den Glauben von Belang. Es ist an der Zeit, neu nach Formen des Lebens in der Nachfolge Jesu zu suchen, die weder auf Disziplinierung noch auf Destruktion beruhen, sondern auf einer ebenso verbindlichen wie verständlichen Rede von Gott.

Bei dieser Suche führt kein Weg am Neuen Testament vorbei. Gewiß: zweitausend Jahre Kirchengeschichte kann man nicht überspringen. Aber manche Krisensymptome sind im Urchristentum bekannt. Der Hebräerbrief beklagt, daß der Gottesdienstbesuch nachläßt (vgl. Hebr 10,25). Lukas schreibt sein Doppelwerk, weil die Weitergabe des Glaubens an die nächste Generation nicht einfach ist (vgl. Lk 1,1-4). Paulus weiß, wie große Probleme es bereitet, in einer synkretistischen Umwelt Verbindlichkeit und Klarheit jenseits von Engstirnigkeit und Glaubenshärte zu schaffen (vgl. 1Kor 8). Die Pastoralbriefe diskutieren die Schwierigkeit, glaubwürdige und kompetente Amtsträger (vgl. 1Tim 1,18ff; 3,1-7) zu finden. Die Apostelgeschichte erzählt, wie starre Traditionen weite Horizonte versperren (vgl. Apg 10); der Seher Johannes mahnt, daß modische Aktualisierungen in die Irre führen können (vgl. Offb 2,14f.20-24).

Vor allem jedoch: die Kirche des Anfangs zeichnet sich nicht nur durch eine große *zeitliche* Nähe zu Jesus aus; kraft des Geistes hat sie Formen der Glaubens-Feier, des Glaubens-Zeugnisses und des Glaubens-Dienstes ausgebildet, die auch ihre Glaubens-Gemeinschaft bleibend auszeichnet.

Das Interesse der Theologie und der kirchlichen Öffentlichkeit haftet häufig an den Fragen um die Entwicklung kirchlicher Institutionen, Funktionen und Ämter:

— Wie haben die Gemeinden ihr Zusammenleben organisiert?
— Unter welchen Bedingungen und mit welchen Folgen kristallisierten sich die Konturen des kirchlichen Amtes heraus?
— Welche Kompetenzen waren in den Gemeinden wie verteilt und wie begründet?
— Welches Verhältnis herrschte zwischen der Vielfalt der Charismen und der Autorität der Amtsträger?

Diese Fragen sind wichtig. Aber wichtiger sind jene, die elementarer ansetzen:

- Was hat Menschen in neutestamentlicher Zeit motiviert, Christen zu werden, und was hat sie motiviert, Christen zu bleiben: Frauen und Männer, Reiche und Arme, Sklaven und Freie, Juden und Heiden, Römer und Griechen, Kreter und Araber?
- Wie haben sie ihren Glauben, ihre Hoffnung, ihre Liebe gelebt?
- In welchem Umfeld haben sie sich bewegt?
- Aus welchen Traditionen haben sie geschöpft?
- Welchen Versuchungen waren sie ausgesetzt?
- Welche Impulse haben sie geben können?

Wer das Neue Testament mit diesen Fragen liest, wird nicht auf veraltete Vorstellungen und verkrustete Strukturen stoßen, sondern auf farbige Ur-Bilder kirchlichen Lebens, die bis heute nicht verblaßt sind.

2. Vielfalt und Einheit der Kirche

Im Neuen Testament gibt es nicht das *eine* verbindliche Kirchenmodell, nicht die *eine* normative Gemeindekonzeption, nicht den *einen* kanonischen Entwurf christlicher Glaubensgemeinschaft. Es ist auch nicht so, daß im Ursprung des Christentums die alles verbindende und integrierende Einheits-Idee von Kirche, Gemeinde und Glaube gestanden hätte, die dann im Laufe der Zeit, mehr oder weniger glücklich, auf verschiedenste Weise variiert und modifiziert worden wäre. Vielmehr gibt es von vornherein recht unterschiedliche Organisationsformen und sehr verschiedene Zusammensetzungen christlicher Gemeinden. Es gibt von Anfang an stürmische Entwicklungen, nicht nur in der Amtsfrage. Es gibt schon zu Beginn ein recht breites Spektrum von Ansichten und Einsichten des Glaubens. Bereits in Jerusalem kommt es zum Streit zwischen zwei Gemeindegruppen (Apg 6: »Hellenisten« und »Hebräer«).[6] Auf dem Apostelkonzil (Gal 2,1-10; Apg 15) tragen Judenchristen den Konflikt zwischen gesetzesfreier und gesetzestreuer Heidenmission aus. In Antiochia stoßen gar Petrus und Paulus aneinander, da sie sich über die praktischen

Konsequenzen ihrer gemeinsamen Auffassung, jeder Mensch werde aufgrund seines Glaubens gerechtfertigt, nicht einigen können (Gal 2,11-16).[7]

Diese Vielfalt ist nicht etwa ein Zeichen mangelnder Reife oder gedanklicher Unschärfe. Sie entspricht vielmehr dem Bedeutungsreichtum des Evangeliums; und sie spiegelt wider, wie sehr sich die neutestamentliche Kirche immer auf die konkrete Lebenssituation der Christen bezogen hat. Die Gläubigen haben in ihren Gemeinden so zusammengefunden, wie es nicht nur dem Evangelium, sondern auch jeweils ihrer Zeit, ihrem Ort, ihrer Kultur angemessen schien. Wo das *juden*christliche Element dominierte, lag es nahe, sich von der bewährten Struktur kommunaler wie synagogaler Gemeinden inspirieren zu lassen und als Leitungsorgan einen Kreis von *Presbytern* (»Ältesten«) zu wählen (vgl. Apg 11,30; 14,23; Jak 5,14). Wo der griechische Einfluß stärker war, konnte man sich an der Organisation hellenistischer Städte und Kultvereine orientieren und einen *Episkopos* (»Aufseher«; später: »Bischof«) oder aber ein Kollegium von *Episkopoi* (vgl. Phil 1,1) an die Spitze stellen. Wo es darauf ankam, als bedrängte Minderheit in einer großen hellenistischen Stadt Gemeinde zu bilden (1Thess; 1Petr), konnte man nicht unbesehen die Formen gemeinschaftlichen Lebens übernehmen, wie sie im ländlichen Galiläa und Judäa gewachsen waren. Wo Christen aufgrund ihres Glaubens bedroht wurden (Offb), konnten sie ihr Christsein nicht wie in Zeiten relativer Ruhe (Apg) leben. Wo theologische Richtungskämpfe eine Gemeinde zu zerbrechen drohten (1/2Kor; 1-3Joh), waren andere Leitbilder gefragt als dort, wo der Glaube an innerer Auszehrung litt (Hebr).

Die organisatorische, spirituelle, theologische Vielfalt war keine Schwäche, sondern eine Stärke der neutestamentlichen Gemeinden. Sie war es freilich nur deshalb, weil die Vielfalt zugleich den Gedanken der Einheit wachsen ließ: der radikalen Zusammengehörigkeit und der geistlichen Verbundenheit in Christus (Eph 4,4f). Uniformität hat noch nie zu den theologischen Tugenden gezählt. Aber der neutestamentliche Pluralismus ist keine

»Vielmeinerei« (Johann Wolfgang Goethe). Er wächst aus der gemeinsamen Konzentration auf das christologische Heilsgeschehen – und aus der intensiven Suche nach Formen gemeinschaftlichen Lebens und nach Worten verbindlichen Glaubens, die dem Evangelium, aber auch den Menschen in ihren Lebenssituationen angemessen sind. Das neutestamentliche Grundwort heißt *Ekklesia*; es kann (schon bei Paulus) sowohl die Gemeinde vor Ort meinen (1Thess 1,1) als auch die Kirche im ganzen (Gal 1,13). Sosehr jede Ortsgemeinde kraft des Geistes »unmittelbar zu Gott« ist und ihre ekklesiale Würde nicht aus zweiter Hand bezieht, sosehr ist sie »Gemeinde Jesu Christi« nur als Teil der *einen* Kirche, deren Haupt Christus ist (Kol 1,18; Eph 5,23).

Eine Vielfalt der Gemeinde-Modelle, die in Jesus Christus auf eine Kirchen-Einheit verweist, *und* eine Kirchen-Einheit, die in Jesus Christus eine Vielfalt lokaler und regionaler Gemeinde-Modelle aus sich entläßt und integriert: das ist, wegweisend bis heute, das *neutestamentliche* Konzept ekklesialer *Communio*.

3. *Lebensformen und Glaubensweisen im Urchristentum*

So wichtig der Blick auf die Theologie der Kirche in urchristlicher Zeit ist, so wichtig ist der Blick auf die Lebensformen und Glaubensweisen der neutestamentlichen Gemeinden.[8] Sechs Merkmale sind prägend:

Erstens: Die christlichen Gemeinden sind in neutestamentlicher Zeit recht klein. Die Angaben der Apostelgeschichte über riesige Missionserfolge der Urgemeinde (Apg 2,41: 3000; Apg 4,4: 5000; vgl. Apg 2,47; 5,14; 6,1) sind stilisiert; sie sollen die spätere Entwicklung, die Lukas bereits erinnert und für die weitere Zukunft erhofft, in die Geburtsstunde der Kirche zurückprojizieren. Verläßliche Zahlen sind kaum zu beschaffen. Einen ungefähren Anhaltspunkt gibt der Ort, an dem sich die Gemeinde (am ersten Tag der Woche) zum Gottesdienst versammelt: in einem (privaten) Haus eines Christen oder einer Christin (Apg 2,46; 5,42; Röm 16,5; 1Kor 11,34; 16,19; Phlm 2). Der Zahl der Gemeindeglieder waren damit enge Grenzen gesetzt. Zu einer »Hausgemeinde« können kaum viel mehr als fünfzig Christen gezählt haben. Wächst die Zahl, gründet sich in der Nachbarschaft eine zweite, eine dritte, eine vierte Hauskirche: Die ersten Gemeinden pflanzen sich durch Zellteilung fort. Das intensive Zusammenleben, der vertraute Umgang, die starke Solidarität der Gemeindeglieder profitieren von dieser Überschaubarkeit und Nähe; allerdings hat es umgekehrt auch zu Problemen geführt, wenn man einander allzu gut kannte – nicht nur die Stärken, sondern vor allem auch die Schwächen. Doch im ganzen nutzt das Urchristentum den großen Vorteil der kleinen Zahlen.

Zweitens: Die ersten Gemeinden haben nur wenige und recht offene Organisationsstrukturen herausgebildet. Zwar gibt es von Anfang an klare Verantwortlichkeiten (vgl. 1 Thess 5,12f) und ein breites Spektrum gemeindlicher Dienste von der Caritas über die Katechese bis zur Organisation des Gemeindelebens (1 Kor 12,28ff). Es gibt vor allem das kirchengründende und -leitende Amt der Apostel. Aber zum einen fehlt nicht nur jede Bürokratie; es gibt auch keine Institution, die den Zusammenhalt zwischen den verschiedenen Ortsgemeinde regelt; alles hängt am persönlichen Einsatz von Missionaren, die von Ort zu Ort unterwegs sind, und an eher zufälligen Kontakten, die einzelne Christen knüpfen können, wenn sie beispielsweise als Geschäftsleute unterwegs sind. Zum anderen basiert die Kirche vor Ort – besonders deutlich im paulinischen Missionsraum – auf einer Vielzahl von Gnadengaben, die allen Gemeinde-Gliedern zuteil werden (1 Kor 12). Dieser charismatische Grundzug kann nicht gegen die spätere Entwicklung kirchlicher Ämter ausgespielt werden: Die nachapostolische Zeit verlangt in einer wachsenden Kirche nach neuen Antworten auf die Frage nach der inneren Strukturierung der Kirche. Aber obgleich der charismatische Ansatz ein typisches Phänomen der Anfangszeit ist, kennzeichnet er doch nicht nur einen embryonalen Zustand, sondern ein Wesensmoment der Kirche, das allen Amts-Entwicklungen zugrundeliegt.

Drittens: Die Christen bilden im multikulturellen Vielvölkerstaat des *Imperium Romanum* eine kleine Minderheit, deren Lebensstil sich deutlich von dem der heidnischen, z.T. auch der jüdischen Umwelt abhebt und dort zwar durchaus auf Neugierde, bisweilen sogar auf Zustimmung, zu einem nicht geringen Teil aber auf Befremden und Ablehnung stößt. Wann immer möglich, verlassen die Christen nach ihrer Konversion weder ihre Familien, noch geben sie ihre Wohnung oder ihre Arbeit auf, um etwa nur noch der Gemeinde zu leben; soweit es geht, bleiben sie in ihrer vertrauten Umgebung (vgl. 1 Kor 7). Deshalb ist auch für Außenstehende die Änderung ihres Glaubens an der Änderung ihres Lebensstils deutlich wahrnehmbar, z.B. an der Ablehnung des Götterglaubens, der Verweigerung des offiziellen Kultes, der Ablehnung der Prostitution, der strengen Monogamie, vor allem dem intensiven Gemeinschaftsleben. Zwar sind in vielen dieser Punkte die Gemeinsamkeiten mit dem weithin bekannten und zumeist auch anerkannten Diaspora-Judentum groß; aber im Laufe des 1. Jahrhunderts lernt man doch, zwischen Juden und Christen zu unterscheiden. Dadurch geraten die Christen in eine gesellschaftliche Außenseiterrolle. Sie haben zwar nur in Ausnahmefällen regelrechte Verfolgungen zu befürchten, müssen aber in mehr oder weniger starkem Maße soziale, wirtschaftliche und politische Diskriminierungen erdulden. Sie erleiden die typischen Verleumdungen und Benachteiligungen einer Minderheit.

Viertens: Die Wurzeln des Christentums liegen durch Jesus im Judentum. Die ersten Christen waren *Juden*christen (Petrus und die Zwölf, Maria Magdalena, Stephanus, Barnabas, Paulus u.a.). Bald aber wenden sich vor allem die »Hellenisten«, Judenchristen griechischer Zunge (Apg 6f: Stephanus), der Heidenmission zu. Eine Schlüsselrolle spielt das syrische Antiochien (Apg 11,19ff.26), damals die drittgrößte Stadt des Römischen Reiches (nach Rom und Alexandria). In den Gemeinden des paulinischen Missionsraumes leben Judenchristen und Heidenchristen zusammen. Die theologische Bedeutung dieses Umstandes ist enorm: Indem das Evangelium gleichberechtigt und gleichermaßen Juden wie Heiden auf ihren Glauben anspricht und sie über die Taufe in die Ekklesia führt, ereignet sich eschatologisch

Neues. Viele neutestamentlichen Autoren geben diesem Faktum erhebliches Gewicht. Das wird verständlich, wenn einerseits die starke Unterscheidung zwischen Juden und Heiden in der alttestamentlichen Erwählungstheologie beachtet wird und andererseits das viel zu häufig unterschätzte religiöse, kulturelle und politische Gewicht des Judentums in hellenistischer Zeit. Wie groß die Bedeutung der Gemeinschaft von Juden und Heiden in der Ekklesia war, spiegelt der Umstand, daß sie sogar in Taufbekenntnissen zum Thema wird, z.B. in Gal 3,26ff:

[26]*Alle seid ihr Söhne Gottes durch den Glauben an Christus Jesus.*
[27]*Die ihr nämlich auf Christus getauft worden seid,*
habt Christus angezogen.
[28]*Es gilt nicht mehr:*
Jude oder Grieche,
Sklave oder Freier,
Mann oder Frau;
denn alle seid ihr eins in Christus Jesus.

Die Pointe dieses Bekenntnisses liegt nicht etwa darin, daß man in der Kirche nicht mehr Jude oder Grieche wäre, Sklave oder Freier, Mann oder Frau, sondern daß »in Christus«, d.h. im Raum seiner Herrschaft und durch die Macht seiner Gnade, die ökonomisch-sozialen, die geschlechtlichen und auch die religiös-ethnischen Unterschiede nicht mehr spalten und diskriminieren, sondern verbinden und einander wechselseitig bestärken.

Fünftens: Die christlichen Gemeinden bilden sich (von Palästina und Teilen Kleinasiens abgesehen) vornehmlich in den großen Städten. In den Gemeinden kommen Angehörige verschiedener Gesellschaftsschichten, Religionen und Völker zusammen (1 Kor 1,26ff).[9] Im Vergleich mit der städtischen Gesamtbevölkerung liegt der Anteil der ärmeren Bevölkerungsschichten wohl eher höher als niedriger. Die früher vertretene Ansicht, das Urchristentum sei vornehmlich die Religion der Sklaven gewesen, der Zukurzgekommenen und der Armen, ist aber falsch. Kennzeichnend ist vielmehr die soziale Heterogenität der urchristlichen Gemeinden (vgl. Gal 3,28; 1Kor 12,13). Darin lag eine große Chance, eine große Aufgabe und eine große Gefahr der christlichen Gemeinden: die Gefahr, die gesellschaftlich vorgegebenen Ungerechtigkeiten zu sanktionieren; die Aufgabe, wenigstens innergemeindlich die Diskriminierungen zu überwinden oder doch zumindest abzubauen; und die Chance, in der Kirche Formen menschlichen Miteinanders zu pflegen, die der gemeinsamen Christusbeziehung entsprechen und dann auch konkrete Gnaden- und Freiheitserfahrungen ermöglichen. Daß es Probleme zuhauf gab, läßt sich nicht leugnen; dennoch scheint es zur Anziehungskraft der Christengemeinden beigetragen zu haben, daß es doch immer wieder gelungen ist, die Chance zu nutzen.

Sechstens: Die christlichen Missionare gelangen nicht in eine religiöse Wüstenei. Die neutestamentlichen Gemeinden entstehen vielmehr in einer Zeit, da sowohl das Judentum eine Blüte erlebt[10], als auch verschiedene orientalische, ägyptische, griechische und römische Religionen Konjunktur haben[11]. Gewiß gibt es im heidnischen Umfeld Krisensymptome. Die Zeichen stehen auf eine stärkere Individualisierung der Religiosität, vor allem aber auf Synkretismus, d.h. auf die Überlagerung und Vermischung verschiedener Religionen. Doch war genau dies die Voraussetzung für eine Intensivierung und eine tiefere Verwurzelung heidnischer Frömmigkeit. Die meisten Griechen und Römer fanden ihre Sehnsucht nach Lebenssinn und Begegnung mit dem Göttlichen durchaus in *ihrer* Religion erfüllt. Das Christentum mochte den römischen und griechischen Zeitgenossen zunächst nur als eine weitere unter vielen anderen östlichen Religionen erscheinen. Daß es bald unter ihnen herausragte und schließlich auf gewaltlosem Wege eine einzigartige Wirkung entfaltete, hatte doch wohl am ehesten mit der einzigartigen Überzeugungskraft des christlichen Evangeliums zu tun: der Verheißung eines Zuganges zu Gott, den die Menschen sich nicht mühsam selbst zu erarbeiten haben, sondern der ihnen von Jesus, dem menschgewordenen, am Kreuz gestorbenen und von den Toten auferweckten

Gottessohn eröffnet worden ist. Voraussetzung, diesen Zugang zu öffnen, war die Bereitschaft, das Evangelium in der Sprache der Adressaten zu verkünden, um ihnen ohne jeden theologischen Substanzverlust, vielmehr auf dem Wege einer Vertiefung des christlichen Glaubenswissens von ihren eigenen Voraussetzungen her aufgehen zu lassen, wer der »lebendige und wahre Gott« (1 Thess 1,9) ist.

4. Geschichtliche Entwicklungen – ein erster Überblick

Jedes neutestamentliche Kirchen-Bild bezieht sich zurück auf Jesus Christus. Die Keimzelle der gesamten nachösterlichen Entwicklung[12] liegt im Wirken Jesu für die Herrschaft Gottes. Deshalb steht die Frage nach dem Verhältnis zwischen dem irdischen Jesus und der Kirche am Beginn der Untersuchung. Allerdings zeigt sich sofort, daß eine direkte Linie zwischen der Verkündigung Jesu und der Entstehung der Ekklesia nicht gezogen werden kann. Dazwischen liegt die Katastrophe des Karfreitags, aber auch der Neuanfang im Licht des Ostermorgens. Deshalb widmet sich das zweite Kapitel dem Passions- und Auferweckungsgeschehen als kirchengründendem Ereignis.

In unmittelbarer Aufnahme und Weiterführung jesuanischer Traditionen skizzieren die synoptischen Evangelien ihre ekklesiologischen Leitbilder. Es sind nicht die ältesten des Neuen Testaments. Aber wegen ihrer spezifischen Nähe zu Jesus werden sie im folgenden doch vor allen anderen bedacht. Markus, Matthäus und Lukas haben aus ihrer gemeinsamen Jesus-Überlieferung heraus vieles gemeinsam, setzen aber auch unterschiedliche Akzente, so wie es ihrer jeweiligen Situation und Theologie entspricht. Markus, der als ältester Evangelist die Christologie und den Glauben seiner Gemeinde überhaupt erst auf die sichere Grundlage seines Evangeliums stellen muß, arbeitet den Ernst der Jesus-Nachfolge als Inbegriff der Kirchlichkeit heraus. Matthäus nutzt das Aufeinandertreffen genuin palästinisch-judenchristlicher mit hellenistischen, juden- wie heidenchristlichen Jesus-Traditionen, um die Frage nach dem Verhältnis von Israel und der

Kirche, aber auch nach der Berufung einer Minderheiten-Kirche in der Welt neu zu beantworten. Lukas konzentriert sich in seinem Doppelwerk, zu dem auch die Apostelgeschichte gehört, auf den Zusammenhang zwischen der Zeit Jesu und der Zeit der Kirche; seine Ekklesiologie beruht darauf, daß der Geist Gottes die Gemeinschaft der Glaubenden zur Konformität mit der Botschaft und der Praxis Jesu führt.

Ein besonders langer Entwicklungszeitraum läßt sich am Korpus der Paulusbriefe beobachten. Jene Schreiben, die vom Apostel selbst stammen (1Thess; 1/2Kor; Phil; Phlm; Gal; Röm), sind die ältesten Schriften des Neuen Testaments. Sie erlauben die besten Einblicke in die Sozialstruktur urchristlicher Gemeinden; sie zeigen aber auch, wie Paulus von den Problemen und den positiven Entwicklungen der Gemeinden her seine Ekklesiologie entwickelt, die ganz durch seine Theologie des Kreuzes, der Gnade für die Sünder und der Wirksamkeit des Geistes geprägt ist. Kennzeichen kirchlichen Lebens ist die Vielfalt der Charismen, von denen die Gemeinde profitiert, allerdings auch die Rückbezogenheit auf den Apostel, der als Gemeindegründer, wo es erforderlich scheint, auch die Aufgaben des verbindlich entscheidenden Gemeindeleiters wahrnimmt.

Jene Schreiben hingegen, die zwar unter dem Namen des Paulus, aber nicht von ihm selbst, sondern nach seinem Tode im Kreis seiner Schüler und Verehrer verfaßt worden sind (2Thess; Kol; Eph; 1/2Tim; Tit), spiegeln den Prozeß der allmählichen Konsolidierung und strukturellen Verfestigung in den Gemeinden des paulinischen Missionsraumes wider. Immer stärker zeigt sich die Herausforderung, angesichts konkurrierender Theologien die »Wahrheit des Evangeliums« (Gal 2,5.14; vgl. Kol 1,5; Eph 1,13; 2Tim 2,15; 4,4) zu sichern; gleichzeitig läßt sich an den pseudepigraphen Paulusbriefen die Aufgabe ablesen, die Christen nicht nur in der Begeisterung des Anfangs, womöglich angesichts einer intensiven Naherwartung (vgl. 1Thess 4,15; Röm 13,11f), zum Leben nach dem Evangelium zu führen, sondern sie in den langen Wegstrecken ihres individuellen und gemeinschaftlichen Lebens beim Evangelium zu halten. Der Epheserbrief, etwa zwanzig Jahre nach den ursprünglichen Paulusbriefen verfaßt, verbindet das Ideal christlicher Mündigkeit mit der verläßlichen Evangeliumsverkündigung und Gemeindeleitung durch »Evangelisten, Hirten und Lehrer« (Eph 4,11). Die Pastoralbriefe (1/2Tim; Tit), die wohl an den Beginn des 2. Jahrhunderts gehören und damit zu den jüngsten Texten des Neuen Testaments zählen, konzentrieren sich stark auf das Amt des Bischofs, der in den Auseinandersetzungen um die rechte Lehre das letzte Wort haben soll.

Der Epheserbrief und vor allem die Pastoralbriefe gehören zu den Spätschriften des Neuen Testaments. Spezifische Herausforderungen kirchlichen Lebens gegen Ende des 1. Jahrhunderts stellen sich aber auch in einer Reihe anderer Texte dar, die gleichfalls – mehr oder weniger stark – durch paulinisches Gedankengut mitgeprägt sind, ohne sich direkt auf den Apostel zu berufen. Der Erste Petrusbrief handelt von den Schwierigkeiten und Möglichkeiten einer verfolgten Minderheit, zum authentischen Christsein in der Kirche zu finden. Der Hebräerbrief hingegen hat eine Gemeinde vor Augen, die weniger unter äußerem Druck leidet als in der Gefahr spiritueller Ermüdung steht und eines neuen Motivationsschubes bedarf. Der Jakobusbrief schließlich sieht sich herausgefordert, die soziale Sensibilität der Christen zu schärfen und Partei für die Armen zu ergreifen.

Im selben Zeitraum sind auch das Johannesevangelium und der Erste Johannesbrief geschrieben. Sie bezeugen freilich auf eine ganz eigene Weise neutestamentliche Kirchlichkeit. Sie scheinen wenig an ekklesialen Strukturen interessiert zu sein; ihr Interesse ist ganz auf die Qualität des Christusglaubens gerichtet, die entscheidend an der richtigen, geistlich intensiven Wahrnehmung des Christusgeschehens hängt; nach dem Johannesevangelium muß sich der Christusglaube in polemischen Auseinandersetzungen mit Juden bewähren, nach dem Ersten Johannesbrief in der tiefen Krise eines johanneischen Schismas.

Am Schluß der neutestamentlichen Kirchenbilder, die in diesem Buch vorgestellt werden, steht die Johannes-Apokalypse – als

Zeugnis einer politischen Ekklesiologie, die den gemeinsamen Glauben als Kraft des Widerstandes gegen die Hybris der sich selbst vergötterten Staatsmacht und als Grund der Freiheit in der Hoffnung auf den Sieg Gottes entdeckt.

Überschaut man die Kirchen-Bilder des Neuen Testaments in all ihrer Vielfalt, ihrer geschichtlichen Bedingtheit und ihrer theologischen Struktur, so lassen sich einige typische Probleme und Perspektiven erkennen:

1. das Verhältnis zwischen der Einheit der Kirche und den vielfältigen Lebensformen und theologischen Grundüberzeugungen in den Ortsgemeinden;

2. die Beziehungen zum Judentum, die zwischen dem lebendigen Wissen um die radikale Verbundenheit der Kirche mit Israel einerseits und harten Abgrenzungsmanövern andererseits schwanken;

3. die Einstellung der Kirchen-Gemeinden zu ihrer heidnischen Umwelt, das Problem der Abgrenzung von den überkommenen römisch-griechischen Lebenstraditionen wie die Notwendigkeit, das Evangelium aufzuschließen für Menschen, die in eben diesen Überlieferungen aufgewachsen sind;

4. das Netz der innergemeindlichen Beziehungen zwischen Menschen ganz unterschiedlicher religiöser, sozialer und ethnischer Herkunft, die Qualität der Kommunikation zwischen verschiedenen theologischen Schulen und Richtungen, das Verhältnis zwischen den Gemeindeleitern und den anderen Gemeindegliedern, die Fähigkeit zur Kooperation und zur Anerkennung der je verschiedenen Dienste und Aufgaben;

5. der Stellenwert und die konkreten Formen innergemeindlicher Diakonie, die vor dem Hintergrund gesellschaftlicher Ungerechtigkeiten besondere Brisanz erhält, aber auch die Frage nach einem sozialen Engagement über die Grenzen der Gemeinde hinaus aufwirft;

6. die Weisen und Wirkungen der Gottesdienst-Feier, ihre Bedeutung für das Leben der Gemeinde, damit verbunden aber

auch die Entwicklung einer christlichen Spiritualität, die aus jüdischen Wurzeln lebt und ihr Charakteristikum in der Beziehung zum Gottessohn Jesus findet;

7. die Gottesrede, die nach Ausweis der neutestamentlichen Schriften in den urchristlichen Gemeinden bezeugt worden ist und den Nerv des gesamten Kirchenlebens bildet.

Diese Problem-Perspektiven müssen nicht nur bei der Frage nach dem ursprünglichen Sinn der neutestamentlichen Schriften ständig präsent sein; sie können auch helfen, abschließend die Frage nach der aktuellen Relevanz der neutestamentlichen Kirchen-Bilder zu beantworten.

II.
Jesus:
Jüngerschaft im Zeichen der Gottesherrschaft

Die Frage nach dem Wesen und den Aufgaben, der Gestalt und
der Berufung der Kirche führt am Anfang, in der Mitte und am
Ende immer zu Jesus von Nazareth. In seinem Namen kommen
die Glaubenden zusammen; die Erinnerung an sein Leben und
seinen Tod halten sie hoch; aus der Hoffnung, die ihnen seine
Auferweckung verleiht, leben sie. Dennoch ist das Verhältnis zwischen Jesus und der Kirche höchst gespannt. 1902 schrieb der
französische Exeget Alfred Loisy[13]:

Jesus verkündete das Reich Gottes; was kam, war die Kirche.

Dieser zum geflügelten Wort avancierte Satz, ursprünglich positiv gemeint, löst heute, je nach Temperament und Stimmungs-
lage, meist Stirnrunzeln oder Heiterkeit aus – auch bei denen, die es
gut mit der Kirche meinen. Eine unerleuchtete Apologetik (katholischer wie evangelischer Konfession) richtete ihren ganzen Eifer
darauf, im einzelnen darzulegen, wie Jesus die Kirche gegründet
und in weiser Voraussicht für die Zeit nach seinem Tode alles genauestens geregelt habe: die Sakramente gestiftet (Mt 26,26-29; vgl.
28,18ff), die Zwölf Apostel eingesetzt (Lk 6,12-16) und vor allem
dem Petrus die Schlüsselgewalt verliehen, damit dieser sie in seinem Namen und in seiner Vollmacht ausübe (Mt 16,18).
Heute ist der öffentliche Eindruck ein anderer. Der Verdacht
sitzt tief, die Kirche sei geradezu der institutionalisierte Verrat an
der Sache Jesu; die Gründung der Kirche sei, milde ausgedrückt,
ein Mißverständnis, das den ureigensten Anliegen Jesu wider-
spreche; schon mit Paulus beginne das Übel: Aus dem wahren
Menschenfreund Jesus werde der stellvertretend sühnende Gottesknecht gemacht und aus seiner Frohbotschaft reiner Huma-
nität und toleranter Barmherzigkeit die Drohbotschaft kirchlicher Morallehre und frömmelnder Demutsideologie.

Ist dieses Urteil, auch wenn es die Aufklärung bemüht, erleuchteter als die reaktionäre Apologetik? Gewiß ist die Geschichte der Kirche eine Geschichte des Versagens vor dem Zuspruch und Anspruch Jesu, schon im Neuen Testament. Aber sie ist doch auch eine Geschichte der immer neuen Suche nach authentischen Formen des Christseins und der immer neuen Erinnerung an diesen Mann aus Nazareth, nicht nur in neutestamentlicher Zeit.

1. Gottesherrschaft und Kirche

Jesus hat die Herrschaft Gottes verkündigt (Mk 1,15): daß Gott in der Zukunft, jenseits dieser Geschichte, in ungeahnter Fülle den Traum von »Gerechtigkeit und Frieden und Freude« (Röm 14,17) verwirklicht und daß er aus dieser seiner Zukunft heraus schon inmitten der Welt-Geschichte – genauer: inmitten des Volkes Israel – sich selbst als den barmherzigen Vater (Lk 6,36) zur Geltung bringt, der auf die Sünde der Menschen (auch in Israel) gewiß mit heiligem Zorn, aber gerade deshalb nicht mit Rache und Vergeltung, sondern mit der Verheißung endgültiger Rettung reagiert.[14]

Die gemäße Antwort der vom Evangelium Angesprochenen ist der Glaube. Dieser Glaube ist keine Privatsache. Er ist zwar unverwechselbar und unvertretbar der Glaube eines jeden einzelnen. Aber er ist ein Glaube, der Gemeinschaft bildet: die Gemeinschaft derer, die von Jesus fasziniert sind, sich auf das Wagnis seiner Gottes-Verkündigung einlassen, bereit sind zur Umkehr wie zur Nachfolge und sich von ihm sagen lassen, was Gottes wahrer Wille ist.

Jesus gründet keine Gemeinden. Schon gar nicht sieht er sich als Gründer einer jüdischen Sekte. Er konzentriert sich auch nicht nur auf jenen kleinen, wenngleich offenen Kreis von Männern und Frauen, die im buchstäblichen und spirituellen Sinn ihm nachfolgen. Seine Sendung bleibt auf Israel, das *ganze* Gottesvolk, bezogen (und mochte von daher die Heiden einbeziehen; vgl. Mt 8,11f par Lk 13,28f). Jesus weiß sich von Gott gesandt, »die verlorenen Schafe des Hauses Israel« (Mt 15,24; vgl. 10,6) zu sammeln;

er will die Suchenden und Schutzbedürftigen zusammenführen, »wie eine Henne ihre Küken unter ihren Flügeln« birgt (Lk 13,34f par Mt 23,37ff).

Allerdings: wie Jesus es sieht (und ähnlich vor ihm der Täufer Johannes, aber auch mancher andere frühjüdische Prophet), leben die Israeliten seiner Zeit unter der Unheilsmacht der Sünde (vgl. Lk 13,1-9). Deshalb kann die Sammlung Israels zum eschatologischen Gottesvolk nicht nur darin bestehen, das, was bereits vorhanden ist, aufzulesen und aneinanderzufügen. Notwendig ist vielmehr zweierlei:

Einerseits verkündet auch Jesus das Gericht Gottes – nicht wie der Täufer als Gottes letztes Wort über diese Menschen-Welt, aber doch als sein gerechtes Urteil über verweigerten Glauben und verweigerte Liebe. Mit seinen (gar nicht so seltenen) Gerichtsworten spricht Jesus nicht nur die Drohung aus, man solle es nur ja nicht so weit kommen lassen, daß Gott am Letzten Tage das Urteil der Verdammung spricht; vielmehr kommt in den Gerichtsworten zum Ausdruck, daß Gott das Recht der Opfer gegenüber den Tätern geltend macht und jeden Menschen, im Guten wie im Bösen, mit der Wahrheit seines Lebens konfrontiert. Ohne daß Sünde und Schuld angesprochen, eingesehen, bereut und gebüßt sind, kann es keine Vergebung geben. Jede andere Heilserwartung wäre unehrlich.

Andererseits aber verkündet Jesus Gott als denjenigen, der noch das Gericht des Menschensohnes zum Mittel werden läßt, seine Herrschaft aufzurichten. So groß die Kritik der Sünde ist, um so größer die Gnade der Vergebung. Daß Gott den Schuldigen verurteilt, ist nicht sein *letztes* Wort, sondern daß er seine Feinde zu seinen Freunden macht. Das Evangelium vom Reich Gottes geht auf die Suche nach den Verlorenen, um ihnen ein ganz neues Leben in Gemeinschaft mit Gott zu eröffnen: so wie der Vater im Gleichnis nach dem Weggang, dem Elend und der Umkehr seines Jüngsten nicht den früheren Zustand wiederherstellen, sondern das Verhältnis zu seinem »verlorenen Sohn«, aber auch zu dessen älterem Bruder auf eine ganz neue Grundlage stellen will (Lk 15,11-32).

Gott, der seine Herrschaft nahekommen läßt, offenbart nicht nur seine Verheißung und seine Forderung; er schafft sich auch die Gemeinschaft derer, die sein Wort hören und es bewahren (vgl. Lk 11,27f). Dies geschieht ohne jeden Zwang. Es geschieht allein dadurch, daß Jesus in Wort und Tat das Evangelium verkündet. Wie das Gastmahl-Gleichnis es erzählt: Jesus macht kein mehr oder weniger unverbindliches Heils-«Angebot«, das man prüfen und dann annehmen oder ausschlagen könnte, sondern richtet eine herzliche Einladung aus, die eine so verlockende Aussicht auf die Gemeinschaft mit Gott eröffnet, daß sie die menschlichen Widerstände überwinden *wird* (Lk 14,15-23).[15]

2. Die Zwölf – ein Hoffnungszeichen für Israel und die Kirche
Jesus setzt viele Zeichen, um den Zusammenhang zwischen dem Nahekommen der Gottesherrschaft und der Stiftung des eschatologisch-neuen Gottesvolkes sichtbar zu machen: seine Berufung von Jüngerinnen und Jüngern, seine wunderbaren Heilungen, seine Gastmähler mit Zöllnern und Sündern, das letzte Abendmahl. Das vielleicht deutlichste Zeichen ist die Bildung des Zwölferkreises. Bei Markus liest sie sich so (Mk 3,13-19 parr):

[13]Und er steigt auf den Berg
und ruft, die er selbst wollte,
und sie gingen weg, hin zu ihm.
[14]Und er machte Zwölf,
damit sie mit ihm seien
und damit er sie aussende,
zu verkünden
[15]und Vollmacht zu haben, Dämonen auszutreiben.
[16]Und er gab dem Simon den Namen Petrus,
[17]und Jakobus, der Sohn des Zebedäus,
und Johannes, der Bruder des Jakobus,
und ihnen gab er den Namen Boanerges, d.h. Donnersöhne,
[18]und Andreas
und Philippus

und Bartholomäus
und Matthäus
und Thomas
und Jakobus, den Sohn des Alphäus,
und Thaddäus
und Simon, der Kanaanäer,
[19]*und Judas Iskarioth, der ihn dann ausgeliefert hat.*

Gelegentlich wird bestritten, daß die Zwölf bereits eine vor-österliche Institution seien. Doch die besseren Gründe scheinen für ihre Historizität zu sprechen[16] – nicht zuletzt die irritierende Erinnerung, daß »einer der Zwölf«, wie es immer wieder heißt (z.B. Mk 14,10), Jesus verraten habe.

Das Zeichen, das Jesus mit der Bildung des Zwölferkreises setzt, ist leicht zu verstehen, wenn man die Sprache des Alten Testaments und der frühjüdischen Tradition beherrscht. Man braucht nicht an ein spektakuläres *happening* zu denken, das Jesus inszeniert hätte. Die Erwählung und Einsetzung von Zwölfen ist deutlich genug, auch wenn sie ganz diskret erfolgt sein soll-te. Jesus knüpft an die überlieferten Vorstellungen vom vollkommenen Israel an: so, wie Gott es ursprünglich geschaffen und für alle Zeit gewollt hat, besteht es aus zwölf Stämmen.

Wenn Jesus, wie es archaisch heißt, »die Zwölf machte« (Mk 3,14), hebt Markus das Schöpferische des Aktes Jesu hervor. *Zum einen* bejaht Jesus Israel als das von Gott erwählte Volk und be-stärkt Israels Hoffnung, in seiner Ganzheit und radikalen Gottzu-gehörigkeit wieder neu erschaffen zu werden. Nicht die Absage an das »ungläubige« Israel, sondern die Zusage der Gottesherrschaft an ausnahmslos alle Israeliten ist die Pointe der prophetischen Zeichenhandlung Jesu; nicht die Konstituierung eines »neuen« und »wahren« Israel, welches das angeblich »alte« und »falsche« ersetzte, sondern eine Restitution Israels, die freilich angesichts der Ambivalenz seiner Geschichte und der Größe der Verheißung nicht in einer politischen Machtstellung bestehen und auch nicht in einer spirituellen, ethischen und kultischen Reform aufgehen kann, sondern eine eschatologische Neuschöpfung durch Gott voraussetzt.

Zum anderen manifestiert Jesus mit der Bildung des Zwölferkreises seinen Anspruch, *ganz* Israel als eschatologisches Gottesvolk im Angesicht der nahekommenden Gottesherrschaft zusammenzuführen: nicht nur die Gerechten, auch die Sünder (Mk 2,17), nicht nur Männer, selbstverständlich auch Frauen (vgl. Lk 8,1ff), nicht nur die Elite, sondern vor allem auch die einfachen Menschen, insbesondere die Armen (vgl. Lk 6,20f). Auch hier zeichnet sich eine Grundverpflichtung der Kirche ab: Das Pathos der Universalität, wie es Jesus innerhalb Israels vertritt, fordert eine Option für die Armen, für die Schwachen, für die Verunsicherten, für die Zukurzgekommenen und die Zukurzgehaltenen.

Die Zusammensetzung des Zwölferkreises spiegelt diese Verheißung und diesen Anspruch wider. Daß Jesus zwölf *Männer* erwählt, ist nicht darin begründet, daß sie aufgrund ihres Geschlechts eine besondere Nähe zu Gott hätten, sondern darin, daß die Zeichensprache unverständlich bliebe, riefe Jesus nicht die Erinnerung an die zwölf Stamm*väter* Israels wach. Die zwölf Jünger aber, die Jesus aus dem größeren Kreis seiner Nachfolger auserwählt, sind ein Spiegelbild der Gesellschaft in Israel. Einige der überlieferten Namen (Simon, Jakobus, Johannes, Judas) sprechen für fromme jüdische Traditionen, andere (Andreas, Philippus, Thomas) für stärkere griechische Einflüsse in den Familien der Zwölf. Die meisten werden aus Galiläa stammen, zumindest Judas Iskariot aber scheint aus Judäa (»Mann aus Karijot«) zu kommen[17]. Mit Simon Kanaanäus (Mk 3,18) ist sogar ein ehemaliger Zelot (Lk 6,15) in den Kreis der Zwölf aufgenommen worden.

Die Zwölf sind im Sinne Jesu die »Stammväter« des eschatologisch-neuen Gottesvolkes – ein Zeichen der Hoffnung für Israel und *insofern* auch für die »Kirche«. Wenn die »eine, heilige, katholische und apostolische Kirche« sich auf Jesus beruft, dann hat sie auch jener wurzelhaften Verbindung mit Israel und jener eschatologischen Gemeinschaft mit den Juden inne zu sein, die in der Erwählungs- und Erlösungsgnade Gottes begründet sind.

III.
Passion und Ostern:
Die Geburtsstunde der Kirche

So gewiß es schon Ansätze zu einer »keimhaften« Ekklesiologie im Wirken Jesu von Nazareth gibt – es kann doch kein Zweifel
sein, daß erst das Grundgeschehen des Todes wie der Auferweckung Jesu zur Geburtsstunde der Kirche wird: nach den
Selbstzeugnissen der ersten Christen wie nach dem historischen
und theologischen Urteil der Bibelwissenschaft.

1. Der Tod Jesu: Die Stiftung des Reich-Gottes-Bundes (Mk 14,22-25)

Worin die Heilsbedeutung seines gesamten Wirkens und namentlich seines Sterbens liegt, bringt Jesus im letzten Abendmahl
zum Ausdruck: unüberbietbar intensiv und signifikant. Im ältesten Evangelium lautet der Text (Mk 14,22-25):[18]

[22]Und als sie aßen,
nahm er Brot, segnete es, brach es und gab es ihnen und sagte:
»Das ist mein Leib.«
[23]Und er nahm den Becher, dankte und gab ihn ihnen,
und sie tranken alle aus ihm,
[24]und er sagte ihnen:
»Das ist mein Blut des Bundes, vergossen für viele.
[25]Amen, ich sage euch:
Ich werde nicht mehr vom Gewächs des Weinstocks trinken,
bis ich von ihm neu trinken werde im Reiche Gottes.«

Der Bericht ist aus einem österlichen Blickwinkel geschrieben. Er stellt vor, was der Tod Jesu im Lichte der Auferweckung
bedeutet. Von hier aus zeigt sich, daß Jesus in seinem letzten Mahl
durch Wort und Zeichen ebenso einfach wie überzeugend zum
Ausdruck bringt, was sein Leben ausmacht: für andere da zu sein,
für sie einzutreten, ihnen sich hinzugeben, aus Liebe zu ihnen

schließlich auch zu sterben – nicht zuletzt für die armen, die schwachen, die sündigen Menschen, als die sich seine Jünger in der Stunde der Passion ausnahmslos erweisen werden (Mk 14,26-31). Und im Ausblick auf die Erfahrung der Auferweckung Jesu zeigt sich, daß diese Zeichen der Selbsthingabe und jene Worte der Verwandlung von Brot und Wein zu Lebens-Mitteln für das Reich Gottes nicht ein leeres Versprechen sind, sondern eine wirkliche Verheißung. Jesu Tod wird – paradox genug – zum Mittler, all denen das Leben der Gottesherrschaft zu vermitteln, die als seine Jünger das Mahl mit ihm feiern. Denn dieser Tod liegt in der Konsequenz eines Lebens, das Dienst an der Herrschaft Gottes ist (Mk 1,14f) – und damit Dienst an den Menschen, die sich selbst nicht retten können (Mk 10,45).

Das Heil der Gottesherrschaft besteht in der Lebens-Gemeinschaft mit Jesus und ist durch ihn auf die Lebens-Gemeinschaft mit Gott ausgerichtet (vgl. Mk 14,25). Jesu Tod am Kreuz, von Menschen verschuldet, von Menschen verachtet, von Menschen verdrängt und vergessen, führt nicht etwa dazu, daß er den Menschen seine Liebe aufkündigt; der Kreuzestod ist vielmehr die denkbar stärkste Form dieser Liebe. Jesus gibt – das besagt und bewirkt die Zeichensprache seines letzten Mahles – denen, die sich beschenken lassen, Anteil an seinem Leben. Dieses Leben verwindet den Tod, weil es in der radikalen Ausrichtung auf den »Gott der Lebenden« (Mk 12,27) gründet – und kann deshalb zur Quelle des Lebens für alle werden, zu deren Gunsten und an deren Stelle Jesus stirbt.

Das Wort Jesu zum Abendmahls-Becher erhellt eine wesentliche Dimension dieser Heilsvermittlung. Wenn die Hingabe seines Lebens als Stiftung eines »Bundes« in seinem Blut gedeutet wird, steht im Hintergrund die Erinnerung an den Bundesschluß am Sinai. Nach Ex 24,8 hat Mose den Gottes-Bund besiegelt, indem er das Blut eines Opfertieres zur einen Hälfte auf den Altar gesprengt hat und zur anderen Hälfte auf das Volk, das sich zur Befolgung des Gesetzes verpflichtet hat. Von diesem Ur-Bild der Geschichte Israels inspiriert, sagt Mk 14,24, daß Jesu Blut, also sein Tod aus Liebe zu den Sündern, einen Bund mit Gott stiftet. Überall, wo in der Bibel das Stichwort »Bund« fällt, geht es um das Verhältnis zwischen Gott und dem von ihm erwählten, geführten, gerichteten und befreiten *Volk*. Diese Verbindung prägt auch die Abendmahlsüberlieferung. Das Becherwort spricht von der untrennbaren Verbindung zwischen dem »Reich Gottes« (Mk 14,25) und dem »Bund« Gottes (vgl. Mk 14,24) für das Volk Gottes. Gott erschafft sich sein Volk durch die Reich-Gottes-Verkündigung Jesu – und also auch durch sein Sterben. Umgekehrt: es gehört zur konkreten Erfahrung des Evangeliums, in einer Gemeinschaft zu stehen, die durch die gemeinsame Beziehung zu Jesus und die von ihm vermittelte Beziehung zu Gott bestimmt ist.

Was aber heißt es, daß sich die Kirche dem gekreuzigten Jesus verdankt, der sein Leben »für die Vielen« (Mk 14,24), also für *alle* Menschen hingegeben hat – die insgesamt Sünder sind, ob Juden, ob Heiden, ob Christen? Für Triumphalismus ist kein Platz, für die Verachtung Andersgläubiger schon gar nicht, wohl aber für Dankbarkeit, von Gott rein aus Gnade und Barmherzigkeit angenommen zu sein – und in Jesus einen Menschen zu haben, der ganz für »uns« da ist, wie er ganz für Gott da ist: nicht nur damals »in der Nacht, in der er verraten wurde« (1Kor 11,23), sondern überall dort, wo er sich als auferweckter Gekreuzigter in die Mitte derer stellt, die in an ihn glauben (vgl. Mt 18,20).

2. Die Auferweckung Jesu: Erscheinung und Sendung (1Kor 15,3-5)

Am Ende seines Lebens ist Jesus allein. Mögen ihm zu Beginn seines Wirkens viele Menschen zugeströmt sein, hat er zum Schluß keinen mehr, der ihm beisteht. Sogar von den Jüngern, die er berufen und ausgesandt hat (Mk 6,6b-13 parr), heißt es im ältesten Evangelium lapidar, alle hätten ihn verlassen (Mk 14,50), und von Petrus, dem Erstberufenen (Mk 1,16-20 diff Joh 1,35-42), er habe Jesus dreimal verleugnet (Mk 14,66-72). Am Kreuz scheint es sicher: Das Projekt Jesu ist gescheitert, sein Anspruch, das Evangelium Gottes zu verkünden, widerlegt, ausgeträumt sein Traum eines befreiten und versöhnten Gottesvolkes im Zeichen der Gottesherrschaft.

Dennoch ist dieses Ende in Wahrheit ein Anfang: weil Gott durch diesen Tod nichts anderes zur Wirkung kommen läßt als die alle Grenzen sprengende Intensität der Liebe Jesu zu den allesamt sündigen Menschen und die ebenso unbegrenzte Größe seines Vertrauens auf den totenerweckenden Gott. Wohl schon in der Jerusalemer Urgemeinde hat sich dieser Glaube in der Form eines Bekenntnisses Ausdruck verschafft, das Paulus später in 1Kor 15,3-5 zitiert:

> *[3]Christus ist gestorben für unsere Sünden gemäß den Schriften*
> *[4]und ward begraben*
> *und ist auferweckt worden am dritten Tag gemäß den Schriften*
> *[5]und erschien dem Kephas, dann den Zwölfen.*

Dieses Credo hält nicht nur die Heilsbedeutung des Todes und der Auferweckung Jesu fest: daß Jesu Tod die Sünden der Glaubenden wegnimmt und seine Auferweckung die Hoffnung auf Vollendung begründet; es spricht implizit auch von der österlichen Stiftung der Kirche.[19] Daß Jesus dem Kephas und den Zwölfen *erscheint*, setzt voraus, daß er durch seine Auferweckung auf die Seite Gottes gehört und ohne jeden Abstrich an der Vollmacht Gottes teilhat. Die Erscheinung dient nicht etwa dem Beweis, daß Jesus doch im Recht gewesen ist. Wie schon in alttestamentlichen Theophanie-Erzählungen vorgegeben (z.B. in Ex 3, der Geschichte vom brennenden Dornbusch), zielt die Erscheinung auf die *Sendung* der Zeugen. Der auferstandene Jesus gibt sich Petrus und den Zwölfen zu erkennen: also jenen, die er schon vorösterlich in seine Nachfolge gerufen hat, um sie zu beauftragen und zu bevollmächtigen, das Evangelium zu verkünden. Hier knüpft der Auferweckte an: Dadurch, daß er in Erscheinung tritt, will er Petrus und die Zwölf gewinnen und bewegen, die Predigt der Frohen Botschaft wieder aufzunehmen, nun aber vor dem neuen Hintergrund des Todes und der Auferweckung Jesu.

Es kommt schwerlich von ungefähr, daß der erste Jünger nicht mit seinem Vornamen *Simon*, sondern mit seinem aramäischen »Amtsnamen« *Kephas* (deutsch: Stein [»Fels«]) angeredet wird: Als »Kephas« (Petrus) ist Simon *der* Jünger: ihr Sprecher und ihr Repräsentant. Und bei den Zwölfen wird nicht nachgezählt, ob es vielleicht nach der Geschichte mit Judas nur noch elf Jünger sind; vielmehr ist allein die Symbolzahl relevant: Die Zwölf sind die Stammväter des eschatologischen Israel, das zu sammeln bereits die Intention des Mannes aus Nazareth war. Wenn sich Jesus also gerade dem Kephas und den Zwölfen sehen läßt, signalisiert er damit seinen Auftrag, in seiner Nachfolge jenes Gottesvolk zu sammeln, das Gott selbst sich erwählt hat. Angesichts des Todes wie der Auferweckung Jesu impliziert dies – freilich ohne jeden Abstrich an der geschichtlich wie theologisch genuinen Verwurzelung der Kirche in Israel – die Mission auch unter den Heiden: denn wenn Tod und Auferweckung Jesu *end-gültige* Heilsbedeutung haben, dann auch *universale*.

Daß dieser Zusammenhang zwischen Erscheinung und Sendung den Zwölfen schon von Anfang an klar geworden ist, braucht nicht postuliert zu werden: Er wird erst im Rückblick eingeleuchtet haben; 1 Kor 15,3-5 ist ja kein unmittelbarer Augenzeugenbericht, sondern ein sehr reflektiertes Glaubensbekenntnis. Entscheidend ist allein, *daß* der Zusammenhang gegeben ist und daß die Zwölf (wie die anderen Apostel) ihn schließlich eingesehen und beherzigt haben.

Die Erscheinung vor Petrus und den Zwölfen zeigt aber noch etwas anderes. Der auferstandene Jesus Christus ruft ja mit Petrus und den Zwölfen nicht nur jene in seine Nachfolge, die schon vorösterlich seine engsten Jünger gewesen sind, sondern auch diejenigen, die ihn, anders als die Frauen unter dem Kreuz (Mk 15,40f), in der Stunde der Passion verlassen und verraten haben. Indem er gerade *ihnen* erscheint, überwindet er von sich aus, rein aus Gnade, ihre Schuld, ihre Angst und ihre Scham (vgl. Mk

14,72). Daß Jesus die Gemeinschaft der Glaubenden stiftet, indem er die verlorenen Menschen sucht, um sie heimzubringen – dieser Grundzug seines irdischen Wirkens kulminiert in den Oster-Erscheinungen. Er ist für die Kirche konstitutiv. Wer vergäße, daß sie die Gemeinschaft der verirrten, gesuchten und wiedergefundenen, der sündigen und begnadigten Söhne und Töchter Gottes ist (vgl. Lk 15), hätte nichts von dem verstanden, was neutestamentlich Kirche ist.

3. Pfingsten: Das Zeugnis des Geistes (Apg 2,1-13)

Was es heißt, daß Jesu Erscheinung, Berufung und Sendung des Kephas und der Zwölf (1Kor 15,5) zur Initialzündung der nachösterlichen Evangeliumsverkündigung und damit zur Geburtsstunde der Kirche werden – das versucht Lukas auf seine eigene Weise in der Pfingsterzählung zur Sprache zu bringen (Apg 2,1-13):

¹Als sich der Tag des Pfingstfestes erfüllte,
waren alle gemeinsam an einem Ort.
²Und es kam plötzlich aus dem Himmel ein Brausen,
wie ein heftig daherfahrender Wind,
und erfüllte das ganze Haus, in dem sie saßen,
³und ihnen erschienen sich teilende Zungen, wie Feuer,
und ließen sich auf einen jeden von ihnen nieder,
⁴und es wurden alle vom Heiligen Geist erfüllt
und begannen, in anderen Zungen zu reden,
wie der Geist ihnen zu sprechen eingab.
⁵Es gab aber in Jerusalem wohnende Juden,
fromme Männer aus allen Völkern unter dem Himmel;
⁶als aber dieses Tönen geschah,
kam die Menge zusammen und geriet außer Fassung,
denn sie hörten sie ein jeder in seiner eigenen Sprache reden.
⁷Sie erschraken und wunderten sich und sagten:
»Siehe, sind nicht alle, die da reden, Galiläer?
⁸Wie können wir alle sie in unserer eigenen Sprache hören,

in der wir geboren worden sind?
⁹Parther und Meder und Elamiter,
auch die Bewohner von Mesopotamien,
von Judäa sowohl als von Kappadozien,
von Pontus und Asien,
¹⁰von Phrygien und Pamphylien,
Ägypten und dem Gebiet Libyens der Cyrene entlang,
auch die zugereisten Römer,
¹¹Juden und Proselyten,
Kreter und Araber:
Wir hören sie in unseren Sprachen die Großtaten Gottes
   verkünden.«
¹²Alle aber gerieten außer sich und waren ratlos.
Einer sagte zum anderen:
»Was mag das sein?«
¹³Andere aber spotteten und sagten:
»Sie sind voll des süßen Weines.«

Die Geschichte der Kirche beginnt mit einem Wunder. Es ist ein Wunder des Geistes. Es besteht nicht nur darin, daß die Apostel nun auf einmal wortmächtig und sprachgewaltig das Evangelium verkünden. Es besteht recht eigentlich darin, daß sie sich mit ihrer Botschaft Menschen aus aller Herren Länder verständlich machen können und daß alle Anwesenden, aus welcher Kultur und welcher Nation sie auch stammen, in ihrer eigenen Sprache verstehen, was die christlichen Zeugen sagen. Das offene Ende, das Lukas mit seinem Sinn für Situationskomik gestaltet, zeigt zwar, daß selbst in einer Sternstunde des Geistes keineswegs alle menschlichen Zweifel verstummen. Aber zugleich fängt die Pfingstszene doch ein, aus welcher Quelle sich die christliche Evangeliumsverkündigung speist.

Nach der Apostelgeschichte ist Pfingsten das Gründungsfest der Kirche. Lukas bereitet dieses Ereignis in gewohnt sorgfältiger Dramaturgie vor. Im Evangelium wird erzählt, daß Jesu Weg mit innerer Folgerichtigkeit nach Jerusalem führt, um dort ein Ende zu finden: den Tod, durch den Jesus zur Vollendung gelangt. Die Apostelgeschichte erzählt, wie das Evangelium nach Ostern von Jerusalem aus seinen Weg über Judäa und Samaria bis an die Enden der Welt gemacht hat (Apg 1,8). Jerusalem ist der Ort der Kontinuität zwischen der Zeit Jesu und der Zeit der Kirche – so wie die Zwölf die Bürgen für die Kontinuität zwischen der jesuanischen und der urkirchlichen Evangeliumsverkündigung sind. Deshalb sollen die Jünger nach den Worten des auferstandenen Jesus zuerst in Jerusalem bleiben und warten – nicht aus Angst vor den Juden (wie nach Joh 20,19), sondern in Erwartung des Geistes, den Jesus verheißen hat (Apg 1,4f). Nach Lukas nimmt Jesus sich die Zeit, vierzig Tage lang den Jüngern zu erscheinen, um ihnen vom Reich Gottes zu erzählen (Apg 1,3) – wie es der Irdische getan hat; und er gibt den Jüngern nach seiner Himmelfahrt weitere zehn Tage Zeit zur Vorbereitung auf ihre Aufgabe, um dann seine Verheißung wahr zu machen (Apg 1,4).

Die historischen Ereignisse, die im Hintergrund des lukanischen Pfingstberichts stehen, mögen, von außen betrachtet, wenig spektakulär gewesen sein. Vielleicht hat man nur an ein ekstatisches Phänomen zu denken, das die Jünger am ersten Wochenfest nach Jesu Tod in Jerusalem erlebt haben: ein Zungenreden, ein verzücktes Gebetsstammeln (vgl. 1 Kor 14), das ihnen als machtvolle Bekundung des Heiligen Geistes widerfahren ist. Vielleicht darf man aber doch zuversichtlicher sein und vermuten, daß die Jünger zu Pfingsten den Geist Gottes so erfahren haben, daß sie sich mit einem Mal zur Verkündigung des Evangeliums befähigt sahen. In jedem Fall ist klar: Lukas hat die ihm zuteil gewordene Überlieferung neu gestaltet; er hat sie zur signifikanten Ursprungs-Geschichte der Kirche umgeformt; und er hat dabei eine Fülle späterer Missionserfahrungen, Hoffnungen wie Enttäuschungen, in den Anfang zurückprojiziert. In der Pfingsterzählung soll die Kirche der lukanischen (und jeder späteren) Zeit ihre Berufung, ihre Vollmacht und ihre Sendung wiedererkennen.

Zwei Punkte hebt der Erzähler hervor.

Erstens: Entscheidend ist die Verkündigung des Evangeliums. Nicht nur theologisch richtig, sondern auch verständlich und überzeugend reden zu können, ist wahrlich ein Wunder: eine Gabe des Geistes. Dieser Geist, von Jesus verheißen und von Gott ausgegossen, ist der einzige Aktivposten der Kirche. Einen anderen braucht sie aber auch nicht. Und daß ihr der Geist Jesu nicht versagt bleibt – darauf darf sie setzen.

Zweitens: Die Kirche darf in ihrer Verkündigung ihre jüdischen Wurzeln nicht abschneiden, aber sie muß um Gottes willen bereit und fähig sein, *allen* Völkern das Evangelium zu verkünden. Das wunderbare Sprechen der Jünger bringt ein großes und bunt gemischtes Publikum zusammen. Die Länge der Völkerliste ist eindrucksvoll genug. Lukas betont einerseits, alle seien fromme Juden. Damit wahrt er die heilsgeschichtlich korrekte Abfolge: zuerst zu den Juden und dann zu den Heiden. Andererseits aber streicht er (ein wenig übertreibend) heraus, daß diese frommen Juden »aus allen Völkern unter dem Himmel« (Apg 2,5) stammten. Darauf liegt im Kontext der Apostelgeschichte ein starker Akzent. Als Juden repräsentieren die versammelten Zuhörer den ganzen Erdkreis, in dem das Evangelium erst noch verkündet werden muß.

Die Pfingsterzählung ist, wie Lukas sie erzählt, nicht nur eine schöne Erinnerung, sondern zugleich eine große Verheißung: daß es gelingt, mit der Verkündigung der »großen Taten Gottes« (Apg 2,11) Menschen zum gemeinsamen Zuhören und – trotz aller Skepsis und durch alle Widersprüche hindurch – schließlich doch zu einem gemeinsamen Verstehen, das zum Einverständnis wird, zu gewinnen.

IV.
Markusevangelium:
Weg der Nachfolge und Haus des Gebetes

Im ältesten Evangelium, dem des Markus, fällt das Stichwort
»Kirche« kein einziges Mal. Dennoch ist das Thema laufend präsent.[20] Den Evangelisten scheinen freilich weniger die Probleme
innerkirchlicher Strukturen und amtlicher Kompetenzen zu in-
teressieren. Entscheidend ist für ihn die Frage, wie die Gemeindeglieder glaubwürdig und überzeugend ihr Christsein leben
können: als einzelne und als Gemeinschaft. Bei der Tempelaus-
treibung zitiert Jesus nach Mk 11,17 den Propheten Jesaja (Jes
56,7):

Mein Haus soll Haus des Gebetes heißen – für alle Völker.

Im Sinne des Evangelisten ist damit die Grundbestimmung
der Kirche erfaßt: für Juden und Heiden Ort des Gebetes im
Namen Jesu zu sein. Freilich ist die Kirche nicht nur die Stätte dieses Gottesdienstes, sondern zugleich auch der Weg dorthin: Jüngerschaft in der Nachfolge des gekreuzigten Jesus von Nazareth.

1. Unverständnis und Ohnmacht, Berufung und Sendung

Markus ist der erste, der in einem zusammenhängenden
Werk erzählt vom vollmächtigen Wirken und vom ohnmächti-
gen Leiden Jesu, des von den Toten auferstandenen Gottessohnes.[21] Indem er aber an die Geschichte Jesu erinnert, vergegenwärtigt er auch die Geschichte der *Jünger* Jesu. Dies geschieht
nicht allein in historischer Absicht. Markus ist in seinem Portrait
der Nachfolger Jesu von drei Eindrücken bestimmt: von ihrer an-
fänglichen Begeisterung (Mk 1,16-20; 6,6b-13.30), von ihrem
kläglichen Versagen in der Passion (Mk 14,26-31.50.66-72) und
von ihrer unverdienten Wieder-Annahme durch den auferstandenen Jesus (Mk 14,28; 16,7). Jeder dieser Eindrücke ist für die
nachösterliche Gemeinde, die der Evangelist vor Augen hat, un-

mittelbar relevant: Worin die große Chance und die große Versuchung ihres Christseins besteht, können die Gemeindemitglieder an der dramatischen Beziehung der Jünger zu Jesus ablesen, besonders an Petrus.

Erstens: Am Anfang des Evangeliums steht eine Berufungsgeschichte (Mk 1,16ff):

> [16] *Und als Jesus am Galiläischen Meer entlangging,*
> *sah er Simon und Andreas, den Bruder Simons,*
> *wie sie auf dem Meer die Netze auswarfen;*
> *sie waren nämlich Fischer.*
> [17] *Und Jesus sagte ihnen:*
> *»Kommt, mir nach!*
> *Ich werde euch zu Menschenfischern machen.«*
> [18] *Und sofort ließen sie ihre Netze und folgten ihm nach.*

Die Erzählung ist stark stilisiert. Sie zeichnet kein Psychogramm der Jünger, sie hebt vielmehr die theologisch und spirituell entscheidenden Momente der Nachfolge hervor: die Erwählung durch Jesus, die Berufung zur Evangeliumsverkündigung, die Radikalität des Anspruchs, die Bereitschaft zum Loslassen, das große Vertrauen auf Jesus, den Gehorsam gegenüber seinem Wort, die Gemeinschaft, die aus der Teilhabe an Jesu Vollmacht und Sendung wächst.

Zweitens: In der Mitte des Evangeliums steht eine Bekenntnisszene. Als Sprecher der Jünger sagt Petrus zu Jesus (Mk 8,29):

> *Du bist der Messias!*

Jesus aber antwortet bei Markus nicht mit einer Seligpreisung (wie nach Mt 16,17), sondern mit einem Schweigegebot (Mk 8,30; vgl. Mt 16,20) – nicht, weil Petrus die Unwahrheit sagte, sondern weil er noch gar nicht weiß, wie wahr das ist, was er sagt. Denn als Jesus erklärt, der Menschensohn müsse leiden (Mk 8,31), ist es Petrus, der seinem Meister widerspricht – und von

Jesus in die Schranken gewiesen wird, weil er den Einflüsterungen des Versuchers Gehör schenkt (Mk 8,33):

Geh weg, hinter mich, Satan,
denn du hast nicht das Gottes,
sondern das der Menschen im Sinn!

Unabhängig von allen historischen Fragen: Markus nimmt an dieser Stelle das Versagen des Petrus in der Stunde des Leidens Jesu vorweg: Als Jesus sich vor dem Hohenrat zu seiner Messianität und Gottessohnschaft ausdrücklich bekennt und aus diesem Grunde verurteilt wird, sagt Petrus (Mk 14,71):

Ich kenne diesen Menschen nicht!

Immer wieder stellt der Evangelist Petrus und die Jünger Jesu als unverständig und ohnmächtig dar: nicht nur, weil er das Menschlich-Allzumenschliche ihrer Schwachheit in Erinnerung bringen will, sondern mehr noch, weil er um die Schwierigkeit, ja die Unbegreiflichkeit des Kreuzestodes weiß – an dem doch die ganze Hoffnung der Glaubenden hängt.

Drittens: Am Schluß des Evangeliums steht eine Verheißung. Die Frauen, die im Gegensatz zu Petrus und den Zwölfen unter dem Kreuz ausgehalten haben (Mk 15,40f), hören im leeren Grab das Engelswort, das an die Zusage Jesu auf dem Weg vom Abendmahlssaal zum Garten Getsemani (Mk 14,28) erinnert (Mk 16,7):

Geht und sagt seinen Jüngern und Petrus:
Er geht euch voran nach Galiläa;
dort werdet ihr ihn sehen, wie er es euch gesagt hat.

Dem »Vorangehen« Jesu entspricht das »Nachfolgen« der Jünger (vgl. Mk 10,32). Am Ende des Evangeliums steht die Erinnerung an den Anfang: an Galiläa, den Ort der vollmächtigen Reich-Gottes-Verkündigung Jesu (Mk 1,14f) und der Berufung in jene Nachfolge, die durch die Schuld der Jünger am Ende schien und nun dank der Zuwendung Jesu dennoch neu beginnen kann.

Die Geschichte der Jünger und insbesondere des Petrus vermittelt allen Christen eine Ahnung davon, auf welch langem, verschlungenem und steinigem Weg sich erschließt, was Umkehr und Nachfolge, Glaube und Liebe, Gemeinschaft mit Gott und Teilhabe an Jesu Sendung heißt. Wer sich von Jesus anschauen und ansprechen läßt, wer in seine Schule geht und auf sein Wort hört, wer zum Dienst am Evangelium bereit ist, wer Jesu ganzen Lebensweg verfolgt, bis zum bitteren Ende auf Golgotha: der wird von Zweifeln und von Schuld, von Ohnmacht und Versagen nicht verschont bleiben – aber er wird von Jesus nicht fallengelassen, sondern in all seiner Schwäche angenommen; er wird wiederum befähigt, Gott zu lieben und den Nächsten wie sich selbst (Mk 12,28-34). Auf diesem Weg entsteht Kirche. Es ist der Weg der Nachfolge Jesu.

2. Herren und Knechte, Große und Kleine (Mk 10,42-45)

Markus betont immer wieder die Ohnmacht, das Versagen, die Unwissenheit der Jünger, vor allem: daß sie nicht begreifen wollen, daß Jesus den Weg des Leidens geht. Doch mischt sich in die scharfe Kritik auch die Aussicht auf eine Alternative – die sich den Jüngern durch Jesu Tod und Auferstehung als *die* Chance ihres Lebens eröffnet. Ein Beispiel ist Mk 10,42-45:

[42]Ihr wißt:
Die über die Völker zu herrschen scheinen, unterdrücken sie,
und ihre Großen vergewaltigen sie.
[43]Bei euch aber soll es nicht so sein!
Sondern wer bei euch groß sein will, sei euer Diener,
[44]und wer bei euch der Erste sein will, sei der Sklave aller.
[45]Denn auch der Menschensohn ist nicht gekommen,
um bedient zu werden, sondern um zu dienen
und sein Leben zu geben als Lösegeld für viele.

Im Markusevangelium haben diese markanten Worte ihren genau bestimmten Ort. Gerade hat Jesus zum dritten Mal von seinem kommenden Leiden und von der darin begründeten Hoffnung seiner Auferstehung gesprochen (Mk 10,32ff). Und zum dritten Mal ist er bei den Zwölfen auf schieres Nicht-Wahrhaben-Wollen, auf fatale Ausweichmanöver und Ablenkungsversuche gestoßen. Hier sind es die Zebedäus-Söhne, die nichts Besseres wissen, als Jesus um die besten Plätze im Himmelreich zu bitten (Mk 10,35ff). Und nachdem Jesus das Brüderpaar mit der Wahrheit dessen konfrontiert hat, was sie begehren: der Unausweichlichkeit der Kreuzesnachfolge und der Anerkennung des absoluten Vorrechtes Gottes (Mk 10,38ff), verdoppeln die restlichen Zehn das Versagen der Jünger, indem sie die Zebedäus-Söhne ob deren Wunsches beschimpfen (Mk 10,41). Aus dieser Situation erklärt sich die Leidenschaft der Worte. Jesus muß die Jünger aus ihrer Fixierung auf sich selbst befreien. Lernen unter dem Kreuz – was dies für die Kirche heißt, wird nicht zuletzt in Mk 10,42-45 deutlich.

Der Text arbeitet mit scharfen Kontrasten und plakativen Gegensätzen. Das Römische Reich liefert zur Zeit Jesu und des Evangelisten genügend Anschauungsmaterial für Unterdrückungspolitik und Gewaltherrschaft. Der Jüdische Krieg, der in der Zeit des Evangelisten zur Zerstörung Jerusalems führt (vgl. Mk 13), zeigt die effiziente Brutalität des römischen Militärapparates. Die markinische Gemeinde wird um ihres Glaubens willen auch von staatlichen Organen verfolgt (Mk 13,9). Der Evangelist erinnert daran, daß ein unfähiger römischer Richter namens Pontius Pilatus trotz erwiesener Unschuld Jesus zum Kreuzestod verurteilt hat (Mk 15,1-15).

Der kritische Blick auf die politischen Machthaber dient aber nicht dazu, die Jünger zu entlasten, indem er ihnen die böse Welt vor Augen stellt, von der sie sich leicht abheben können. Er dient dazu, den Blick für Versuchungen innerhalb der Jüngerschaft zu schärfen. Wer sich von Jesus in den Dienst der Nachfolge nehmen läßt, um die besten Plätze im Himmelreich zu erlangen, der verfolgt ebenso eine Politik des eigenen Vorteils und der Zurücksetzung anderer wie die römischen »Statthalter und Könige« – so groß auch immer sein Einsatz für das Evangelium und die Kirche sein mag. Und wer sich über andere, die jener Versuchung erliegen, moralisch meint entrüsten zu können, der verfällt nur einer anderen Form jener urmenschlichen Versuchung, auf Kosten anderer groß sein und glänzen zu wollen – so heilig auch immer sein Zorn sein mag.

Worin besteht die Alternative? Die Antwort des Textes ist so klar wie schwierig. Ein Ausweg besteht nur darin, zum Diener, ja zum Sklaven des Nächsten zu werden. Mit diesem Wort ist viel Schindluder getrieben worden. Es wird immer dann mißbraucht, wenn es dazu benutzt wird, gerade jene niederzudrücken, die ohnehin wenig zu sagen haben und sich nicht viel zutrauen. Um so wichtiger ist die Erinnerung daran, daß Jesus gerade die Zwölf mahnt, also die einflußreichste (und deshalb gefährdetste) Gruppe innerhalb seines Jüngerkreises. Hier ist sein Wort unmißverständlich. Die weltliche Hierarchie gilt in der Kirche Jesu Christi gerade nicht. Und wo immer sich hierarchische Strukturen nach dem Muster römischer Imperatoren und Statthalter entwickelt haben, ist die Kirche Jesus untreu geworden.

Was aber heißt Dienen? Der Blick auf Jesus führt zur Antwort. Der Dienst des Menschensohnes bestand nicht darin, den Menschen in Israel nach dem Munde zu reden und einfach ihre Ansprüche zu erfüllen oder ihre Bedürfnisse zu befriedigen. Er bestand darin, ihnen gegen alle verständlichen und unverständlichen Widerstände die heilstiftende Nähe der Gottesherrschaft zu vermitteln – schließlich durch sein Sterben. An diesem Dienst Jesu haben die Jünger Jesu teil, Frauen wie Männer, Große wie Kleine, Starke wie Schwache. Dem anderen dienen kann nur, wem aufgegangen ist, was für den Nächsten wirklich gut ist – nicht in der Perspektive des Besserwissers, der anderen nur seine eigene Herrschaft aufzwingen will, sondern in der Perspektive Jesu, der für die Vielen, das heißt: für alle gelebt hat und gestorben ist. *Diesen* Dienst zu verrichten, in ganzer Intensität und ohne jeden persönlichen Vorbehalt – das ist das Zeichen wahrer Jüngerschaft. Dieser Dienst setzt nicht nur Respekt für den anderen, sondern Liebe zum Nächsten voraus; und er ist nicht ein Ausdruck persönlicher Schwäche, sondern persönlicher Stärke, die aus der Wahrnehmung des Evangeliums resultiert.

Wo dieser Dienst verrichtet wird (in welcher Funktion auch immer), spiegelt die Kirche nicht die Unrechtsverhältnisse der Gesellschaft wider, sondern baut eine Gemeinschaft auf, in der die urmenschliche Sehnsucht nach Bejahung und Annahme durch Gott und den Nächsten auf ungeahnte Weise gestillt – und neu entfacht – werden kann. Dort ist die Kirche auf den Spuren Jesu.

3. *Beten und Versöhnen (Mk 11,22-25)*

Daß die Jünger zusammen beten und daß sie einander vergeben, ist das Herzstück ihrer Glaubens-Gemeinschaft. Der Weg der Kreuzesnachfolge, den die Jünger im Zeichen der Gottesherrschaft gehen können und gehen müssen, ist ein Weg des Glaubens und des Betens. In Mk 11,22-25 kommt beides zusammen zum Ausdruck:

[22]Habt Glauben an Gott!
[23]Amen, ich sage euch:
Wer zu diesem Berg sagt:
»Erhebe dich und stürze dich ins Meer!«,
und in seinem Herzen nicht zweifelt,
sondern glaubt, daß geschieht, was er sagt,
dem wird es zuteil.
[24]Deshalb sage ich euch:
Alles, was ihr erbetet und erbittet –
glaubt, daß ihr es bekommen habt,
und es wird euch zuteil.
[25]Und wenn ihr euch hinstellt, um zu beten:
Vergebt, wenn ihr etwas gegen jemanden habt,
damit auch euer Vater in den Himmeln euch eure Verfehlungen
vergibt.

Markus stellt die ihm überlieferten Herrenworte in einen aufschlußreichen Zusammenhang. Unmittelbar zuvor ist von der Tempelaktion Jesu die Rede (Mk 11,15ff). Der Evangelist hat sie nicht als eine »Reinigung« verstanden, die das Heiligtum in seinem von Gott gewollten Glanz wiederherstellte, sondern als Ankündigung seiner Zerstörung (vgl. Mk 13,2: »Kein Stein wird auf dem anderen bleiben!«). Im Horizont der nahekommenden Gottesherrschaft, für die Jesus mit seinem Leben und Sterben eintritt, ist der Jerusalemer Tempel nicht mehr *der* Ort der gnädig gewährten Sündenvergebung und des gnädig gewährten Zugangs zu Gott, der er nach weit verbreiteter frühjüdischer Auffassung ist. Nach der Glaubensüberzeugung des Evangelisten ist es vielmehr Jesus selbst, der *in persona* Gottes rettende Macht vermittelt und den Weg hin zu Gott öffnet.

Der *positive* Sinn der tempelkritischen Aktion wird in Mk 11,17 mit einem Prophetenzitat festgehalten: Es geht Jesus darum, ein Haus Gottes aufzubauen, das ein »Haus des Gebetes für alle Völker« (Jes 56,7) ist. Der Akzent liegt auf der Universalität wie auf der Spiritualität dieses neuen, »nicht von Händen gemachten« Tempels (Mk 14,58): daß nicht nur die Juden, sondern gleichberechtigt auch die Heiden Zutritt haben und daß so gebetet wird, wie es dem Gott Jesu entspricht. Dieses Haus des Gebetes ist für Markus die nachösterliche Jüngergemeinde, die sich bildet, weil – gemäß Jesu Weisung Mk 13,10 – das »Evangelium allen Völkern verkündet« wird. Wie aber kann in dieser Gemeinschaft von Juden und Heiden, die auf die Vollendung der Gottesherrschaft warten, gebetet werden? Und wie verändert sich durch das Beten die Lebensgestalt dieser Gemeinde? Darauf gibt Jesus in Mk 11,22-25 eine Antwort – nicht, indem er ein großes Theoriegebäude konstruiert oder einen langen Verhaltenskatalog aufstellt, sondern indem er mit wenigen prägnanten Sätzen eine Grundorientierung gibt.

Das Beten der Jünger hat es mit ihrem Glauben und mit ihren Zweifeln zu tun: mit ihrem Glauben, daß Gott ihnen nicht nur das Leben geschenkt hat, sondern sie trotz ihrer Sündenschuld retten wird, und mit ihren Zweifeln, ob Gott wirklich wahr macht, was Jesus verkündet. Die Sprache des Glaubens ist das Gebet: ein Ausdruck der Hoffnung, daß man Gott alles anvertrauen kann und daß Gott sein Ohr nicht verschließt. In diesem Gebetsglauben aber kommt auch der Glaubenszweifel der Jünger zu Wort – wie sollte es bei einem wahrhaft menschlichen Glaubenswort anders sein? Doch indem der Zweifel ins Gebet genommen wird, beginnt er seine destruktive Kraft zu verlieren – wie in jenem Hilfeschrei, den nach Mk 9,24 der Vater eines kranken Kindes, hin- und hergerissen zwischen Hoffnung und Zweifel, ausstößt:

Ich glaube, hilf meinem Unglauben!

Von einem solchen Glauben, der seinen eigenen Unglauben nicht verschweigt, sondern Gott bittet, ihn zu überwinden, redet auch Mk 11,22-25. Es ist ein Glaube, der nicht zuerst Gott gegenüber zu Wort kommen will, um Ansprüche anzumelden und Rechte einzuklagen, sondern ein Glaube, der zuerst Gott zu Wort kommen läßt: indem er zu hören versucht, was Gott sagt, und bejahen will, was Gott im Sinn hat. Das Vorbild ist Jesus in Getsemani (Mk 14,36):

Aber nicht mein Wille, sondern deiner!

Der Gebetsglaube stiftet Versöhnung und setzt die Bereitschaft zur Versöhnung voraus. Man kann Gott nicht bitten, kann ihn nicht loben und kann ihm nicht danken, wenn man nicht um Vergebung bittet und Vergebung gewährt. Die Verwandtschaft mit dem Vaterunser ist unübersehbar. Um Vergebung kann man ehrlicherweise nur bitten, wenn man selbst zu vergeben bereit ist. Wer sich im Gebet Gott öffnen will, kann nicht in Haß, in Groll und Rachegefühlen verschlossen bleiben – so natürlich diese Reaktionen sind. Denn der Gott, zu dem man so voller Vertrauen beten darf, wie Jesus dies sagt, erweist sich den Betern als der Gott, der mit seiner Liebe gerade die Schwachen und die Sünder für das wahre Leben gewinnen will (Mk 2,17); und der Beter, der sich von Jesus ansprechen läßt, sieht sich selbst als einen Menschen, der zutiefst auf Vergebung angewiesen ist und diese Vergebung dank Jesu auf seinen Glauben hin erlangen wird (vgl. Lk 18,9-14). Also muß auch er seinen Haß begraben – nicht weil es um der eigenen sittlichen Perfektionierung darauf ankäme, sich selbst zu überwinden, sondern weil Hoffnung besteht, daß Gott das Unrecht überwinden wird.

Dieser Gebetsglaube steht unter einer großen Verheißung: daß Gott erhört, worum er gebeten wird. Die Zusage ist freilich sehr konkret. Das Bild des Bergeversetzens, aus der Prophetie übernommen (Jes 40,4; Ez 38,20; Hab 3,6), weist die Richtung: Es geht um Gottes Macht, in einem Akt end-gültiger Neuschöpfung sein Reich zu vollenden. Nach Jesu Verkündigung nimmt Gott diese Macht bereits in der gegenwärtigen Zeit wahr: nicht, um der Vollendung vorzugreifen, sondern um die schöpferische Kraft der vollendeten Gottesherrschaft den Menschen schon jetzt zukommen zu lassen. An dieser Macht Gottes aber gewinnen die Jünger, vermittelt durch Jesus, Anteil: Wo sie beten, wie Jesus sie lehrt, vermögen sie durch ihr Gebet, das durch ihre Nachfolgepraxis und ihr Kreuzesleiden getragen wird, anderen zu vermitteln, daß Gottes Herrschaft nahegekommen ist.[22] Aus dieser Verheißung lebt der ganze Glaube.

Dort also bildet sich Kirche: wo auf Jesu Einladung hin gemeinsam gebetet wird und das gemeinsame Gebet die Kraft zur Versöhnung schenkt – und wo umgekehrt die Überwindung von Schuld und Sünde, von Groll und Rache dem Beten Worte verleiht, die eine ungeahnte Kraft entfalten, weil sie von Gott eingegeben worden sind.

V.
Matthäusevangelium:
Salz der Erde – Licht der Welt

Das Matthäusevangelium gilt von alters her als das »kirchliche Evangelium« – nicht nur, weil es seit der Alten Kirche besonders hoch geschätzt worden ist, auch nicht schon deshalb, weil es zweimal das Stichwort Ekklesia fallen läßt (Mt 16,18; 18,17), sondern vor allem deshalb, weil der Evangelist sich in seinem Werk als ein »Kirchenmann« (Josef Ernst)[23] präsentiert, der die Lehre Jesu stark gewichtet, um sie zu einer Katechese für jene Christen werden zu lassen, die nach Ostern in der Ekklesia die Jüngerschaft Jesu leben wollen. Nicht zuletzt die Bergpredigt dient dieser Orientierung. Dort findet sich jenes vielzitierte Jesuswort, das nach Matthäus das Wesen wie die Berufung der Kirche ausmacht: Salz der Erde und Licht der Welt zu sein (Mt 5,13f).

1. Verwurzelung in Israel – Sendung zu den Völkern

Im Markusevangelium ist die universale Verkündigung des Evangeliums und damit die Gewinnung von Heidenchristen für die Jüngergemeinde Jesu Christi selbstverständliche Praxis (Mk 13,10). Anders hingegen im Matthäusevangelium. Obgleich etwa zwanzig Jahre jünger, spiegelt es noch einmal jene Kontroversen um die Berechtigung der Heidenmission wider, die für die kirchliche Identitätsbildung des Urchristentums prägend gewesen sind – nicht nur in der Anfangszeit und nicht nur im Umfeld der paulinischen Mission. Es geht bei diesen Diskussionen immer um zweierlei: um die Gewinnung jenes schlechthin unbegrenzten Horizontes der Evangeliumsverkündigung, den der schlechthin unbegrenzte Gnadenerweis Gottes im Kreuzestod Jesu ausspannt, und um die radikale, d.h. wurzelhafte Verbindung der Kirche mit Israel, die in der Identität Jahwes mit dem Vater Jesu gründet.

Daß die ekklesiologische Grundthematik »Universalität – Israelbezug« im Matthäusevangelium erneut auf die Tagesordnung kommt, hängt vermutlich mit der Geschichte der matthäischen

Gemeinde zusammen.[24] Nach dem Desaster des Jüdischen Krieges, der zur Vertreibung vieler Judenchristen aus Judäa und Galiläa führt, kommen in der Region des Matthäus (wahrscheinlich in Syrien) palästinische Judenchristen, die eine intensive Gesetzesfrömmigkeit mit gezielter Israelmission verbunden haben, in *einer* Gemeinde mit hellenistischen Juden- und Heidenchristen zusammen, für die eine universale Evangeliumsverkündigung und eine liberale Gesetzespraxis seit längerem selbstverständlich sind. Matthäus hat es verstanden, diesen Konflikt theologisch und ekklesiologisch fruchtbar zu machen: Noch einmal hat er es – auf lange Zeit als letzter – vermocht, die *jüdische Herkunft* mit der *genuinen Universalität* des Christentums zu vermitteln. Dies geschieht nicht ohne polemische Kritik am zeitgenössischen, pharisäisch geprägten, der matthäischen Gemeinde eng benachbarten Judentum – eine Kritik, deren Härte nur aus dem Schmerz einer frischen Trennung erklärbar ist und von heutigen Christen, zumal nach Auschwitz, nicht ohne Hinweis auf ihre historische Bedingtheit und ihren fürchterlichen Mißbrauch in der Geschichte des christlichen Antisemitismus aufgenommen werden kann.[25] Die Kehrseite dieser Polemik ist aber eine ekklesiologische Vorstellung, die zum einen auf der Zugehörigkeit Jesu zur Geschichte Israels beruht, wie sie der »Stammbaum« 1,1-17 nachzeichnet, zum anderen auf der Vermittlung des allen Völkern geltenden Abraham-Segens (Gen 12,1ff) durch den »für die Vielen« (Mt 26,28) gestorbenen Jesus Christus.

Zunächst scheint die Auskunft des Matthäusevangeliums jedoch widersprüchlich zu sein. Einerseits hält die Aussendungsrede an die Jünger fest (Mt 10,5f):

Geht nicht auf den Weg zu den Heiden,
und geht nicht in die Städte der Samariter,
geht nur zu den verlorenen Schafen des Hauses Israel!

Jesus selbst sagt der kanaanitischen (also nicht-israelitischen) Frau (Mt 15,24):

Ich bin nur zu den verlorenen Schafen des Hauses Israel gesandt!

Andererseits aber heißt es zum Schluß des Evangeliums
(Mt 28,19):

Geht und macht alle Völker zu Jüngern!

Bei näherem Hinsehen löst sich freilich dieser Widerspruch
auf. Matthäus hält nicht nur eine historische Erinnerung wach:
Tatsächlich hat sich Jesus ja im wesentlichen auf Israel beschränkt, und erst nach Ostern beginnt die Heidenmission. Der
Evangelist verfolgt zugleich eine theologische Absicht: Für ihn besteht ein innerer, untrennbarer Zusammenhang zwischen der
vorösterlichen Konzentration Jesu auf Israel und der nachösterlichen Evangeliumsverkündigung bei allen Völkern. Dieser Zusammenhang ist »heilsdramatisch« begründet: in der Logik des
Heilshandelns Gottes zur Aufrichtung seiner Herrschaft. Daß
Jesus sich in seinem irdischen Wirken zu den »verlorenen Schafen
des Hauses Israel« (Mt 15,24) gesandt weiß, spiegelt die Treue
Gottes zu den Verheißungen wider, die er seinem Volk gegeben
hat und die unverbrüchlich in Geltung bleiben. Daß Jesus aber als
Auferstandener seine Jünger zu allen Völkern sendet, spiegelt die
Universalität der an Abraham ergangenen Heilsverheißung Got-
tes wider. Matthäus erzählt, wie sie sich zu realisieren beginnt:
Dadurch, daß Jesus sich nach Gottes Willen in Israel durch sein
Wirken, sein Leiden und seine Auferstehung als der »Immanuel«,
der »Gott mit uns« erweist (Mt 1,23; vgl. 18,20; 28,20), ereignet
sich jener Quantensprung, der den Heiden die Anteilhabe am
eschatologisch-neuen Abraham-Segen ermöglicht.

Für die »Kirche« des Matthäus ist die Erinnerung an diese
Dramatik von großer Bedeutung. Einerseits zeigt der Evangelist
den aus Palästina stammenden Judenchristen, daß die missionarische Öffnung für die Heiden aus der inneren Dynamik des auf
Israel bezogenen Heilshandelns Gottes folgt. Andererseits führt er
die Heidenchristen zu den alttestamentlich-jüdischen Wurzeln

zurück, die Jesus selbst hat. Im Evangelium steht dafür nicht zuletzt die Bergpredigt: Sowohl die Seligpreisungen und die sog. »Antithesen« mit dem Gebot der Feindesliebe an der Spitze als auch das Vaterunser und die Warnung vor dem falschen Sich-Sorgen zeigen, daß die Christen ihren Lebensnerv durchtrennten, würden sie dieses *juden*christliche Erbe verraten, das ihr Christsein an die *alttestamentliche* Gottesrede zurückbindet.

2. Die Weisen aus dem Morgenland (Mt 2,1-12)

Bei Lukas sind es die Hirten auf dem Feld von Bethlehem, die als erste Gemeinde bei Jesus zusammenkommen, bei Matthäus die Weisen aus dem Morgenland (Mt 2,1-12):

¹Als Jesus geboren ward zu Bethlehem in Judäa
  zur Zeit des Königs Herodes,
siehe, da kamen Magier aus dem Osten nach Jerusalem,
  ²die sagten:
»Wo ist der neugeborene König der Juden?
Denn wir haben seinen Stern beim Aufgehen gesehen
und sind gekommen, ihn anzubeten.«
³Als aber König Herodes dies hörte,
erschrak er und ganz Jerusalem mit ihm,
⁴und er versammelte alle Hohenpriester und Schriftgelehrten
  des Volkes
und erfragte von ihnen, wo der Messias geboren werden soll.
⁵Die aber sagten ihm:
»Zu Bethlehem in Judäa;
denn so steht es geschrieben durch den Propheten:
⁶›Und du, Bethlehem im Land Juda,
bist keineswegs die geringste unter den Fürstenstädten Judas;
denn aus dir wird der Fürst hervorgehen,
der mein Volk Israel weiden wird‹[Mi 5,1.3].«
⁷Da rief Herodes heimlich die Magier zu sich
und erkundigte sich bei ihnen genau nach der Zeit,
da der Stern erschienen war.

54

⁸Und er schickte sie nach Bethlehem und sagte:
»Geht und forscht genauestens nach dem Kind;
wenn ihr es aber gefunden habt, meldet es mir,
damit auch ich komme, es anzubeten.«
⁹Als die aber den König angehört hatten, gingen sie.
Und siehe: Der Stern, den sie beim Aufgehen gesehen hatten,
zog ihnen voraus, bis er ankam und oben stehenblieb,
dort, wo das Kind war.
¹⁰Als sie aber den Stern sahen,
wurden sie von größter Freude erfüllt,
¹¹und sie kamen in das Haus
und sahen das Kind mit Maria, seiner Mutter,
und sie fielen nieder und beteten es an,
und sie öffneten ihre Schätze
und brachten ihm Geschenke:
*   Gold und Weihrauch und Myrrhe.*
¹²Und nachdem sie in einem Traum angewiesen worden waren,
nicht zu Herodes zurückzukehren,
zogen sie auf einem anderen Weg wieder in ihr Land.

Die Szene ist hoch symbolisch: Nicht von ungefähr sind es *Heiden,* die bei Matthäus als erste den Weg zum »neugeborenen König der Juden« (Mt 2,2) finden. Als Orientalen personifizieren sie die ganze Weisheit des Ostens, die sich damals (wie heute) großer Beliebtheit erfreute; als »Sterndeuter« tragen sie nicht nur das astronomische Wissen und die astrologischen Spekulationen des Morgenlandes, sondern zugleich die ganze Religiosität der Heidenvölker in sich. Der Stern des Messias, der ihnen auf wunderbare Weise den Weg zeigt, holt sie bei ihrer angestammten Kultur ab, deren glänzende Repräsentanten sie sind, und führt sie tief hinein in die israelitischen Hoffnungen auf die Verwirklichung der eschatologischen Königsherrschaft Gottes.[26] Astronomisch läßt sich der Stern von Bethlehem kaum fixieren; wohl aber läßt er sich theologisch identifizieren. Er ruft die Erinnerung an die Prophetie des Heiden Bileam (Num 24,17) wach:

Ein Stern wird aufgehen aus Jakob,
ein Zepter erhebt sich in Israel.

Er deutet aber auch den Heiden in ihrer eigenen Bildsprache die Messianität Jesu. So wie heidnische Herrscher ihren Machtanspruch anmelden konnten, indem sie auf den Münzen, die sie schlugen, einen Stern über ihrem Haupte prangen ließen, so weist der Stern, den die Magier sehen, auf die universale Herrschaft hin, die Jesus als »König der Juden« antreten soll – die er freilich auf eine ganz andere Art antreten wird, als Könige ihre Macht auszuüben pflegen (vgl. Mt 21,1-12) und auch die Jünger es erwartet haben (Mt 20,20-28; vgl. Apg 1,6).

Die Sterndeuter kommen nicht auf dem direkten Weg zum Geburtshaus Jesu (Mt 2,11), sondern auf einem bezeichnenden Umweg über Jerusalem. Dieser Umweg ist notwendig: Nur auf ihm gelangt man ans Ziel. Einerseits bietet er dem Evangelisten die Gelegenheit, einen wirkungsvollen Kontrast aufzubauen: Dem regierenden König Herodes, von seinen Zeitgenossen »der Große« genannt, der seine Herrschaft auf Gewalt gründet und sogar vor einem entsetzlichen Kindermord nicht zurückschreckt, um sein Regime zu sichern (Mt 2,16ff), steht der Friedenskönig Jesus gegenüber, der »gewaltlos und reitend auf einer Eselin, dem Jungen eines Zugtiers« zur Tochter Zion kommt (Mt 21,5: Jes 62,11; Sach 9,9).[27]

Andererseits nimmt die Erzählung das alttestamentliche Motiv der eschatologischen Völkerwallfahrt der Heiden auf, um es christologisch zu variieren. Es gehört zur großen Hoffnung Israels, Gott werde am Ende der Zeiten durch seine heiligmachende Gnade den Gottesdienst im Tempel und die Lebenspraxis der Israeliten so anziehend machen, daß die Heidenvölker von weither angezogen werden und herbeiströmen, um mit Israel auf dem Zion im Gotteslob zusammenzufinden (Jes 2,2ff; 60,3ff; Mi 4,1-4; Tob 13,13 u.ö.). Die christologische Aussage der Erzählung lautet: Diese Faszination auf die Heiden geht von Jesus aus, dem Sohne Gottes. Mehr noch: nicht zuletzt dazu ist Jesus gemäß

Gottes Willen gekommen und nicht zuletzt deshalb ist ihm nach seiner Auferstehung von Gott »alle Vollmacht im Himmel und auf Erden gegeben« (Mt 28,18), um die Heidenvölker zum »Gott Abrahams und Gott Isaaks und Gott Jakobs« (Mt 22,32: Ex 3,6) zu führen, der Jesu und all seiner Jünger »Vater« (Mt 6,9-13) ist. Der Weg der orientalischen Weisen führt folgerichtig zuerst nach Jerusalem, ins Zentrum der politischen Macht und der religiösen Überlieferung des Gottesvolkes Israel, das durch den König Herodes wie durch die »Hohenpriester und Schriftgelehrten des Volkes« (Mt 2,4) vertreten wird, und dort zum Lesen der Heiligen Schrift. Die Bibel selbst aber, so will die Geschichte ihren christlichen Lesern zu verstehen geben, sagt den Magiern, daß ihr Weg zum »neugeborenen König« (Mt 2,1) nicht in Jerusalem endet, sondern nach Bethlehem zu Jesus führt. Aus berufenem Mund wird die Bethlehem-Prophetie Mi 5,1.3 zitiert. Die ekklesiologische Pointe, die Matthäus mit diesem Schriftzitat setzt: Jesus ist die große Hoffnung nicht nur für Israel, sondern auch für die Heiden. Und während sich die führenden Repräsentanten Israels, wie es die bittere Erfahrung seiner Jünger ist, Jesus versagen, werden sich die Heiden für das Evangelium der Gottesherrschaft gewinnen lassen. Die Magier aus dem Osten sind ihre ersten Vorboten. Aus ihren eigenen kulturellen Traditionen heraus machen sie sich auf die Suche nach dem Messias-König, weil ihnen Gott am Himmel ein Stern-Zeichen gesetzt hat; durch das Wort der Heiligen Schrift gelangen sie nach Bethlehem, in die Stadt Davids; da sie zu Jesus kommen, beten sie ihn an und schenken ihm mit »Gold und Weihrauch und Myrrhe« (Mt 2,11) das Kostbarste, das sie besitzen.

3. Die Stadt auf dem Berg (Mt 5,13-16)

Die Bergpredigt ist bei Matthäus die Lehre Jesu von der wahren Jüngerschaft (Mt 5,1f): vor allem in dem Sinn, daß sie die Praxis der Nachfolge charakterisiert, aber auch in dem Sinn, daß sie die Sendung der Kirche beschreibt. Dafür ist Mt 5,13-16 besonders aufschlußreich:

¹³Ihr seid das Salz der Erde.
Wenn das Salz aber schal wird, womit soll man's salzen?
Es taugt zu nichts mehr,
außer daß es hinausgeworfen
*   und von den Leuten zertreten wird.*
¹⁴Ihr seid das Licht der Welt.
Eine Stadt, die auf dem Berge liegt,
kann nicht verborgen bleiben.
¹⁵Man zündet auch keine Lampe an
und stellt sie unter den Scheffel,
sondern auf den Leuchter,
und dann leuchtet sie allen im Haus.
¹⁶So soll euer Licht vor den Menschen leuchten,
so daß sie eure guten Werke sehen
und euren Vater in den Himmeln preisen.

Matthäus hat diese Worte Jesu an seine Jünger im großen Schatz seiner Überlieferung gefunden und an ihren Platz in der Bergpredigt gestellt. Sie leiten von den Seligpreisungen (Mt 5,3-12) zu den sog. Antithesen über (Mt 5,17-20.21-48), die im Gebot der Feindesliebe gipfeln (Mt 5,43-48). Beide Rahmentexte sind ihrerseits auf Jüngerschaft und Kirche bezogen: Die Seligpreisungen führen den Nachfolgern Jesu die große Reich-Gottes-Verheißung vor Augen, aus der sie leben können; die Antithesen weisen sie anhand prägnanter Beispiele darauf hin, worin die Gerechtigkeit (Mt 5,20) besteht, auf die Gott sie verpflichtet (vgl. Mt 6,1).

Im Zwischenstück Mt 5,13-16 sagt der Evangelist, wie er sich die Kirche Jesu Christi (vgl. Mt 16,18) vorstellt: aus welcher Gnade sie lebt, welche Aufgabe ihr gestellt ist, welche Vollmacht sie besitzt und welche Last sie auf sich nimmt. Die Antwort gibt der Evangelist nicht, indem er eine theoretische Abhandlung anfertigt, sondern indem er eine kleine Montage ebenso einfacher wie farbiger und tiefenscharfer Bilder vornimmt: Salz der Erde – Licht der Welt – Stadt auf dem Berge – Lampe auf dem Leuchter.

Diese Bilder der Kirche setzen eine bestimmte Lebenssituation der Kirche voraus. Es ist eine Lage, die für das 1. Jahrhundert nicht untypisch ist. Die Christen bilden eine Minderheit. Von den allermeisten ihrer Mitmenschen werden sie schlicht übersehen und überhört; von einigen werden sie aber auch verachtet, verleumdet und verfolgt (Mt 5,11). Wie stehen sie in dieser Umgebung da?

Matthäus verfolgt zwei scheinbar gegenläufige, in Wahrheit aber hintergründig verbundene Linien. Die eine ist durchaus »elitär«. Die Christen sind eine Elite. Das lateinische Wort entspricht dem deutschen »Auswahl«. Die Christen sind »auserwählt«. Das meint: sie sind von Gott selbst ausersehen und an ihren Platz gestellt worden. Gewiß: diese Ekklesiologie ist heikel; sie schafft die Versuchung, auf die anderen herabzuschauen und sich für etwas Besseres zu halten. Aber: von Erwählung im Sinne des Matthäus (und aller biblischen Autoren) zu reden, hat nicht das geringste mit dem Verweis auf eigene Verdienste zu tun; es begründet noch nicht einmal Heilssicherheit. Wohl aber hat die Betonung der Erwählung damit zu tun, daß die Jünger um ihr geradezu existentielles Angewiesensein auf Gottes Gnade wissen – daß sie darauf vertrauen, von Gott wirklich angenommen und mit einer Aufgabe betraut zu sein. Und: ist die Bergpredigt, die den Jüngern geschenkt ist, nicht tatsächlich etwas Besonderes, etwas Einmaliges? Sind die Jünger nicht wirklich dadurch ausgezeichnet, daß sie jene Rede hören können, die Friedrich Dürrenmatt die »Rede der Reden« genannt hat[28]? Müssen sie dann aber diese Worte Jesu nicht hochhalten und vor Vergleichgültigung schützen? Und können sie dies wirklich aus eigener Kraft – oder sind sie nicht vielmehr in allem darauf angewiesen, von Gott zum Zeugnisgeben ausgesucht und befähigt zu sein?

Hier setzt die andere Linie des Matthäus an. Sie ist ebenso missionarisch wie diakonisch. Die Kirche kann sich aus der Welt nicht zurückziehen, auch wenn sie sich nur wenigen verständlich machen kann und bei vielen auf Ablehnung stößt. Es bleibt für Matthäus vielmehr gültig, daß der Auferstandene (nach Mt 28,16-20) den Jüngern aufträgt, zu allen Völkern zu gehen, um sie durch Taufe und Lehre zu Jüngern zu machen. Der Evangelist meint, daß die Christen dies der Welt, in der sie leben (und an der sie Anteil haben) schuldig sind: die Frohe Botschaft zu verkünden. Mt 5,13-16 gibt zu verstehen, *wie* dies geschieht: ohne jene penetrante Rechthaberei, die nur das Zeichen einer inneren Schwäche ist (vgl. Mt 7,1-5), vielmehr im Wissen um die einzigartige Qualität der Botschaft (vgl. Mt 7,6) und in der Demut Jesu Christi selbst (vgl. Mt 5,3-12). Die Christen sollen ihre Taten sprechen lassen. Sie sollen so leben, wie Jesus es ihnen in der Bergpredigt sagt. Wenn ihnen dies in ihrer Gemeinschaft auch nur halbwegs gelingt, geht eine starke Leuchtkraft von ihnen aus. Ein Licht erstrahlt, das wärmt und anziehend wirkt. Mission durch Faszination – und Faszination nicht durch Effekthascherei, sondern durch Güte, also durch Gebete und Werke der Nächstenliebe: das ist die Berufung und die große Chance der Jüngerschaft. Für andere da zu sein, heißt, nach Kräften ihre Lebensverhältnisse zu verbessern, ihre sozialen, ökonomischen, familiären, persönlichen Konstellationen, heißt aber in all dem und darüber hinaus auch, ihnen die Gnadenwirklichkeit der Gottesherrschaft aufgehen zu lassen, also ihr Gottesbild und ihr Selbstbild ebenso wie das Bild ihrer Nächsten durch Jesus klären zu lassen und ihre Augen für das Heilende und Rettende der Gegenwart Jesu zu öffnen.

Die guten Werke sind »gut«, wenn sie nichts anderes beabsichtigen, als denen zugute zu kommen, die auf sie angewiesen sind. Matthäus denkt offenbar in erster Linie nicht an Mit-Christen, sondern an Nicht-Christen. Gerade dadurch, daß ihnen einfach nur Gutes getan wird, können sie gewonnen werden, Gott zu loben. Dieses Gotteslob in der Welt hervorzulocken, ist die eigentliche Berufung der Jüngerschaft.[29]

Eine Kirche, die sich durch »gute Werke« hervortut, ist eine starke Lichtquelle in der Welt. Ohne dieses Licht wäre es dunkel. Wo aber dieses Licht erstrahlt, und sei es nur durch wenige: dort verändert sich die Welt.

4. Das Schiff im Sturm (Mt 8,23-27)

Schon Markus (Mk 4,35-41) erzählt von der Stillung des See-sturms durch Jesus. Matthäus macht aus dieser Wundergeschich-te eine Symbolerzählung über die Kirche (Mt 8,23-27)[30]:

> [23]*Und er stieg in ein Boot, und seine Jünger folgten ihm.*
> [24]*Und siehe, ein großes Beben entstand im Meer,*
> *so daß das Boot von Wellen zugedeckt wurde;*
> *er aber schlief.*
> [25]*Da traten sie herzu, weckten ihn auf und riefen:*
> *»Herr, hilf, wir gehen unter!*
> [26]*Und er sagt ihnen:*
> *»Was seid ihr ängstlich, Kleingläubige?«*
> *Dann stand er auf, herrschte die Winde und das Meer an*
> *und es entstand eine große Stille.*
> [27]*Die Leute aber staunten und sagten:*
> *»Was ist dies für einer, daß Wind und Meer ihm gehorchen?«*

Bei Matthäus findet sich die Sturmstillung in einer ganzen Reihe von Wundergeschichten (Mt 8-9), die nach der großen Bergpredigt (Mt 5-7) erzählen, wie Jesus nicht nur durch seine vollmächtigen Worte, sondern auch durch seine wunderbaren Taten das »Evangelium von der Gottesherrschaft« verkündet (Mt 4,23; 9,35). Unmittelbar vor die stürmische Überfahrt hat der Evangelist zwei kurze Szenen gestellt, die knapp und hart vom Anspruch der Jesus-Nachfolge handeln (Mt 8,19-22). Was Nach-folge-Gemeinschaft bedeutet, in welche Krise sie führt und wel-che Rettung sie verheißt: das gibt die Wundergeschichte von der Stillung des Seesturms zu verstehen.

Das Boot ist erst durch Matthäus zur stehenden Metapher für das »Schifflein« der Kirche geworden. Im Evangelium ist sie frei von allem Selbstmitleid, aller Sentimentalität und allem ver-schworenen Mannschaftsgeist. Die Parole »Das Boot ist voll!« hat keinen Anhaltspunkt am Text. Entscheidend ist, daß das Seebe-ben die Erschütterungen in Szene setzt, denen die Kirche auf dem Weg durch die Zeit ausgesetzt ist. Aus eigener Kraft können die Jünger das Boot nicht retten. Es ist nicht Hysterie, sondern realistische Erfahrung, wenn sie glauben, untergehen zu müssen (Mt 8,25).

Zur Realistik der Szene gehört, daß die Jünger (Matthäus denkt an die Zwölf) im Sturm Angst haben (Mt 8,26). Daß sie in der Nachfolge Jesu mit ihm zusammen in einem Boot sitzen, bewahrt sie nicht davor. Begründet ist der Kleinmut ihres Glaubens nicht so sehr in ihrer persönlichen Schwäche als in der Furcht, Jesus, der schläft, bekomme nichts von der Not des Schiffes mit und helfe deshalb nicht. In der markinischen Vorlage ist der Ton schärfer. Die Jünger werfen Jesus vor, gegen die tosenden Elemente nicht einzuschreiten (Mk 4,38). Matthäus mildert ab. Die Jünger bitten Jesus in ihrer Angst um Rettung; anders als bei Markus reden sie ihn mit dem Hoheitstitel *Kyrios*, Herr, an und rufen um Hilfe. Eine Parallele ist die matthäische Version der Seewandelgeschichte (Mt 14,22-33): daß Petrus es wagt, über das Wasser auf Jesus zuzugehen – und in dem Moment einsinkt, da er nicht mehr auf Jesus, sondern nur noch auf den Sturm schaut, doch sofort von Jesus gerettet wird, als er – ganz ähnlich wie in Mt 8 alle Jünger – um Hilfe ruft (Mt 14,30). Daß die Jünger Jesus bitten, zeigt ihren Glauben; daß es erst die Not ist, die sie beten lehrt, ihren Kleinglauben. Wenn die matthäische Gemeinde die Geschichte liest, soll sie sich nicht über die ersten Jünger erhaben dünken. Sie ist auch nicht einfach aufgerufen, es besser zu machen. Matthäus ist realistisch genug, mit der menschlichen Schwäche aller Jüngergenerationen zu rechnen (Mt 26,41 par Mk 14,38). Wichtig ist, daß sich die Christen im Kleinglauben der Jünger wiedererkennen: in ihrem Wunsch, Jesus anzugehören, ihrer Angst, unterzugehen, ihren Zweifeln, ob er wirklich helfen wird, und ihrer Bitte, er möge sie retten. Ebenso wichtig ist freilich, daß sie aus der Wundergeschichte die Frohe Botschaft hören, Jesus lasse sie in ihrer Not und Angst keineswegs allein. Zwar tadelt er ihr geringes Vertrauen – und hat alles Recht dazu. Aber er läßt sie nicht zugrundegehen; es genügt ein Wort, und die Jünger sind gerettet. In der Macht Gottes selbst, die er über die Schöpfung hat, erweist sich Jesus als Kyrios, der seine Jünger in den Erschütterungen des Lebens und den Stürmen der Zeit vor dem Untergang bewahrt.

Die Geschichte von der wunderbaren Stillung des Seesturms ist eine Geschichte über die Kirche, weil sie eine Geschichte über Jesus und seine Hilfe für die Jünger ist. Wie er es ist, in dessen Nachfolge die Jünger in das gemeinsame Boot gelangen, so ist er es auch, der sich von seinen Jüngern aufwecken und ansprechen läßt, in der Not zu helfen, und der sich so als Herr der chaotischen Lebenselemente erweist, daß der kleine Glaube der Jünger wachsen kann. Kirche ist dort, wo Jesus Christus verborgen gegenwärtig ist und seine von Gott verliehene Macht einsetzt, die Jünger nicht zugrundegehen zu lassen.

5. »*Auf diesen Felsen werde ich meine Kirche bauen!*«
    (*Mt 16,18f*)

Das große Wort der Verheißung und der Vollmachtsübertragung, das Jesus nach Mt 16,18f an Petrus richtet, steht im Zentrum jahrhundertelanger Kontroversen zwischen Orthodoxen, Protestanten und Katholiken.

[18]Ich sage dir:
Du bist Petrus [Fels],
und auf diesen Felsen werde ich meine Kirche bauen,
und die Pforten der Unterwelt werden sie nicht überwältigen.
[19]Ich werde dir die Schlüssel des Himmelreiches geben,
und was du auf Erden bindest,
   wird in den Himmeln gebunden sein,
und was du auf Erden löst, wird in den Himmeln gelöst sein.

Der Streit drehte (und dreht) sich freilich nicht in erster Linie um die neutestamentliche, sondern um die aktuelle kirchenpolitische Bedeutung der Verse: ob sie einen Primatsanspruch des römischen Papstes (als des Nachfolgers Petri) begründen können oder nicht.[31] Die historisch-kritische Exegese allerdings hat in den letzten Jahrzehnten manche Klärungen bringen können: Dadurch, daß sie sich auf den Ursprungssinn konzentrierte, vermochte sie das ökumenisch Verbindende der matthäischen Verse stärker zu gewichten als das konfessionell Trennende.

Über drei Punkte herrscht unter den gegenwärtigen Exegeten evangelischen wie katholischen Bekenntnisses weitgehend Einmütigkeit, wenngleich es nach wie vor konfessionsspezifische Akzentuierungen gibt.

Erstens: Mt 16,18f kann aus sprachlichen wie inhaltlichen Gründen nicht als ein Wort gelten, das so vom irdischen Jesus gesprochen worden ist.[32] Gewiß erinnern die Verse an die besondere Beziehung zwischen Jesus und Petrus, dem Erstberufenen (Mk 1,16-20) und Erstzeugen der Auferweckung (1Kor 15,5). Auch die Verleihung des Namens »Kephas« – »Petrus« dürfte historisch sein. Doch Mt 16,18f ist eine aus nachösterlicher Perspektive formulierte ekklesiologische Grundsatzerklärung, die im Wissen um die überragende Bedeutung des Apostels in der Geschichte des Urchristentums (vgl. Joh 21,15-19) entstanden ist.[33]

Zweitens: Mt 16,18f ist seinem Wortsinn nach nicht auf die Sukzession eines Jüngers im Petrusamt aus, sondern hält die grundlegende Bedeutung eben des ersten Jüngers Jesu (Mt 4,18-22) fest, die für die Kirche aller Zeiten prägend bleibt. Das kann dann freilich nach katholischem Verständnis die Amtsfrage nicht unberührt lassen.[34] Denn der Dienst, den Petrus nach Jesu Wort leisten soll, muß in der Kirche weiter getan werden; und dies setzt voraus, daß Jesus jene Vollmacht zu binden und zu lösen, die er Petrus zugesprochen hat, in der Gemeinschaft der Glaubenden weiter wirksam sein läßt (vgl. Mt 18,18).

Drittens: Matthäus denkt durchaus an eine Stiftung der Kirche durch Jesus. Die futurische Wendung in Vers 18 (»... werde ich meine Kirche bauen!«) verweist jedoch auf die österliche Zeit (Mt 28,18ff). Die Szene zu Caesarea Philippi hält indes fest, daß diese Kirche nicht nur durch die Rückbindung an den irdischen Jesus, sondern (deshalb) auch durch die Rückbindung an die von Jesus verliehene Vollmacht des Petrus qualifiziert ist.[35]

Vor diesem Hintergrund zeichnet sich das ekklesiologische Leitbild ab, das Matthäus in der Petrus-Szene vorschwebt. Wiederum seien drei Punkte genannt.

Erstens: Die Petrus-Verheißung reagiert auf das Petrus-Bekenntnis. Als Sprecher der Jünger sagt Simon-Petrus (Mt 16,16):

Du bist der Christus, der Sohn des lebendigen Gottes!

Der »Fels« der Kirche ist Petrus, insofern er dieses Jünger-Bekenntnis hochhält. Wenn er es tut, ist es nicht sein Verdienst, sondern das Geschenk, das Jesu »Vater in den Himmeln« ihm macht (Mt 16,17). Für eine Kirche, die sich zu Recht auf Petrus beruft, heißt dies: Einerseits wird sie immer nach der Klarheit, Verständlichkeit und Glaubwürdigkeit ihres Christus-Bekenntnisses gefragt; die Vollmacht, die Petrus gegeben ist, muß eingesetzt werden, um dieser Christozentrik zu dienen. Andererseits aber darf sie darauf vertrauen, daß in ihr der Petrus-Dienst, Jesus als den Christus zu bekennen, lebendig bleibt.

Freilich: unmittelbar im Anschluß an jenes Bekenntnis wird vom eklatanten Versagen des Petrus erzählt (Mt 16,21ff): Weil er Jesu Leidensweg nicht wahrhaben und nicht mitgehen will, muß er sich auch nach Matthäus anhören (Mt 16,23; vgl. Mk 8,33):

Geh weg, hinter mich, Satan,
du bist mir ein Anstoß,
denn du hast nicht das Gottes, sondern das der Menschen im Sinn!

Die Konsequenz ist klar: Nur der demütige Knechtsdienst Christi auf dem Weg der Kreuzesnachfolge (Mt 16,24-28) ist dem Christus-Bekenntnis konform. Die Autorität des Petrus ist die Autorität des sündigen Jüngers, den Jesus trotz seines Versagens nicht fallen läßt, sondern an *seiner* Autorität teilhaben läßt.

6. Die Kraft der Vergebung (Mt 18,15-18)

Die dritte seiner fünf großen Reden, die Jesus nach dem Matthäusevangelium hält, ist der »Ekklesia« (Mt 18,17) gewidmet. Mt 18 befaßt sich freilich nicht mit den Fragen der Organisation oder des Amtes, die allzu oft die Aufmerksamkeit auf sich ziehen. Sie ist von einem anderen Problem bewegt: Wie kann man und wie soll man in der Kirche mit Versagern, mit Sündern, mit Schuldigen umgehen, wie mit Unbußfertigen, Verstockten und Verbohrten? Dieses Problem ist zur Zeit des Evangelisten (um 80-90 n.Chr.) von großer Bedeutung. Es stellt sich nicht erst in einer »Volkskirche«, zu der immer auch viele Halbherzige, Laue und Mittelmäßige zählen. Es stellt sich bereits in der Kirche des Anfangs. Schon der Apostel Paulus hat mit dem Problem uneinsichtiger Frevler zu kämpfen (1Kor 5,1-9). Und mehr noch: schon die Jünger Jesu, mit Petrus an der Spitze, erweisen sich angesichts des Leidens Jesu als schwach und feige; sie dürfen sich nur deshalb zur Kirche zählen, weil Jesus ihnen ihre schwere Schuld vergeben hat. Wenn es nach Mt 18,21 Petrus ist, der an Jesus die Frage richtet, wie häufig er einem Bruder vergeben soll, so läßt der Evangelist mit vollem Bedacht jenen Jünger zu Wort kommen, der selbst am meisten auf die Gnade der Versöhnung angewiesen ist.

Die entscheidende Anweisung zum Umgang mit schuldig gewordenen Gemeindemitgliedern findet sich in den Versen 15-18:

[15] Wenn aber dein Bruder gesündigt hat,
geh hin und stelle ihn zur Rede, du allein mit ihm.
Wenn er dich hört,
hast du deinen Bruder gewonnen.
[16] Wenn er aber nicht hört,
nimm noch einen oder zwei mit dir,
damit »jede Sache auf dem Wort zweier oder dreier Zeugen
*   beruhe« [Dtn 19,15].*
[17] Wenn er aber auch sie nicht anhört, sage es der Kirche.
Wenn er aber auch die Kirche nicht anhört,
so sei er dir wie ein Heide und ein Zöllner.

18Amen, ich sage euch:
Was ihr auf Erden bindet, soll im Himmel gebunden sein,
und was ihr auf Erden löst, soll im Himmel gelöst sein.

Matthäus skizziert seine Antwort auf die Frage nach der Notwendigkeit und der Vollmacht der Vergebung, indem er die kirchlichen Umgangsformen mit Sündern beschreibt. Er will freilich kaum eine bestimmte Verfahrensordnung institutionalisieren (wie in vergleichbaren Qumran-Texten), die schließlich im Kirchenausschluß gipfelt, sondern vor allem zeigen, welche Wege der Versöhnung die Jünger Jesu suchen und zu Ende gehen sollen. Der Evangelist setzt voraus, daß die Kirche Jesu Christi nicht aus moralischen Heroen und spirituellen Großmeistern besteht, sondern aus schwachen Menschen, die immer wieder der Versuchung nachgeben, andere zu kränken, sich auf ihre Kosten durchzusetzen und ihnen das vorzuenthalten, was sie zum Leben brauchen. Um welche Art von Sünden es in Mt 18 geht, wird nicht definiert; aber man darf annehmen, daß der Evangelist nicht über Lappalien, sondern über wirklich schwere Schuld spricht, droht doch nach 18,17 gar der Ausschluß aus der Gemeinde. Unmittelbar angeredet sind nicht die im Moment schuldig Gewordenen, sondern diejenigen, denen Schaden zugefügt worden ist. Wie sollen sie auf das ihnen angetane Unrecht reagieren?

Zuerst sollen sie zum schuldig gewordenen Bruder *hingehen.* Sie sollen den ersten Schritt tun. Sie dürfen nicht darauf warten, bis der andere zur Besinnung kommt. Sie sollen von sich aus aktiv werden und den Kontakt mit ihm suchen (vgl. Mt 5,23ff). Unmittelbar zuvor findet sich bei Matthäus das Gleichnis vom verlorenen Schaf (Mt 18,12ff): So wie ein Mensch, dem hundert Schafe gehören, die neunundneunzig zurückläßt, um sich auf die Suche nach dem einen verlorenen Schaf zu machen, so muß das ganze Engagement der Jünger dem gelten, der verlorenzugehen droht. Ihn wiederzufinden, muß ihre Herzensangelegenheit sein. Deshalb müssen sie als erstes zu ihm hingehen. Sie stehen dabei in der

Nachfolge Jesu, der nach Mt 9,13 (vgl. Mk 2,17) gekommen ist, nicht »Gerechte zu rufen, sondern Sünder«. Die Aufgabe, den ersten Schritt zur Versöhnung zu tun, endet nicht beim ersten und auch nicht beim zweiten Fehlschlag. »Nicht bis siebenmal, sondern bis siebzig mal siebenmal«, lautet Jesu Antwort auf die Frage des Petrus, wie häufig er zur Vergebung bereit sein müsse (Mt 18,22). Wenn Matthäus in 18,15-18 auf die Mitnahme von Zeugen und schließlich auf die Einschaltung der ganzen Gemeinde abhebt, betont er kaum, daß die Geduld langsam, aber sicher zu Ende geht, sondern daß man nichts unversucht lassen soll, den Sünder zur Besinnung zu bringen und zur Umkehr zu bewegen.

Erstens: Daß die Jünger zu ihrem schuldig gewordenen Bruder gehen sollen, hat zum Ziel, über seine Sünde zu *sprechen*. Daß jener Bruder wirklich Schuld auf sich geladen hat, steht nicht in Zweifel. Diese Schuld zu verschleiern, zu verschweigen oder zu verniedlichen, kann weder im Sinne des Sünders noch gar im Sinne des Geschädigten sein. Wenn es nicht der Sünder selbst ist, der seine Schuld erkennt und bekennt, so muß es sein Bruder sein, der ihn mit seiner Schuld konfrontiert und ihn zurechtweist – jedoch immer eingedenk des Jesuswortes vom Splitter im Auge des Nächsten und vom Balken im eigenen Auge (Mt 7,4). Das Vergehen muß beim Namen genannt werden – sonst bleibt alles im Zwielicht demütigender Halbwahrheiten und unaufrichtiger Gönnerhaftigkeit.

Zweitens: Die Sünde des Bruders anzusprechen, hat freilich nicht den Sinn, ihn zu beschämen und auf seine Schuld festzulegen, sondern ihn *zurechtzuweisen* und ihm zu *vergeben*: Es liegt alles daran, den Bruder wieder für die Gemeinschaft mit Jesus zu gewinnen, die er durch seine Schuld zerstört hat. Nach Lev 19,17f ist die brüderliche Zurechtweisung wie die Vergebung ein Gebot der Nächstenliebe – Matthäus wird ebenso gedacht haben. Die Zurechtweisung, die er meint, ist keine Abstrafung und keine Disziplinierung des Sünders, sondern die Aufdeckung seines Vergehens und das Aufzeigen eines Weges, der ihn wieder auf die rechte Bahn führt – den Weg der Nachfolge Jesu. Die Vergebung ist, wie das anschließende Gleichnis vom Schalksknecht zeigt (Mt 18,23-35), ein Akt schöpferischer Barmherzigkeit (V. 27), der dem Reuigen auf wunderbare Weise einen neuen Anfang ermöglicht. Matthäus denkt insbesondere an die volle Teilhabe an der Kirchen-Gemeinschaft mit Jesus. Die Vollmacht, zu binden und zu lösen, die nach Mt 18,18 der ganzen Kirche (so wie nach Mt 16,19 Petrus) verliehen ist, sollen die Jünger einsetzen, nicht um diese Gemeinschaft mit dem schuldig Gewordenen aufzukündigen oder rechtlich einzuschränken, sondern um sie möglich zu machen.

Drittens: Matthäus verschweigt nicht, daß es Sünder gibt, die nicht umkehren wollen oder können. In diesem Fall bleibt nur die Trennung (vgl. 1Kor 5,1-8; 6,1-11). Alles andere wäre unehrlich. Wer sich dem Wort der Vergebung, das in Jesu Namen gesprochen wird, auch vor dem Forum der ganzen Gemeinde versagt, dem kann die Versöhnung nicht aufgezwungen werden; es muß ihm vielmehr die Konsequenz seines Verhaltens in allem Ernst vor Augen geführt werden. Freilich: der Kirchen-Ausschluß ist *ultima ratio.* Der Evangelist hat die Rede Jesu so komponiert, daß sie eine eindringliche Warnung an die Jünger ist, diesen Schnitt nur ja nicht zu früh zu vollziehen (vgl. Lk 17,3f). Und: »Er sei dir wie ein Heide und ein Zöllner« ist gewiß ein hartes Wort der Verurteilung; aber vielleicht darf man doch auch daran erinnern, wie Jesus mit Zöllnern (Mt 9,9-13) und mit der heidnischen Frau (Mt 15,21-28) umgegangen ist, und man wird fragen müssen, ob die Jünger Jesu in ihrem Verhältnis zu den Ausgeschlossenen nicht dieser Praxis verpflichtet bleiben. Die ihnen verliehene Vollmacht des »Bindens« und »Lösens« sollen sie jedenfalls einsetzen, um den Gemeindegliedern, die schwere Schuld auf sich geladen haben, den Weg zurück in die Gemeinschaft der Kirche zu bahnen. Weder rigoristische Exkommunikationen noch das Absegnen der menschlichen Schwächen sind das Gebot Jesu, sondern die großen Anstrengungen und die weiten Wege der Liebe in seiner Nachfolge.

Die Kirche, die Matthäus vor Augen hat, ist eine Kirche der Sünder. Aber sie ist weit mehr noch eine Kirche der Vergebung: einer Vergebung, die von der Vollmacht Jesu selbst getragen ist, der »mitten unter ihnen ist«, wo immer »zwei oder drei« in seinem Namen versammelt sind (Mt 18,20).

VI.
Lukasevangelium und Apostelgeschichte:
Glaubens- und Lebensgemeinschaft im Geiste Jesu

Wie das Leben und Wirken Jesu (Lk 4,14-30) steht nach Lukas auch das Wirken der Urgemeinde im Zeichen des Geistes Gottes (Apg 2,1-13). Derselbe Geist, der auf Jesus ruht (Lk 4,18: Jes 61,1), wird den ersten Christen zuteil und läßt sie beherzigen, was Jesus in Wort und Tat verkündet. Auf diese Weise entsteht die Kirche als eine Gemeinschaft, die durch die Übereinstimmung von Glauben und Leben geprägt ist. Den von Gottes Geist gestifteten Zusammenhang zwischen Jesus und der Urkirche darzustellen und als vorbildlich auszuweisen, ist das Charakteristikum der lukanischen Ekklesiologie.

1. Die Zeit Jesu und die Zeit der Kirche

Das Werk des Evangelisten Lukas bezeichnet eine Wende der neutestamentlichen Theologiegeschichte. Kennzeichnend ist, daß er nicht nur ein Evangelium geschrieben hat, sondern auch die Apostelgeschichte. Dadurch hat er die Zeit Jesu und die Zeit der Kirche eng aufeinander bezogen. In seinem »ersten Buch« (Apg 1,1), dem Evangelium, folgt Lukas dem Evangelisten Markus und ergänzt dessen Darstellung durch zahlreiche weitere Jesus-Überlieferungen. Der zweite Teil seines Doppelwerks hingegen steht ohne Beispiel dar. Das Evangelium dient dazu, alles aufzuschreiben, »wie Jesus begonnen hat, zu wirken und zu lehren, bis zu dem Tag, da er (in den Himmel) aufgenommen wurde, nachdem er durch den Heiligen Geist den Aposteln, die er auserwählt hatte, Weisung gegeben hat« (Apg 1,2f); die Apostelgeschichte hingegen beschreibt, wie das Evangelium nachösterlich gemäß Jesu Auftrag verbreitet worden ist (Apg 1,8):

Ihr werdet meine Zeugen sein:
in Jerusalem
und in ganz Judäa

und Samaria
und bis an die Grenzen der Welt.

Durch das Wirken des Geistes miteinander verbunden, bilden die Evangeliumsverkündigung Jesu und die Evangeliumsverkündigung der Urgemeinde in Gottes Heilsplan eine Einheit: Jesu Verkündigung ist wie sein Sterben von vornherein auf die Ermöglichung vor- und nachösterlicher Jüngerschaft angelegt; umgekehrt ist die Wirksamkeit namentlich der Zwölf Apostel und dann besonders des Christuszeugen Paulus Fortführung und Ausweitung der Verkündigung Jesu gemäß dem Willen Gottes und der Weisung Jesu, des irdischen wie des auferstandenen.

Die Pointe dieser »heilsgeschichtlichen« Theologie ist nicht etwa, wie häufig unterstellt, die theologische Einebnung der Zeit Jesu oder gar eine kirchliche Domestizierung des Mannes aus Nazareth. Lukas verfolgt andere theologische Ziele und Optionen. Zum einen deckt er das ekklesiale Element auf, das in der Reich-Gottes-Verkündigung Jesu impliziert ist. Der Evangelist akzentuiert, daß Jesus, im Dienst der Gottesherrschaft stehend, auch das eschatologische Volk Gottes sammelt und zu diesem Zweck mit der Berufung von Jüngerinnen und Jüngern beginnt.

Zum anderen legt Lukas Nachdruck darauf, daß in der Zeit der Kirche keine andere Botschaft verkündet wird als die Jesu. Dies ist keineswegs mehr selbstverständlich, wie das Vorwort des Evangeliums zeigt (Lk 1,1-4): Es besteht Anlaß, der Gemeindekatechese wieder eine sichere Basis zu verschaffen (vgl. Apg 20,29f). Diesen Zweck verfolgt Lukas – nicht nur mit seinem Evangelium, sondern auch mit seiner »Apostelgeschichte«.[37] Zeigt das Evangelium in umfassender Weise, was Jesus gesagt und getan hat, wofür er eingetreten und am Ende in den Tod gegangen ist, so soll die Apostelgeschichte zeigen, wie es kraft des Geistes gelungen ist, in der ersten Zeit nach Jesu Tod sein Evangelium unverfälscht zu bewahren und ihm eine Zuhörerschaft unter Juden und Heiden zu gewinnen.

Der theologische und kirchliche Effekt, den Lukas mit seinem Doppelwerk erzielen will, ist klar: Theophilus (Lk 1,4; Apg 1,1) und alle mit ihm angeredeten Adressaten der dritten Christen-generation sollen einerseits erkennen, daß die Kirchen-Gemein-schaft, in der sie leben, nicht das Produkt eines historischen Zu-falls oder einer soziologischen Verlegenheit ist, sondern eine Folge des Wirkens und Leidens Jesu Christi selbst; deshalb aber müssen die Christen auch andererseits erkennen, wie wichtig es ist, daß sie Jesus die Treue halten und nichts anderes als das ver-kündigen, was Jesus verkündigt hat.

2. Hirten auf dem Feld (Lk 2,1-14)

Die erste Gemeinde, die sich nach der Erzählung des Lukas-evangeliums um Jesus versammelt, ist die Gruppe jener Hirten, die des Nachts zu Bethlehem die Schafe hüten und auf dem Feld das Wort des Engels von der Geburt des messianischen Heilands in der Stadt Davids hören (Lk 2,1-14):

¹Es geschah aber in jenen Tagen,
daß ein Befehl vom Kaiser Augustus ausging,
den ganzen Erdkreis eintragen zu lassen.
²Diese Eintragung war die erste;
sie geschah, als Quirinius Herrscher von Syrien war;
³und es zogen alle hinaus, sich eintragen zu lassen,
jeder in seine eigene Stadt.
⁴Es ging aber auch Joseph hinauf,
von Galiläa aus der Stadt Nazareth nach Judäa
in die Stadt Davids,
die Bethlehem heißt,
weil er aus dem Haus und Geschlecht Davids war,
⁵um sich eintragen zu lassen,
zusammen mit Maria, der ihm Angetrauten,
die schwanger war.
⁶Es geschah aber, als sie dort waren,
erfüllten sich die Tage, daß sie gebären sollte.
⁷Und sie gebar ihren Sohn, den Erstgeborenen;
und sie wickelte ihn und legte ihn in eine Krippe,

weil es für sie keinen Platz in der Herberge gab.
⁸Und Hirten waren in dieser Gegend im Freien
und hielten Nachtwache bei ihrer Herde.
⁹Und ein Engel des Herrn trat zu ihnen,
und die Herrlichkeit des Herrn umstrahlte sie,
und sie fürchteten sich sehr.
¹⁰Und der Engel sagte ihnen:
»Fürchtet euch nicht!
Denn siehe, ich verkündige euch eine große Freude,
die dem ganzen Volk bereitet ist:
¹¹Heute ist euch der Retter geboren,
das ist Christus, der Herr,
in der Stadt Davids.
¹²Und dies soll euch das Zeichen sein:
Ihr werdet einen Säugling finden,
gewickelt und in einer Krippe liegend.«
¹³Und plötzlich war bei dem Engel
   die Fülle der himmlischen Heerscharen,
die Gott lobten und sagten:
¹⁴«Herrlichkeit Gott in den Höhen,
und auf Erden Frieden unter den Menschen seiner Huld.«

Der Evangelist greift eine alte, wohl nach Palästina zurückrei-
chende Überlieferung auf. Aber er gibt die nächtliche Szene auf
dem Hirtenfeld so wieder, daß sie ein Bild jener Kirche wird, die
durch Jesu und der Apostel Wirken erst noch erstehen soll. Nichts
ist zufällig, kein Wort überflüssig.[38]

Lukas beginnt seine Erzählung mit einer betonten Zeitangabe
(Lk 2,1ff). Die Geburt Jesu und die Bildung der ersten Gemeinde
fällt in die Zeit des Kaisers Augustus, der als der große Friedens-
stifter gefeiert worden ist, weil er – wie keiner vor ihm und nach
ihm – das Römische Reich geeint und gestärkt hat. Der Zensus ist
ein signifikanter Ausdruck seiner Machtpolitik: Die Steuerschät-
zung dient nicht nur der fiskalischen Ordnung des Reiches, sie
dient zugleich der Durchsetzung des römischen Machtanspruchs

über die unterworfenen Völker. Lukas setzt freilich seine eigene Pointe: Während der Befehl des großen Kaisers Augustus die ganze Welt in Bewegung setzt, kommt doch weltpolitisch und heilsgeschichtlich alles nur auf eine einzige Bewegung an – auf die Reise Josephs mit Maria nach Bethlehem, damit Jesus in der »Stadt Davids« (Lk 2,4) geboren werde und von dort aus jene Bewegung ihren Anfang nehme, die mit der Verkündigung der Herrschaft Gottes und der Bildung einer messianischen Kirche nach Jerusalem führt und schließlich bis an das Ende der Welt (Apg 1,8).

Die volle Bedeutung dieses Grund-Geschehens liegt zu Bethlehem freilich noch im dunkeln. Die Szene spielt in der Nacht (Lk 2,8). Das symbolisiert nicht nur die Finsternis, in der Israel unter der Besatzungsmacht der Römer, vor allem aber unter der Last seiner eigenen Sünde lebt, wie Johannes der Täufer (Lk 3,1-20) und Jesus (Lk 13,1-5) urteilen. Weit mehr noch symbolisiert die Nacht die Unscheinbarkeit des Anfangs, jene tiefe Verborgenheit, die Jesu Weg bis zum bitteren Ende in der dunklen Stunde zu Golgotha (Lk 23,44) kennzeichnen wird und auf paradoxale Weise die Voraussetzung für die große Verwandlung ist, die das Kommen und die Vollendung der Herrschaft Gottes bedeutet (vgl. Lk 8,4-8).

Die erste Gemeinde bildet sich in Bethlehem, in der »Stadt Davids« (Lk 2,4.11). Politisch, wirtschaftlich und sozial ausgesprochen unbedeutend, ist sie doch die Heimat des großen Königs von Israel. Insofern ist Bethlehem, mehr hintergründig als offenkundig, ein Ort der messianischen Hoffnung auf jenen Davidssohn, der sich wahrhaftig als »Retter« und als »Herr« Israels wie aber auch aller Völker (vgl. Lk 2,14) erweisen wird. Die Prophetie des Micha (Mi 5,1ff) klingt von ferne an, daß aus Bethlehem der Herrscher Israels hervorgehen wird; vielleicht ist auch die Verheißung des Natan (2Sam 7) im Ohr, daß Davids Haus ewigen Bestand haben wird. Auf dem Hirtenfeld von Bethlehem steht, der jüdischen Auslegung von Micha 4,8 zufolge, jener »Herdenturm«, der zur »Feste der Tochter Zion«, zum Wahrzeichen des eschatologisch-neuen Königtums in Israel werden wird, das

Gott selbst antreten wird. Dort also kommt die erste Gemeinde Jesu zusammen: wo die verborgenen Wurzeln für Israels Zukunft liegen, die Gott selbst bereiten wird. Jesus wird in der Geburtsszene als große Hoffnung Israels portraitiert – und die in seinem Namen sich bildende Christen-Gemeinde darf durch ihn an dieser Hoffnung teilhaben. Wie es später im Benedictus, dem Lobgesang des Simeon heißen wird (Lk 2,29-32):

> [29]*Nun entläßt du deinen Knecht, Herr,*
> *gemäß deinem Wort in Frieden;*
> [30]*denn meine Augen haben dein Heil gesehen,*
> [31]*das du im Angesicht aller Völker bereitet hast:*
> [32]*Licht zur Erleuchtung der Heiden*
> *und Herrlichkeit deines Volkes Israel.*

Die universale Heilsbedeutung, die Jesus zukommt und nach Lukas zur Bildung der Kirche aus allen Völkern führt, steht keineswegs im Widerspruch zur Heilsbedeutung Jesu für sein Volk Israel; vielmehr setzt das eine das andere voraus und bestärkt es nachdrücklich.

Die ersten, die zu Jesus kommen, sind Hirten. Sie üben den Beruf Davids aus – eben dort, wo David selbst ihn ausgeübt hat (1Sam 17,15.28.34ff u.ö.). Daß die Hirten in der Antike und besonders im Judentum verachtete Gesellen gewesen seien, wird zwar häufig gesagt, läßt sich jedoch nicht aus den Quellen belegen. Lukas ist wichtig, daß sie einfache Leute sind, die einer ehrlichen Arbeit nachgehen und im Schweiße ihres Angesichts ihr Brot verdienen. Die Bedeutung der Geburt Jesu geht nicht dem römischen Kaiser auf (anders als es später die Legende will), sondern den namenlos bleibenden Hirten, die nachts arbeiten müssen und ihre Herde bewachen: Sie werden zu Repräsentanten des »ganzen Volkes« Israel (Lk 2,10), das auf den Messias wartet; sie verweisen aber auch schon auf all die vielen Menschen in allen Völkern, denen Gottes Gnade gilt und Gottes Friede zuteil werden wird (vgl. Lk 2,14).

Der Evangelist erzählt sehr genau, wie es zur Begegnung der Hirten mit dem Kind in der Krippe gekommen ist und was der Anblick Jesu bei ihnen ausgelöst hat. Es sind die Stadien, in denen sich Kirche bildet. Am Anfang steht nicht der Entschluß der Hirten, auf Entdeckungsreise zu gehen, sondern das ebenso unerwartete wie unerhörte Ertönen des Wortes Gottes – hier in der exorbitanten, dem Anlaß angemessenen Weise einer Engel-Offenbarung (nach der Vorgabe mancher Offenbarungsszenen in der Heiligen Schrift Israels). Was die Hirten zu Vorbildern der Kirche macht, ist ihre Reaktion auf jenes Gotteswort. Sie hören es nicht nur, sie gehorchen ihm auch: Sie gehen hin zu Jesus; sie sehen, wie er »in der Krippe« liegt (Lk 2,16); sie erzählen, was ihnen auf dem Hirtenfeld »über dieses Kind gesagt worden war« (Lk 2,17); sie kehren an ihren Arbeitsplatz und in ihr bisheriges Lebensumfeld zurück, aber sie hören nicht auf, von dem zu berichten, »was sie gehört und gesehen hatten« (Lk 2,20); und indem sie dies erzählen, rühmen und preisen sie Gott (Lk 2,20), der ihnen das Kind in der Krippe als den Retter Israels und den Friedenskönig aller Völker gezeigt hat.

Die frohe Botschaft hören – zu Jesus hingehen – ihn anschauen – von ihm erzählen – Gott loben: in diesen Etappen entsteht Kirche, vorgebildet von jenen Hirten, die dank Gottes Gnade als erste erfahren haben, was sich inmitten der turbulenten Weltgeschichte im Verborgenen ereignet hat: die Geburt des Messias, der die Welt verändert, indem er Gottes Gnade mitteilt.

3. Wegbegleitung (Lk 8,1-3)

Nach großen Teilen des Lukasevangeliums befindet sich Jesus auf langer Wanderschaft von Galiläa nach Jerusalem (Lk 9,51 – 19,27). Das Wegmotiv taucht freilich schon vor dem »Reisebericht« auf: dort, wo Jesu Wanderungen in seiner Heimat Galiläa beschrieben werden, z.B. in Lk 8,1-3:

>[1]*Und es geschah danach, daß er von Stadt zu Dorf wanderte und die Herrschaft Gottes als Evangelium verkündete,*

mit ihm die Zwölf,
²aber auch Frauen,
  die von bösen Geistern und Krankheiten geheilt waren,
Maria, genannt Magdalena,
  aus der sieben Dämonen ausgefahren waren,
³und Johanna, die Frau des Chusa, eines Beamten des Herodes,
und Susanna
und viele andere,
die ihnen mit ihrem Vermögen dienten.

Auf den ersten Blick ist die Episode wenig aufregend. Im Gefüge der lukanischen Erzählung ist sie nicht viel mehr als eine Überleitung. Zuvor hat Lukas paradigmatisch durch zwei Machttaten (Lk 7,1-17), durch eine Offenbarungsrede (Lk 7,18-35) und eine Sündenvergebung (Lk 7,36-50) das Werben Jesu um Israel dargestellt, das zwar manche Sympathie mit Jesus begründet, bei den religiös und politisch Verantwortlichen aber auf Ablehnung stößt. Im Anschluß setzt Jesus, ohne weiter auf seine Gegner einzugehen, die Evangeliumsverkündigung an das Volk in Wort (Lk 8,4-21) und Tat (Lk 8,22-56) fort. Den Abschnitt zuvor hat Lukas, beginnend mit der Feldrede, aus Perikopen der Redenquelle und des Sonderguts gestaltet; ab Lk 8,4 folgt er für längere Zeit wieder dem Erzählfaden des Markus. Lk 8,1-3 zeigt die positive Wirkung der Reich-Gottes-Predigt Jesu in Israel: die Sammlung einer Anhängerschaft, die Jesu Verkündigungsweg mitgeht. Gleichzeitig wird die Wandergruppe zum Vorbild für die Menschen in Israel, wie sie in der Nachfolge Jesu den Weg Gottes finden können. Auf diese Weise wird die kurze Szene zu einer Miniatur lukanischer Ekklesiologie.

Ihr Hauptmotiv ist die Weg-Gemeinschaft. Jesus wandert durch die Städte und Dörfer Galiläas, weil er möglichst viele Menschen erreichen will, um ihnen die Frohe Kunde zu bringen, »daß Gott sich seines Volkes angenommen hat« (Lk 7,16). Jüngerschaft zeichnet sich (wie bei Markus) dadurch aus, in Jesu Fußstapfen zu treten; Jesus nachzufolgen heißt: hinter ihm her zu gehen, sich von ihm den Weg weisen zu lassen, mit ihm zusammenzusein, auf ihn zu schauen, von ihm zu lernen.

Daß der Evangelist sagt, die »Zwölf« seien »mit« Jesus, kann nicht überraschen. Denn dazu hat Jesus sie berufen (Lk 6,12-16; vgl. 5,1-11), und dies ist ihr charakteristisches Unterscheidungsmerkmal: daß sie »mitgegangen sind in der ganzen Zeit, in der bei uns der Herr Jesus ein- und ausging, angefangen von der Taufe des Johannes bis zu dem Tag, da er von uns weg emporgenommen wurde« (Apg 1,21f). Auffällig ist aber, daß Lukas ausführlich von Frauen in der Nachfolge Jesu spricht. Das geschieht mit Bedacht. Drei Frauen nennt der Evangelist beim Namen; es sind bekannte Persönlichkeiten des Urchristentums; gemeinsam ist ihnen, daß sie von Jesus geheilt worden sind und dadurch in die Nachfolge gefunden haben. Überdies spricht Lukas noch von »vielen anderen« Frauen, die Jesus mit ihrem Vermögen dienten. So unverwechselbar die spezifische Aufgabe der Zwölf bleibt: in der Nachfolge Jesu stehen sie nicht allein, sondern mit anderen Männern, nicht zuletzt aber auch mit diesen Frauen zusammen.

Daß Jesus, in heiliger Ehelosigkeit lebend, eine besondere Anziehungskraft auf Frauen ausgeübt hat, ist in den Evangelien breit bezeugt. Für sexuelle Abenteuer, wie sie seit der Aufklärung manche investigative »Exegeten« aufzuspüren sich anstrengen, lassen die Quellen keinen Raum. Wohl aber dokumentieren die Evangelien, daß Jesus nicht nur keine Berührungsängste gegenüber Frauen hatte, sondern eine große Sensibilität für ihre besonderen Sorgen und Nöte, ihre spezifischen Wünsche und Hoffnungen.[39]

Lk 8,1ff geht aber darüber hinaus. Der Evangelist sagt *zum einen,* daß Frauen auf Jesu Wanderschaft in voller Nachfolge-Gemeinschaft mit Jesus lebten. Das war in Palästina anstößig – zumal Johanna offenbar ihren Ehemann, der immerhin zum Hof des Landesvaters Jesu gehörte, verlassen hatte, um ihrem Therapeuten zu folgen: eine Aufkündigung der Familien-Gemeinschaft, die in der Zeit Jesu und der Urkirche nicht selten unvermeidlich war (vgl. Lk 18,29f par Mk 10,29), für eine Frau aber ein besonderes Risiko bedeutete. Wenn die galiläischen Frauen Jesus und die Seinen mit ihrem Vermögen unterstützen, praktizieren sie vorbildlich, was die Urgemeinde mit ihrer »Gütergemeinschaft« intendiert (Apg 2,42-47; 4,32-37). Der »Dienst«, den sie damit leisten, ist im umfassenden und grundsätzlichen Sinn gelebte Nachfolge Jesu, der seinerseits inmitten der Jünger der Dienende ist (Lk 22,24-27; vgl. Mk 10,40-45).

Zum anderen ist die kleine Nachfolgeszene ein Pendant zur lukanischen Grabesgeschichte (Lk 24,1-11). Der Evangelist hat schon bei der Kreuzigungs- und der Grablegungserzählung bemerkt, daß »die Frauen, die ihm von Galiläa her nachgefolgt waren«, das Geschehen genau beobachtet haben (Lk 23,49.55). Teilweise von Markus (Mk 16,1f) abweichend, notiert Lukas in 24,10, daß »Maria Magdalena und Johanna und Maria, die (Mutter) des Jakobus und die übrigen mit ihnen« das Engelwort im leeren Grab von der Auferstehung des Menschensohnes (Lk 24,5ff) gehört und den Aposteln davon Kunde gebracht haben.

Der Zusammenhang ist entscheidend: Jesus-Nachfolge führt unter das Kreuz und bewährt sich im Leiden; primäre Adressaten der Osterbotschaft können nur diejenigen sein, die schon in Galiläa, zu Beginn des Wirkens, Jesus nachgefolgt sind. Diesen Zusammenhang, sagt Lukas, leben vor allem die Frauen aus Galiläa. Was er sagt, spiegelt historische Erinnerungen an Jesus und die große Bedeutung, die Frauen in der Geschichte des Urchristentums gewonnen haben.

4. *Gemeinschaft im Glauben (Apg 2,42-47)*

Die Apostelgeschichte erzählt, wie es durch das Zeugnis für Jesus zur Bildung der Kirche kommt. Der Pfingsttag, das Gründungsfest der Kirche, beginnt mit dem großen Wunder des Geistes (Apg 2,1-13) und führt dann durch die Predigt des Petrus (Apg 2,14-41) zur Bildung der ersten Gemeinde in Jerusalem. Es ist eine fein ausgeführte Skizze, in der Lukas deren Lebens-Bild malt (Apg 2,42-47):

⁴²Sie verharrten bei der Lehre der Apostel
und der Gemeinschaft,
beim Brechen des Brotes
und bei den Gebeten.
⁴³Es entstand aber bei jedem Furcht:
Viele Wunder und Zeichen geschahen durch die Apostel.
⁴⁴Alle Glaubenden aber hielten zusammen
und hatten alles gemeinsam.
⁴⁵Und den Grund und den anderen Besitz verkauften sie
und verteilten es an jeden, wie er es nötig hatte.
⁴⁶Jeden Tag verharrten sie einmütig im Tempel,
in ihren Häusern brachen sie das Brot
und hielten Mahlzeit in Freude und Einfalt des Herzens;
⁴⁷sie lobten Gott
und hatten Ansehen beim ganzen Volk.
Der Herr aber fügte ihnen jeden Tag die hinzu,
die gerettet werden.

Es ist das Bild einer idealen christlichen Gemeinde, das Lukas entwirft. Die Tugenden des Christseins werden vorgeführt: Beharrlichkeit, Ausdauer, Glaubenstreue, Gemeinschaftssinn, Diakonie und Caritas. Die spirituellen Quellen des Christseins werden lokalisiert: das Gebet, das Gotteslob, die Eucharistie, das gemeinsame festliche Essen, die Lehre der Apostel, der ekklesiale Zusammenhalt, die Diakonie, auch die religiöse Kultur des Judentums, die hier durch den Tempel repräsentiert wird wie andernorts durch die geistliche Lesung der (»alttestamentlichen«) Schrift (Apg 8,26-40). Und die erhofften Wirkungen des Christseins werden genannt: das Ansehen bei den Nicht-Christen, die Gewinnung von Gläubigen, die Freude über das Geschenk des gemeinschaftlichen Glaubens.

Damit freilich dieses Bild nicht allzu harmonisch und am Ende womöglich kitschig wird, sind einige Differenzierungen angebracht. Zum einen im Blick auf die Historie: kein Zweifel, daß es in der Jerusalemer Urgemeinde große Begeisterung für

Jesus, großes Engagement für das Evangelium, großen Einsatz für die Armen, große Intensität der Gemeinschaft gab. Aber es kann dem nüchternen Blick des Historikers auch nicht verborgen bleiben, daß keineswegs alles eitel Sonnenschein war: Die Gemeinde ist sehr klein und hat anfangs nur geringen Zulauf; Konflikte, Mißverständnisse, Streitigkeiten sind ihr nicht erspart geblieben (Lukas selbst berichtet davon in Apg 6). Es gab Rückschläge und Enttäuschungen, Übereifer und Kraftlosigkeit. Blendet man diese Erinnerungen nicht aus, wird das Bild der Urgemeinde menschlicher – und gewinnt vielleicht noch an Anziehungskraft.

Zum anderen bleibt zu beachten, welche Absicht Lukas mit seinem Portrait verfolgt: Er will nicht die Vergangenheit verklären; er beschwört auch keine heile Welt, die es in der Anfangszeit der Kirche gegeben hätte. Er nimmt vielmehr die positiven Nachrichten vom Leben der Jerusalemer Christen zum Anlaß, der Kirche seiner Zeit ein Vor-Bild vor Augen zu stellen. Was in der Kirche Jesu Christi vor allem anderen wichtig ist, was Orientierung gibt, was Halt verleiht und anziehend wirkt – das will er an der Jerusalemer Urgemeinde, der Mutter aller Christengemeinden, sichtbar machen. Deshalb gestaltet er das kleine Summarium. Was mit der geisterfüllten Bezeugung des Wortes Gottes durch alle Apostel einen wunderbaren Anfang genommen hat und durch die große Pfingstpredigt des Petrus theologisch aufgeklärt worden ist, das führt – in der Kraft des Geistes – zur Bildung der ersten Christengemeinde, deren Glaubens-Lebendigkeit der Text kurz und eindrucksvoll beschreibt.[40]

Das *erste* Kennzeichen dieser Gemeinde ist das Festhalten an der Lehre der Apostel. Für Lukas bedeutet dies vor allem: Erinnerung an Jesus, Treue zu seiner Botschaft, Wahrnehmung seines Leidensgeschicks, Freude über seine Auferstehung von den Toten. Die Zwölf Apostel sind bei Lukas die Garanten der Kontinuität zwischen der vorösterlichen Evangeliumsverkündigung Jesu und der nachösterlichen Evangeliumsverkündigung der Kirche. Deshalb also muß man an der Lehre der Apostel festhalten: um in Verbindung mit Jesus bleiben zu können.

Das *zweite* Kennzeichen ist die Gemeinschaft. Lukas denkt an regen Gedankenaustausch und verbindende Grundüberzeugungen; besonders denkt er an die Gütergemeinschaft: an die Bereitschaft, anderen vom eigenen Besitz abzugeben, wenn sie es brauchen (vgl. Apg 4,32-37), und zwar nicht nur vom eigenen Überfluß, sondern auch dann, wenn schmerzliche Einschränkungen des eigenen Lebensstandards die Folge sind.

Das *dritte* Kennzeichen ist das Brotbrechen: die Feier der Eucharistie – in der Erinnerung an das Pascha-Mahl Jesu (Lk 22,14-20), in gehorsamer Erfüllung seines Auftrages (Lk 22,19), in der Anteilhabe an seiner Hoffnung auf das vollendete Reich Gottes (Lk 22,16.18), die sich gerade durch den Todesdienst Jesu (Lk 22,27) erfüllen wird, im Segen des Neuen Bundes, den Jesu Lebenshingabe stiftet (Lk 22,20).

Das *vierte* Kennzeichen der Urgemeinde ist das Beten: im Tempel und zu Hause, privat und in der Glaubensgemeinschaft. Lukas denkt wohl (neben den vertrauten alttestamentlichen und jüdischen Gebeten) zuerst an das Vaterunser, an jenes Gebet also, das die Jünger auf ihre Bitte hin von Jesus selbst geschenkt bekommen haben (Lk 11,1-4). Es ist das Gebet um das Kommen des Reiches Gottes und um die Gewährung dessen, was die Jüngerinnen und Jünger Jesu, vor- und nachösterlich, am dringendsten brauchen: das tägliche Brot, die gnädige Vergebung ihrer Schuld und die barmherzige Bewahrung vor der Versuchung, dem Bösen anheimzufallen.

Im Geviert von apostolischer Lehre, ekklesial-sozialer Gemeinschaft, Eucharistie und Gebet entsteht eine lebendige Gemeinde. Je stärker jeder dieser vier Eckpfeiler ist, desto einladender und wohnlicher wird das Haus des Glaubens.

5. Teilen und Geben – Nehmen und Danken (Apg 4,32-37)

Zur Kirchen-Gemeinschaft, die in Jerusalem, wie Lukas sagt, vorbildlich gelebt wird, gehört die Gemeinschaft im Teilen und Nehmen, im Geben und Danken. Was im ersten Summarium urgemeindlichen Lebens bereits anklingt (Apg 2,42-47), wird im zweiten breiter ausgeführt (Apg 4,32-37):

> [32]Die Menge der Gläubigen war ein Herz und eine Seele.
> Keiner nannte etwas von seinem Besitz sein eigen,
> sondern sie hatten alles gemeinsam.
> [33]Und mit großer Kraft legten die Apostel Zeugnis ab
> von der Auferstehung des Herrn Jesus,
> und sie alle standen in großem Ansehen;
> [34]denn es war kein Bedürftiger unter ihnen:
> Diejenigen nämlich,
> die Besitzer von Grund oder Häusern waren,
> verkauften, brachten den Erlös des Verkauften
> [35]und legten ihn den Aposteln zu Füßen.
> Es wurde einem jeden gegeben, wie er es nötig hatte.
> [36]Joseph aber, von den Aposteln Barnabas genannt,
> das heißt übersetzt: Sohn des Trostes,
> ein Levit, Zypriot seiner Abstammung nach,
> [37]verkaufte einen Acker, der ihm gehörte, brachte den Erlös
> und legte ihn den Aposteln zu Füßen.

Die Gütergemeinschaft der Urgemeinde, von der Lukas auch in Apg 2,42-47 spricht, hat die Menschen immer wieder fasziniert, weit über die Kirche hinaus. Das Stichwort, das seit dem 19. Jahrhundert immer wieder fällt, heißt »Liebeskommunismus«: Kommunismus, weil es in der Urgemeinde keinen Privatbesitz gegeben habe, Liebeskommunismus, weil diese Gütergemeinschaft nicht auf einem erfolgreich bestandenen Klassenkampf nebst Enteignung des Privateigentums beruht habe, sondern auf freiwilligem Verzicht. Nicht zuletzt die religiösen Sozialisten haben sich auf diese Tradition der Urgemeinde berufen und in ihr den wahren Geist des Christentums gesehen – während Marx und Engels das urchristliche Modell als idealistisch und utopisch verspottet haben.

Das Urteil der Exegese ist nüchterner[41]. Von einer prinzipiellen Aufhebung persönlichen Besitzes ist in der Apostelgeschichte nicht die Rede, ebensowenig von einer gemeinschaftlichen Güterverwaltung durch die Urgemeinde. Das Wort »Kommunismus« ist deshalb fehl am Platz. Etwas anderes steht im Vordergrund: die geradezu charismatische Bereitschaft der Begüterten, der »Besserverdienenden«, das, was sie haben, mit anderen zu teilen, die auf Hilfe und Unterstützung angewiesen sind – und zwar nicht nach dem Maß ihrer eigenen Gönnerschaft, sondern nach dem Maß der Bedürftigkeit ihrer Mitchristen. Weder radikale Armut noch asketische Verachtung des Besitzes zeichnen die ersten Christen aus, sondern Großherzigkeit, diakonische Sensibilität und caritatives Engagement. Allem Anschein nach war dies tatsächlich eine der Stärken des Urchristentums, nicht nur in Jerusalem (vgl. Gal 3,28; 1Kor 1,26ff; 12,13). Als Vorbild diente die jüdische Armenfürsorge in den Synagogengemeinden innerhalb und außerhalb Palästinas. In der Urgemeinde waren wohl – neben den Witwen (Apg 6,1-7) – nicht zuletzt die Ur-Apostel auf Unterstützung angewiesen, hatten sie doch dadurch, daß ihre Berufung zur österlichen Evangeliumsverkündigung sie nach Jerusalem geführt hatte, die materielle Basis ihres Lebens (z.B. als Fischer am See Gennesaret) verloren.

Gewiß wird Lukas verallgemeinern und stilisieren. Aber das Beispiel des Barnabas, das er anführt, wird nicht das einzige geblieben sein. Darin besteht die Gütergemeinschaft der Urgemeinde: für die Bedürftigen freiwillig den eigenen Besitz zur Verfügung zu stellen, so daß niemand Not zu leiden braucht und alle genug zum Leben haben. (Die Freiwilligkeit bleibt durch die unmittelbar folgende Horrorgeschichte von Hannas und Saphira in Apg 5,1-11 unberührt; denn nicht daß die beiden etwas vom Erlös für sich behalten haben, begründet den Vorwurf, sondern daß sie den Eindruck erwecken wollten, sie hätten *alles* gespendet.)

Was Lukas über die Gütergemeinschaft der Urgemeinde schreibt, ist nüchtern und knapp, aber kein einfacher Report, sondern ein Text voll vielsagender Anspielungen, die für seine (gebildeten) Zeitgenossen ohne weiteres verständlich waren. Eine erste Linie führt zurück in das Alte Testament. In Dtn 15,4f liest man die Verheißung an das Volk Israel:

Keine Armen wird es bei dir geben,
denn reichlich wird der Herr dich segnen in dem Land,
das dir der Herr, dein Gott, zum Erbe geben wird,
wenn du nur auf die Stimme des Herrn, deines Gottes, hörst
und dieses ganze Gesetz, das ich dir heute gebe, treu erfüllst.

Die zweite Linie führt in die Welt der griechischen Freundschaftsethik. Aristoteles schreibt in der Nikomachischen Ethik (IX 8 1168b):

Freunden ist alles gemeinsam.

Damit formuliert er einen Kernsatz hellenistischer Moralvorstellungen (vgl. Cicero, De Officiis I 16,51). Es heißt, besonders Pythagoras habe sie in seinem Freundeskreis verwirklicht (vgl. Diogenes Laertius 8,10; Iamblichos, De Vita Pythagorica 30,167f).

Die beiden lukanischen Anspielungen sind deutlich genug. Sie signalisieren ein nicht geringes ekklesiales Selbstbewußtsein. Was Lukas zu verstehen geben will, ist klar: Die Israel gegebene Verheißung beginnt sich in der judenchristlichen Urgemeinde von Jerusalem kraft des Geistes zu erfüllen, weil es genügend Gläubige gibt, die das Gebot Gottes beherzigen, das in Dtn 15,11 geschrieben steht:

Gerne sollst du deine Hand öffnen
für einen bedürftigen und armen Bruder in deinem Land.

Eben dadurch, daß dies geschieht, verwirklicht sich in der christlichen Glaubensgemeinde aber auch, was die Griechen von einem funktionierenden Freundeskreis erwarten: füreinander dazusein, verläßlich zusammenzustehen, Gemeinschaft zu pflegen.

Der Sinn der lukanischen Anspielungen in Apg 2 und 4 liegt nicht darin, gegenüber den Juden aufzutrumpfen, daß ihnen ohne den Glauben an Jesus die Erfahrung erfüllter Verheißung versagt bliebe, oder den Griechen zu sagen, daß es wahre Freundschaft doch nur in der Christengemeinde gebe. Sondern gerade umgekehrt: Juden wie Griechen kennen den Traum einer Gemeinschaft, in der Menschen wirklich willkommen und zu Hause sind, in der sie sensibel auf die anderen, ihre Sorge und ihre Not achten, in der alle sie selbst sein können, nicht auf Kosten der anderen, sondern mit ihnen zusammen. Dieser Traum, sagt Lukas, wird in der Kirche ernst genommen – freudig erinnert und hoffnungsvoll erwartet, gibt es dort, wo Jesu Botschaft dankbar angenommen wird, tatsächlich Zeichen der Erfüllung dieses Traumes.

VII.
Paulus:
Gemeinschaft der Heiligen – Ort der Versöhnung

In seinen Briefen redet Paulus die Christen immer wieder als
»Heilige« an (Röm 1,7; 2Kor 1,1; Phil 1,1; vgl. 1Kor 1,2). Damit
hebt er nicht auf ihre moralische Vollkommenheit ab, sondern
auf ihre Prägung durch die erwählende und lebenspendende
Gnade Gottes. Sie wird den Glaubenden allein durch Jesus Christus zuteil: Indem er ihnen als Gekreuzigter und Erhöhter seine
ganze Liebe schenkt (vgl. Gal 2,19f), gibt er ihnen Anteil an seiner
Gemeinschaft mit Gott und läßt daraus die Gemeinschaft der
Glaubenden untereinander erstehen (vgl. 1Kor 10,16f). Freilich
setzt die Zugehörigkeit zu dieser Gemeinschaft immer die Überwindung der Schuld voraus, unter der Menschen zu leiden haben
und die sie selbst immer weiter aufhäufen. Diese Überwindung
geschieht durch den stellvertretenden Sühnetod Jesu (vgl. Röm
3,25f); sie wird den Glaubenden kraft des Geistes durch die Taufe
zugeeignet (vgl. Röm 6,1-11). Die Kirche ist die Gemeinschaft der
Heiligen, weil sie durch Jesus Christus Ort der Versöhnung der
Menschen mit Gott ist (2Kor 5,17ff). Diese Friedensaktion (vgl.
Röm 5,1) ist die Frohe Botschaft, die der Apostel zu verkünden
hat. Daraus wächst seine Sicht der Kirche. Es ist die Ekklesiologie
eines Theologen der Gnade und des Glaubens, der die »Freiheit
eines Christenmenschen« (Martin Luther) gerade in der gehorsamen Bindung an den »Herrn« Jesus Christus und deshalb im
Dienst an den Brüdern und Schwestern im Glauben erfüllt sieht.

1. Heidenapostel und Gemeindeleiter
Die Kirchen-Bilder des Neuen Testaments gewinnen in den
Paulusbriefen besonders kräftige Farben. Das liegt nicht nur am
Charisma des Apostels, der in einzigartiger Weise theologische
Kompetenz mit pastoraler Sensibilität zu verbinden verstand. Es
liegt auch am Anlaß wie am Charakter der Schreiben. Die meisten
Briefe hat Paulus verfaßt, weil in den Gemeinden seines Missions-

gebietes Probleme aufgetaucht sind, die seine Stellungnahme als Apostel erfordert haben. Deshalb spiegeln die Episteln innergemeindliche Entwicklungen aus urchristlicher Zeit viel direkter wider als beispielsweise die Evangelien. Vor allem aber wird Paulus durch seine Gemeinden herausgefordert, nicht nur seine Vorstellungen authentischen Christseins in der Gemeinde präzise zu entwickeln, sondern auch die Ekklesia selbst zum Gegenstand theologischen Nachdenkens zu machen.

Was Paulus in seinen Briefen über das Leben und das Wesen der Kirche schreibt, ist aus seiner missionarischen Praxis erwachsen und zutiefst von ihr geprägt.[42] Paulus hat sich von seiner Berufung an gesandt gewußt, den Heiden das Evangelium Gottes von seinem gekreuzigten und auferweckten Sohn Jesus zu verkünden (Gal 1,16). Er war keineswegs der erste oder gar der einzige, der Heidenmission betrieben hat. Die »Hellenisten« (Apg 6,1-7), zu denen Stephanus gehörte, sind ihm einige Zeit vorangegangen, vielleicht mit Philippus (Apg 8; 21,8) und Barnabas (Apg 4,36; 9,27; 11,22.30; 12-13.15; Gal 2,1) als treibenden Kräften und jedenfalls mit dem syrischen Antiochia als geistigem Zentrum (Apg 11-15; Gal 2,1ff.11-14). Aber kein anderer hat mit solcher Energie die Heidenmission forciert wie Paulus (was er, selbstbewußt genug, gelegentlich auch bemerken kann: 1Kor 15,10); kein anderer hat so klar gesehen, daß im Heilsgeschehen des Todes wie der Auferweckung Jesu das Heil Gottes für Juden *und* Heiden beschlossen liegt und daß die Rechtfertigung deshalb *nicht* aus »Werken des Gesetzes«, *sondern* aus dem Glauben an Jesus Christus zu erhoffen ist (Gal 2,16); und keiner hat so energisch wie er daraus die Konsequenz gezogen, in der Heidenmission auf die Beschneidungsforderung und die Einschärfung der Ritualgesetze zu verzichten.

Paulus war aber nicht nur ein Gemeinde-Gründer, der ruhelos von Ort zu Ort zog, um dem Evangelium ein immer neues Publikum zu gewinnen. Er war auch ein Gemeinde-Leiter: nicht in dem Sinn, daß er autoritär über die Köpfe der Betroffenen hinweg in die Gemeinden hineinregiert hätte, wohl aber so, daß er seine apostolische Autorität, sein rhetorisches Talent und seine theologische Urteilskraft in die Waagschale gelegt hat, wenn dies im Interesse der Christengemeinschaft stand, sei es, daß er von den Christen vor Ort direkt gefragt worden ist, sei es, daß er sich aus eigenem Antrieb eingemischt hat. Diese Gemeindeleitung nahm der Apostel keineswegs als Einzelkämpfer oder gar als abgehobener Kirchenfürst wahr, sondern eingebunden in ein dichtes Netz von erstaunlich vielen Mitarbeitern, von Freunden, Vertrauten und Bekannten. (Etwa fünfzig sind aus den neutestamentlichen Schriften namentlich bekannt – die wirkliche Zahl dürfte weitaus höher liegen.) Auch das scheint eine seiner Stärken zu sein: daß er Menschen motivieren kann, Verantwortung in den Ortsgemeinden zu übernehmen und mit ihren Geistesgaben anderen zu dienen (vgl. 1 Kor 12,4-7). Um seine Gemeinden zu leiten, nutzt der Apostel viele Möglichkeiten. Am wichtigsten sind ihm persönliche Kontakte, für die er viele Strapazen und lange Wege auf sich nimmt; wo nötig und möglich, sendet er einen seiner engsten Mitarbeiter; wenn es anders nicht geht, schreibt er (zum Glück für die Nachwelt) einen Brief.

Seine Politik der Gemeindeleitung folgt einem großen Ziel: die Gemeinden so intensiv mit dem Evangelium vertraut zu machen, daß sie aus ihm zu leben beginnen, so gut sie nur können. Hinweise auf die effektivste Verwaltungsform, auf Kompetenzansprüche und Stellenpläne, auf missionarische Strategien und katechetische Curricula gibt er nicht: schon deshalb nicht, weil er einen breiten Spielraum für Regelungen vor Ort lassen will. Entscheidend ist aber: in dem Maße, wie die Christen das Evangelium erkennen und bekennen, geht nicht nur ihnen selbst die Gnadenwirklichkeit des Heilsgeschehens auf; sie wirken auch auf ihre Umgebung anziehend, wecken Interesse und führen zum Glauben. Auf diese Karte setzt Paulus in seiner Missionsarbeit.

2. Die Berufung der Schwachen (1 Kor 1,26-31)

Den Ersten Korintherbrief schreibt Paulus, weil sich in der Gemeinde so viel Konfliktstoff angesammelt hat, daß sie auseinanderzubrechen droht (1Kor 1,10-17). Letztlich geht es um den Streit zwischen einer kleinen, aber tonangebenden Gruppe von sog. »Starken«, »Pneumatikern« und »Vollkommenen« (1Kor 2,6-16; 12,1), die sich unter Berufung auf die Tiefe ihres Wissens um die Christusmysterien, die Intensität ihrer ekstatischen Geistesgaben und die Radikalität ihres caritativen Engagements (vgl. 1Kor 13,1-3) als die wahren Gemeindeglieder glauben, während sie sich von der Mehrzahl der anderen Christen abgrenzen, die sie als »schwach«, »unmündig« und »irdisch« einschätzen (1Kor 4,6-13; 8,1-13). Paulus gibt den »Starken«, die sich wohl auf ihn berufen haben, in manchen Punkten theologisch durchaus recht (vgl. 1Kor 10,25ff). Aber er macht ebenso deutlich, daß sie das Wesen des Christseins und das Wesen des Kirche-Seins verfehlen, wenn sie ihre weniger begabten, weniger engagierten, weniger gebildeten Glaubensbrüder und -schwestern nicht im Vollsinn als Mit-Glieder der Ekklesia bejahen: denn dann verraten sie Jesus Christus, der gerade auch für jene Schwachen gestorben ist (1Kor 8,11).

Paulus reagiert auf den korinthischen Streit nicht, indem er *en detail* das Für und Wider kontroverser Positionen und Parteien diskutiert, sondern indem er seines apostolischen Amtes waltet: das Evangelium zu verkünden (1Kor 1,17). Dieses Evangelium aber ist das »Wort vom Kreuz« (1Kor 1,18). Es handelt im Kern von der freiwilligen Lebenshingabe Jesu zur Rettung der Menschen, die sich, ob Juden, ob Heiden, noch und noch als Feinde ihrer Mitmenschen und damit auch als Feinde Gottes erwiesen haben (vgl. Röm 1,18 – 3,20; 5,1-11; 2Kor 5,11-21). Nur von hier aus, nur vom Kreuz her, dem Tiefpunkt der »Karriere« Jesu (Phil 2,6ff; 2Kor 8,9), kann Paulus einen Ansatz gewinnen, um die Gemeinde wieder zum gemeinsamen Glauben, zur gemeinsamen Hoffnung und zur gemeinsamen Liebe (1Kor 13,13) zu führen.[43]

In diesen thematischen Zusammenhang gehört 1Kor 1,26-31:

[26]*Schaut doch auf eure Berufung, Brüder:*
Da sind nicht viele Weise gemäß dem Fleisch,
nicht viele Mächtige,

nicht viele Wohlgeborene.
[27]Sondern das Törichte der Welt hat Gott auserwählt,
um das Weise zuschanden zu machen,
und das Schwache der Welt hat Gott auserwählt,
um das Starke zuschanden zu machen,
[28]und das Niedriggeborene der Welt
und das Verachtete hat Gott erwählt,
das, was nichts ist,
um das, was etwas ist, zu vernichten,
[29]auf daß sich kein Fleisch vor Gott rühme.
[30]Durch ihn aber seid ihr in Christus Jesus,
der uns Weisheit geworden ist von Gott,
Gerechtigkeit und Heiligung und Erlösung,
[31]damit [gilt], wie geschrieben steht:
»Wer sich rühmt, rühme sich im Herrn« [Jer 9,23].

Der Text ist ein Stück angewandter Kreuzestheologie.[44] Im Blick auf ihre eigene (noch junge) Geschichte soll der korinthischen Gemeinde die Logik des Heilshandelns Gottes aufgehen, die sich im Kreuzestod Jesu ausdrückt und das Denken wie das Handeln der Korinther bestimmen muß, besonders ihr Kirchenverständnis, die Einschätzung ihrer eigenen Stellung vor Gott und der Lage ihrer Mitchristen. Die Verse sind so genau auf die Situation der korinthischen Gemeinde abgestimmt, daß sie eine wichtige Quelle für die Soziologie des Urchristentums sind: Die Besonderheit der ersten Christengemeinden (nicht zuletzt in Griechenland) lag darin, daß in ihnen – ähnlich wie in jüdischen Synagogengemeinden, aber anders als in vielen hellenistischen Kultvereinen – Reiche *und* Arme, Angesehene *und* Unangesehene, Sklaven *und* Freie, Gebildete *und* Ungebildete Heimat gefunden haben (vgl. 1Kor 12,13; Gal 3,28). Die Verse sind aber auch so konzentriert auf das Evangelium, daß sie ein kleines Kompendium neutestamentlicher Theologie bilden. Das Leitmotiv ist die Schöpferkraft Gottes, die sich nicht nur in der Erschaffung und Erhaltung der Menschen-Welt, sondern um vieles mehr im christologischen Rettungswerk erweist. Gott hat seine Schöpferkraft zum Heil der Menschen unüberbietbar und irreversibel in der Auferweckung des Gekreuzigten erwiesen (vgl. 1Kor 15). Von ähnlicher Spannkraft ist das Heilsgeschehen der Berufung in die Gemeinde Jesu Christi: Gott setzt bei den Menschen keine Vorleistungen voraus. Er befriedigt auch nicht einfach ihre Ansprüche. Er läßt allein seine Gnade wirksam werden. Das gerade kann an der Berufung der Schwachen abgelesen werden.

Aber mehr noch: Gottes erwählende Gnade ist alles andere als harmlos und bloß wohlwollend. Die paulinische Berufungstheologie ist von schneidender Schärfe: Damit die Kleinen, die Zurückgesetzten, die »Nichtse« die Chance ihres Lebens erhalten können, *muß* Gott all das zunichte machen, was Menschen aus guter oder böser Absicht im Rechnen auf ihre eigene Menschlichkeit und Unmenschlichkeit zwischen sich und Gott aufgebaut haben, zuerst jene Menschenweisheit, die Gott auf ein menschliches Gottesbild festlegt, sei es das des strengen Gesetzgebers und Richters, sei es das des alles begütigenden Väterchens. Es ist das Kreuz Jesu, das zum Zeichen der Kirche wird: weil es das Zeichen der Liebe Gottes und Jesu Christi zu den Verlorenen ist, in denen sich alle, »Starke« wie »Schwache«, wiedererkennen müssen, wenn sie ehrlich sind.

3. Der Leib Christi (1Kor 12,12-27)

Es ist ein starkes Bild der Kirche, das Paulus in 1Kor 12 entwirft: Die Gemeinde der Getauften (1Kor 12,13) ist ein großer Leib, ein Organismus mit vielen Gliedern, die alle aufeinander angewiesen sind und nur zusammen lebendig sein können. Kein anderes Kirchen-Wort des Neuen Testaments hat – im Guten wie im Schlechten – eine solche Bedeutung gewonnen wie das Bildwort vom Leib Christi.[45] Einesteils mußte es immer wieder herhalten, um die Christen auf den gehörigen Corpsgeist einzuschwören, während es gegenwärtig eher zu prinzipieller Amtskritik benutzt wird; andernteils hat es immer wieder ekklesiale und theologische Bemühungen inspiriert, Einheit und Vielfalt der Kirche in ein konstruktives Verhältnis zu setzen. Nur diese Richtung entspricht der paulinischen Intention. 1Kor 12,12-27:

[12]*Denn wie der Leib einer ist und viele Glieder hat,*
alle Glieder des Leibes aber, obgleich es viele sind,
> *einen Leib bilden,*
so auch Christus.
[13]*Denn in dem einen Geist sind wir alle in den einen Leib*
> *getauft worden,*
ob Juden, ob Griechen, ob Sklaven, ob Freie,
und alle sind wir mit dem einen Geist getränkt worden.
[14]*Denn auch der Leib hat nicht ein Glied, sondern viele.*
[15]*Wollte der Fuß sagen:*
»Ich bin keine Hand, ich gehöre nicht zum Leib!«,
gehörte er nicht dennoch zum Leib?
[16]*Und wollte das Ohr sagen:*
»Ich bin kein Auge, ich gehöre nicht zum Leib!«,
gehörte es nicht dennoch zum Leib?
[17]*Wäre der ganze Leib Auge, wo [wäre] das Gehör?*
Und wäre der ganze Gehör, wo [wäre] der Geruch?
[18]*Nun aber hat Gott die Glieder, jedes einzelne von ihnen,*
so in den Leib eingesetzt, wie er es gewollt hat.
[19]*Wäre aber alles ein Glied, wo [wäre] der Leib?*
[20]*Nun aber gibt es zwar viele Glieder, doch nur einen Leib.*
[21]*Das Auge kann nicht zur Hand sagen:*
»Ich brauche dich nicht!«,
oder, anders, der Kopf zu den Füßen:
»Ich brauche euch nicht!«,
[22]*sondern um so viel notwendiger sind die Glieder des Leibes,*
die schwächer scheinen,
[23]*und was uns am Leib unehrenhafter scheint,*
dem erweisen wir besondere Ehre,
und unseren Schamteilen begegnen wir mit besonderem
> *Anstand;*
[24]*unsere anständigen [Glieder] brauchen das nicht.*

Vielmehr hat Gott den Leib so zusammengesetzt,
daß er dem Benachteiligten größere Ehre gegeben hat,
[25] damit es im Leib nicht zu einer Spaltung kommt,
sondern die Glieder um dasselbe füreinander besorgt sind.
[26] Und wenn ein Glied leidet, leidet jedes Glied mit;
wenn ein Glied geehrt wird, freut sich jedes Glied mit.
[27] Ihr aber seid der Leib Christi und je zu eurem Teil Glieder.

Der Apostel hat das Bild vom Leib Christi im Ersten Korintherbrief gezielt geprägt.[46] Er weiß, daß es in der Gemeinde einige speziell Begabte gibt, die ihrer Meinung nach das ganze Gemeindeleben tragen: Sie können prophetisch reden; sie sind theologisch gebildet; sie besitzen ekstatische Geistesgaben, die sie während des Gottesdienstes in Trance fallen lassen, so daß sie »in Zungen reden« – sie brechen in ein verzücktes, unartikuliertes Gebetsstammeln und -schreien aus, das nicht die Sprache der Menschen ist, sondern, wie sie meinen, die »Sprache der Engel« (1Kor 13,1). Ihnen stehen aber Christen gegenüber, die über jene spektakulären Geistesgaben nicht verfügen; sie werden von den »Geistlichen« (1Kor 12,1) nicht für voll genommen – und sie sehen sich, da sie deren Wertemuster internalisiert haben, selbst nur am Rande zur Ekklesia gehörig.

Paulus steht vor einer großen Herausforderung. Er darf *einerseits* die Vielfalt und die Intensität der Geistesgaben in Korinth, die er zu Beginn seines Briefes ausdrücklich hervorgehoben hat (1Kor 1,4-9), nicht schmälern. »Löscht den Geist nicht aus!« hat er von Korinth aus den Thessalonichern geschrieben (1Thess 5,19) – und er versucht sich daran zu halten, da er nun in Korinth selbst ein Problem lösen muß, das eben durch die Charismatik der Gemeinde entstanden ist. *Andererseits* muß er sowohl die »Starken« als auch die »Schwachen« wieder zu jener Einheit zusammenführen, die durch das Christusgeschehen vorgegeben und durch das Pneumatikertum in Frage gestellt worden ist.

Um dieses Ziel zu erreichen, greift der Apostel auf ein archetypisches Bild zurück, das den Korinthern vertraut ist: In der griechischen und römischen Philosophie wird vor allem der Staat immer wieder mit einem Organismus verglichen. Der stoische Philosoph Seneca, Lehrer Neros und lange Zeit faktisch der Regent des *Imperium Romanum*, nennt die römischen Mitbürger die Glieder eines heiligen Ganzen (De Ira II 31,7) und bezeichnet an einer anderen Stelle (Clem I 5,1) den Kaiser als Seele des Staates und den Staat als den Körper des Kaisers. Am berühmtesten ist jene mythische Fabel geworden, die (gleichfalls in neutestamentlicher Zeit) der Historiker Livius von den Anfängen Roms erzählt (Ab urbe condita II 32,9ff): daß es dem Konsul Menenius Agrippa gelungen sei, die gegen die patrizische Oberschicht opponierenden Plebejer zur Rückkehr in die Stadt zu bewegen, indem er ihnen das Gleichnis vom Aufstand der arbeitsamen Körperglieder gegen den angeblich faulen Magen erzählt; von diesem Magen aber, der scheinbar nur vom Einsatz der Glieder lebe, würden sie doch allesamt ihre Energie beziehen – weshalb auch sie zugrunde gingen, würden sie dem Magen die Gemeinschaft aufkündigen. Die Erzählung des Konsuls, der selbst aus einem Patriziergeschlecht stammt, ist in doppelter Hinsicht aufschlußreich. Zum einen appelliert sie an den urmenschlichen Traum, in einer funktionierenden, schützenden, organischen Gemeinschaft leben zu können, die nicht mühsam erarbeitet werden muß, sondern auf ursprünglicher, natürlicher Verbundenheit beruht. Zum anderen wird die mythische Geschichte (in allen antiken Varianten) »von oben« erzählt: aus der Perspektive der »Starken« und mit dem Ziel, die revoltierenden »schwachen« Glieder einer Gemeinschaft wieder zur Raison zu bringen.

Anders bei Paulus! Er bürstet den Mythos gegen den Strich, wenn er ihn ekklesiologisch auswertet. Es kommt ihm gerade darauf an, die Bedeutung der scheinbar weniger begabten, der weniger angesehenen (vgl. 1Kor 12,23f) Gemeinde-Glieder vor Augen zu stellen. Sie selbst sollen nicht denken: »Ich gehöre nicht zum Leib« (1Kor 12,15.16) – bloß weil sie angeblich nicht zu den höheren Diensten berufen sind; und die starken und kräftigen Glieder dürfen nicht sagen: »Ich brauche euch nicht!« (1Kor 12,21) – bloß weil sie scheinbar mehr wissen und reicher begnadet sind: eine fatale Selbsttäuschung. Vielmehr ist der Leib Christi nur lebendig, weil er viele Glieder hat: weil es viele Charismen, viele Talente, viele Dienste, viele Einsatzmöglichkeiten gibt. Und jedes Glied kann nur dann lebendig sein, wenn es sich als ein Glied unter vielen an dem *einen* Leib versteht. Nicht von wenigen religiösen Virtuosen lebt die Gemeinde, sondern von den vielen kleinen, unscheinbaren, selbstlosen Diensten, die oftmals im Verborgenen geleistet werden und kaum einmal recht anerkannt werden. Für sie macht Paulus sich stark. Er weiß, daß die Einheit des Leibes Christi im selben Maße wächst, wie die Vielfalt der Glieder nicht beschnitten wird, sondern zu ihrem Recht kommt: Kooperation ist das Grundgebot ekklesialen Lebens.

Freilich: die Einheit des Leibes Christi kann durch die Aktivitäten der Gemeindeglieder so wenig »produziert« werden wie die Vielfalt der Charismen. Beides ist vielmehr eine Vor-Gabe des Geistes, begründet im Heilsgeschehen des Todes und der Auferweckung Jesu Christi (vgl. 1Kor 10,16f; 11,23-26). Nur auf dieser Basis kann Paulus sich den antiken Organismus-Mythos anverwandeln. Die Gemeinde ist dadurch der »Leib Christi« (1Kor 12,12-27), daß der gekreuzigte und auferweckte Jesus die Gemeinschaft der Glaubenden stiftet; er tut es, indem er ihnen Anteil an jenem Leben gibt, das auf wunderbare Weise gerade sein Tod bewirkt, weil Jesus in seinem Sterben die Feindschaft der Menschen gegen Gott überwindet (vgl. Röm 5,1-11). In 1Kor 10,16f wird der Zusammenhang zwischen dem christologischen und ekklesiologischen Leib-Verständnis einprägsam zum Ausdruck gebracht:

> ¹⁶*Der Kelch des Segens, den wir segnen,*
> *ist er nicht Teilhabe am Blut Christi?*
> *Das Brot, das wir brechen,*
> *ist es nicht Teilhabe am Leib Christi?*
> ¹⁷*Ein Brot ist es:*
> *darum sind wir vielen ein Leib;*
> *denn wir alle haben Anteil an dem einen Brot.*

Die Gemeinschaft eines einzigen Leibes, von der Vers 17 im Hinblick auf die Kirche spricht, resultiert aus der gemeinsamen Teilhabe aller Eucharistie Feiernden am Leib und am Blut Jesu Christi, den wirkmächtigen Zeichen seiner die Menschen rettenden Lebenshingabe.

Wenn Paulus die Ekklesia als »Leib in Christus« (Röm 12,5) bzw. gar als »Leib Christi« (1Kor 12,27) bezeichnet, sagt er: Die Ekklesia ist jener Ort, wo kraft des Geistes im Vorgriff auf die kommende Vollendung authentische Gemeinschaft der Menschen untereinander und mit Gott wächst. In urchristlicher Zeit ist dies nicht nur eine große Behauptung, sondern eine große Erfahrung. Es ist eine Verheißung auch für die Gemeinden heute.

4. Beim Mahl des Herrn (1Kor 11,17-29)

Seit frühester Zeit gehört die Feier des Abendmahles zum Leben der Kirche. Sie ist Gedächtnis des Todes und der Auferstehung Jesu (1Kor 11,24.25); sie vergegenwärtigt kraft des Geistes das Leben und Sterben Jesu »für euch« (1Kor 11,24: Lk 22,19f; vgl. Mk 14,24: »für die Vielen«); sie begründet die Hoffnung auf die Vollendung des Reiches Gottes (Mk 14,25; vgl. 1Kor 11,26); sie gibt Anteil am Segen des »Neuen Bundes« (1Kor 11,25; vgl. Lk 22,20), weil Jesus den Mahlteilnehmern Anteil an sich selbst gibt: Er, der im Vertrauen auf Gott und aus Liebe zu den Menschen in den Tod geht, nicht um Gott mit ihnen, sondern um sie mit Gott zu versöhnen (2Kor 5,18-21), dieser Jesus schenkt den Glaubenden in der Feier des Abendmahles seine Gemeinschaft, um sie dadurch in die Gemeinschaft mit Gott zu führen.

So wichtig die Feier des Herrenmahls für die Kirche ist – so wichtig ist aber auch, daß es in einer Weise gefeiert wird, die dem erinnerten Geschehen und seiner Heilsbedeutung entspricht. Hier hat es in Korinth große Probleme gegeben. Worin sie bestanden haben, läßt sich nicht leicht rekonstruieren. Basistext ist 1Kor 11,17-29:

*¹⁷Dies aber ordne ich an, weil ich euch nicht loben kann;
denn ihr kommt nicht zum Guten,*

sondern zum Schlechten zusammen.
*¹⁸Als erstes nämlich höre ich, daß es Spaltungen gibt,
wenn ihr in der Gemeinde zusammenkommt,
und zum Teil glaube ich das auch.*
*¹⁹Denn es muß ja Auseinandersetzungen unter euch geben,
damit die Bewährten unter euch offenbar werden.*
*²⁰Also: Wenn ihr gemeinsam zusammenkommt,
ist es nicht das Mahl des Herrn, das ihr eßt;*
*²¹denn jeder nimmt sein eigenes Mahl zum Essen vor,
so daß der eine hungert, der andere aber betrunken ist.*
*²²Habt ihr denn keine Häuser, um zu essen und zu trinken?
Oder verachtet ihr die Kirche Gottes?*
Und beschämt diejenigen, die nichts haben?
Was soll ich euch sagen?
Soll ich euch loben?
Deswegen kann ich euch nicht loben!
*²³Ich habe nämlich vom Herrn empfangen,
was ich euch auch überliefert habe:*
*Der Herr Jesus, in der Nacht, in der er ausgeliefert wurde,
nahm Brot ²⁴und dankte, brach es und sagte:*
»Das ist mein Leib für euch.
Tut dies zu meinem Gedächtnis!«
²⁵Ebenso nahm er nach dem Mahl auch den Becher und sagte:
»Dieser Becher ist der neue Bund in meinem Blut.
Dies tut, sooft ihr trinkt, zu meinem Gedächtnis.«
*²⁶Denn sooft ihr dieses Brot eßt und den Becher trinkt,
verkündet ihr den Tod des Herrn, bis er kommt.*
*²⁷Wer unwürdig das Brot ißt und den Kelch des Herrn trinkt,
macht sich am Leib und Blut des Herrn schuldig!*
*²⁸Jeder Mensch prüfe sich selbst,
und dann esse er vom Brot und trinke aus dem Becher.*
*²⁹Wer ißt und trinkt, ißt und trinkt sich das Gericht,
wenn er den Leib nicht richtig beurteilt.*

Wie es scheint, sind die Probleme von großer sozialer Brisanz.[47] In Korinth begeht man das Mahl des Herrn auf eine Weise, die im Urchristentum weit verbreitet ist: Einmal in der Woche (1Kor 16,2), wohl am Abend des ersten Wochentages, also des Sonntages (Apg 20,7.11), kommt die Christengemeinde in einem »Haus« zusammen; zunächst wird gemeinsam gegessen und getrunken, am Schluß steht die »Eucharistie« im engeren Sinn des Wortes. Alles zusammen ist das »Mahl des Herrn« (1Kor 11,20). Das gemeinsame Essen ist ein wesentlicher Bestandteil. Es dient nicht nur der Pflege persönlicher Beziehungen, dem Gedankenaustausch, dem Informationsfluß, der Konfliktbewältigung, sondern auch der innergemeindlichen Diakonie: Die begüterten Gemeindeglieder bringen etwas zum Essen und Trinken mit und teilen es mit den Armen, besonders den Sklaven. Dies, so scheint es, hat in Korinth nicht (mehr) funktioniert. Man beginnt mit dem Mahl, ohne auf die Armen zu warten, die, in abhängiger Beschäftigung, nicht Herren ihrer Zeit sind und deshalb nicht pünktlich kommen können. Dadurch aber werden sie von den anderen, den bessergestellten Gemeindegliedern faktisch ausgeschlossen; sie werden vor den Kopf gestoßen und beschämt (1Kor 11,22). Diejenigen, die rechtzeitig gekommen sind, haben bereits feste Tischgruppen gebildet, sie haben gegessen und getrunken (1Kor 11,21); wer zu spät kommt, muß sehen, wo er bleibt, und mit dem vorlieb nehmen, was übriggeblieben ist. Wahrscheinlich haben sich die Verantwortlichen noch nicht einmal ein schlechtes Gewissen gemacht, weil zur abschließenden Eucharistie ja alle beisammen sein können.

Paulus spart nicht mit Worten harscher Kritik (1Kor 11,17. 20.22.27.29). Diese Sätze, die in traditionalistischen Sakramentenkatechesen immer wieder angeführt worden sind, um einen andächtigen, ehrfürchtigen, theologisch korrekt verstandenen Empfang der eucharistischen Elemente einzuschärfen, zielen bei Paulus gegen die *soziale* Unempfindlichkeit der Mahlteilnehmer; sie richten sich gegen die Versuchung, Eucharistie und Diakonie aufzuspalten. Wenn der Apostel urteilt, in Korinth werde kein

Mahl des Herrn gefeiert, dann nicht etwa deshalb, weil die Eucharistie an den Rand gerückt oder der Einsetzungstext nicht richtig rezitiert würde, sondern weil in der Herrenmahlsfeier die gesellschaftliche Diskriminierung der Armen nicht etwa überwunden, sondern im Gegenteil noch verstärkt wird.

Daß man Eucharistie und Diakonie nicht auseinanderreißen darf, ist im Geschehen des letzten Mahles selbst angelegt, das der christliche Gottesdienst vergegenwärtigt. Gewiß: Jesus ist für *alle* gestorben. Aber das heißt doch besonders: für die »Schwachen« (1Kor 8,11; vgl. Röm 14,15). Und deshalb kann jene Feier, die dem Gedächtnis des Todes Jesu, ja der Aktualisierung seiner Heilsbedeutung dient, nicht zum Ort der Diskriminierung, der Verachtung der Armen, der Schwachen, der Benachteiligten werden. Das darf aber nicht nur ein großer Gedanke, es muß eine konkrete Praxis sein. Paulus meint: Das Mahl des Herrn ist auch ein Ort des caritativen Teilens und der gelebten Gemeinschaft – sonst ist es kein Mahl des Herrn.

5. *Der Gottesdienst der Propheten (1Kor 14,23-25)*

Im Gottesdienst zeigen sich die großen Stärken und die großen Schwächen der korinthischen Gemeinde. Auf der einen Seite gibt es viele charismatische Begabungen, es gibt großes Engagement und intensive Beteiligung am Gemeindeleben. Auf der anderen Seite gibt es Eitelkeiten und Empfindlichkeiten; der Drang zur Selbstdarstellung ist groß, die Fähigkeit zuzuhören ist dagegen unterentwickelt. Nicht daß der Gottesdienst, wie vielfach heute, langweilig, monoton, starr, allzu routiniert abliefe. Im Gegenteil: es reden so viele durcheinander und es geben so viele der Versuchung nach, vor den anderen ihre Geistbegabung zu demonstrieren, daß die Feier chaotisch zu werden droht. Gleichzeitig sind die Korinther so sehr auf die spektakuläre Gnadengabe des Zungenredens fixiert, daß die Gottesdienstgemeinde eher einem wilden Haufen aufgeregter Ekstatiker als der fröhlich-ernsten Versammlung derer gleicht, die sich der Gnade ihres Gottes freuen.

Paulus meint, Ordnung schaffen zu müssen. Er will nicht *disziplinieren,* er will den Gottesdienst *kultivieren:* Im Mittelpunkt soll das Evangelium stehen; es soll genügend Zeit und Raum für das Gebet sein, für die Katechese, für den Gesang, für die Prophetie – und dann gewiß auch für das faszinierende Zungenreden, doch nur, wenn jemand das verzückte Stammeln deuten, interpretieren, aufschlüsseln kann (1Kor 14,26). Das entscheidende Stichwort lautet: Aufbau der Gemeinde (1Kor 14,3ff). An ihrer Konstruktivität entscheidet sich die Qualität und Relevanz der Gnadengaben. Charismen sind geschenkte Möglichkeiten, die Gemeinde wachsen zu lassen. Gemeint ist damit zweierlei: Wachstum nach innen und Wachstum nach außen.

Wachstum nach innen: Der Gottesdienst ist der Ort, da der Glaube am Evangelium wachsen kann – der Glaube eines jeden einzelnen wie der ganzen Gemeinschaft. Dies geschieht in dem Maße, wie die Gottesdienstteilnehmer durch Schriftlesung und Gesang, durch Prophetie und Predigt in ihrem Glauben ermuntert, in ihrer Schwäche ermahnt und in ihrem Kummer getröstet (1Kor 14,3.31), aber auch über das Christusgeschehen belehrt und im Evangelium unterwiesen werden (1Kor 14,6.19.26.31). Der Effekt, den Paulus von einem guten Gottesdienst erhofft: daß die Christen sensibler werden für die Not ihrer Nachbarn (vgl. 1Kor 13), aufmerksamer für das Wort der Frohen Botschaft, fester in ihrem Vertrauen auf Gott. Nach 1Kor 14 setzt dies voraus, daß – anders als heute – Propheten in der Gemeindeversammlung zu Wort kommen: vom Geist begabte Männer und Frauen (1Kor 11,5), denen es gegeben ist, das rechte Wort zur rechten Zeit zu sagen, indem sie den Anwesenden aufgehen lassen, worin im Moment Zuspruch und Anspruch des Evangeliums bestehen.

Dem Wachstum nach innen entspricht das *Wachstum nach außen.* Die Gottesdienstgemeinde ist missionarische Gemeinde. Der Gottesdienst selbst wird zum Ort der Mission – nicht, indem er zum Agitationszentrum oder zum Schulungsort für Propagandisten des Christusglaubens umfunktioniert wird, sondern auf eine ganz andere Weise. 1Kor 14,23ff läßt sie erkennen:

²³Wenn die ganze Gemeinde zusammenkommt
und alle in Zungen reden
und es kommen Ungläubige oder Unkundige,
werden die dann nicht sagen:
»Ihr seid verrückt«?
²⁴Wenn aber alle prophetisch reden,
und es kommt ein Ungläubiger oder Unkundiger,
wird er von allen erkannt, von allen geprüft;
²⁵was in seinem Herzen verborgen ist, wird offenbar,
und so wird er auf sein Angesicht niederfallen,
Gott anbeten und bekennen:
»Gott ist wahrhaftig unter euch« [Jes 45,14].

Paulus setzt voraus, daß nicht nur schon Getaufte, sondern auch »Ungläubige und Unwissende«, die noch nicht zur Kirche gehören, am Gottesdienst teilnehmen. Vergegenwärtigt man sich, daß er nicht an einem öffentlichen Ort, sondern in einem Privathaus gefeiert worden ist, läßt sich die Szene rekonstruieren: Gemeindeglieder haben Bekannte, Freunde, Verwandte, Berufskollegen, Nachbarn angesprochen; sie haben sie neugierig gemacht und in den Gottesdienst mitgenommen. Dies war der wohl wichtigste Weg der Mission im Urchristentum. Paulus mißt die Qualität des Gottesdienstes nicht zuletzt daran, was er diesen interessierten Nicht-Christen zu sagen vermag. Würde er zum Tummelplatz der Zungenredner, der Ekstatiker und Enthusiasten, könnten die »Ungläubigen und Unkundigen« nur urteilen: »Ihr seid verrückt«. Kommen aber die Prophetinnen und Propheten zu Wort, verändert sich die Situation. Paulus rechnet mit ihrer charismatischen Kraft, die geheimen Ängste und Sehnsüchte, die uneingestandenen Hoffnungen und Zweifel, die unbewußten Schuldgefühle und die verborgenen Wünsche der Hinzukommenden ins Licht zu rücken: nicht, um sie bloßzustellen, sondern um sie zur Erkenntnis ihrer selbst zu führen – und dann zur Erkenntnis der Gegenwart Gottes inmitten der versammelten Gemeinde. Das »Wie« dieser Vorgänge mag uns Heutigen seltsam erscheinen. Entscheidend ist das »Was«: In der Begegnung mit den christlichen Propheten im Gottesdienst klärt sich für die »Ungläubigen und Unkundigen«, wer sie selbst sind, wer Gott ist und was Kirche heißt. »Wahrhaftig, Gott ist mitten unter euch« – nach Jes 45,14 werden dies die Heidenvölker zu Israel sagen, wenn sie am Ende der Zeit zum Zion pilgern, um dort mit dem Gottesvolk im Gottesdienst vereint zu sein. Paulus meint, daß es einen Vorgeschmack dessen schon in der christlichen Gemeinde gibt – wenn sie ihren Gottesdienst so zu feiern versteht, daß andere hinzukommen und nicht abgestoßen werden, sondern sich so angesprochen wissen, daß ihnen aufgeht: Der Herzschlag des christlichen Gottesdienstes ist die Gegenwart Gottes, vermittelt rein aus Gnade durch Jesus Christus im heiligen Geist, wahrgenommen in einem lebendigen Gottesdienst, der vom Hören auf Gottes Wort bestimmt ist.

6. *Israel und die Kirche (Röm 9-11)*

Wie kein anderer neutestamentlicher Autor hat Paulus die Kritik des alttestamentlich-jüdischen Gesetzes vorangetrieben: daß es den Menschen *nicht* zu rechtfertigen vermag, sondern sie nur zur Erkenntnis der Sünde führt (Röm 3,20), ja ohne den Christusglauben auf fatale Weise immer tiefer in den Strudel von Eifer und Versagen, von Schuldbewußtsein und Selbstrechtfertigungsversuchen hineinzieht (Röm 5,20; 7,7-25). Diese Kritik des Gesetzes, von einem Judenchristen formuliert, ist nicht *anti*-jüdisch, sie ist aber genuin christlich. Sie ist die theologische Voraussetzung für die paulinische *Heiden*mission; und sie zieht die radikale Konsequenz aus dem Glauben, daß Gott sich angesichts der scheinbaren Übermacht der Sünde (Röm 1,18 – 3,20) entschlossen hat, seine Gerechtigkeit gerade durch den gekreuzigten Jesus Christus zu offenbaren, um auf diese Weise *alle* Glaubenden, Juden wie Heiden, zu retten, indem er ihre Sünde aufdeckt und verwandelt: letztlich vom Tod ins Leben (Röm 3,21-26; 10,11ff).

Die Geschichte zeigt gleichwohl, daß dieser Grund-Satz des Apostels nicht nur zur Klärung christlicher Identität beigetragen, sondern auch antijüdische Affekte stimuliert hat. Desto wichtiger ist die Beobachtung, daß bei Paulus selbst für einen solchen Mißbrauch kein Platz ist. Im Gegenteil: er, der im Neuen Testament wohl die radikalste Kritik des Gesetzes formuliert, entwirft auch das tiefgründigste Bild des Verhältnisses von Israel, Judentum und Christentum. Es ist ein *christliches* Bild, aber es ist ein Bild, in dem das Judentum anders herauskommt als zumeist sonst im Neuen Testament. Wie es scheint, hat der Apostel selbst einen Lernprozeß durchlaufen. Er betrifft nicht das Israel der Väter: Paulus hat am heilsgeschichtlichen Primat, an der Erwählung des Gottesvolkes und an der Heiligkeit der »Schrift« nie einen Zweifel gelassen. Wohl aber betrifft der Wandlungsprozeß die Einschätzung jener weit überwiegenden Mehrheit der Juden, die *nicht* an Jesus glauben. Während er in seinem ältesten erhaltenen Schreiben nicht vor der Verwendung antijüdischer Stereotypen zurückschreckt, um den »ungläubigen« Juden die unwiderrufliche Vollstreckung des göttlichen Zornes anzudrohen (1Thess 2,15f), und noch im Galaterbrief Knechtschaft und Freiheit, Tod und Leben allzu undialektisch auf das Sinai-Gesetz und das Christus-Evangelium verteilt (Gal 4,21-31), stößt er im Römerbrief, da sich seine Gesetzestheologie geklärt hat, zu einer neuen Sicht vor.

Paulus relativiert nicht die Heilsnotwendigkeit des Glaubens. Er relativiert auch nicht die Christozentrik der endzeitlichen Rettung. Aber er streicht im Horizont seines christlichen Glaubens drei Gedankenlinien heraus.

Erstens: In Röm 9-11 wendet Paulus sich immer wieder an die *Heiden*christen. Als eine große Versuchung ihres christlichen Glaubens sieht er, sich von den israelitischen Wurzeln des Kirche-Seins abzuschneiden. Röm 11,18 hält dagegen:

Nicht du trägst die Wurzel, die Wurzel trägt dich!

Hochmut gegenüber den »ungläubigen« Juden, gar aggressive Verdammung der angeblichen »Gottesmörder« sind nicht nur für die Kinder Israels immer wieder von katastrophalen Folgen gewesen, sie sind auch für die Kirche desaströs: Sie verliert ihre ethische Integrität, und sie verliert zugleich ihre theologische Identität, weil sie sich von ihrem alttestamentlichen Mutterboden abhebt. Es bleibt aber bestehen, was Paulus über die nicht an Jesus glaubenden Juden sagt (Röm 9,4f):

> *⁴Sie sind Israeliten,*
> *ihrer sind die Sohnschaft*
> *und die Herrlichkeit*
> *und die Bundesschlüsse*
> *und die Gesetzgebung*
> *und der Gottesdienst*
> *und die Verheißungen,*
> *⁵ihrer die Väter,*
> *und von ihnen stammt der Christus dem Fleische nach ab.*

Juden und Christen sind nach paulinischem Verständnis radikal, wurzelhaft verbunden: durch das Israel der alttestamentlichen Erwählungs- und Verheißungsgeschichte. Jesus ist Jude. Er ist »geboren aus dem Samen Davids« (Röm 1,3). Der Messias stammt aus Israel (Röm 9,5). Der Retter der Endzeit wird vom Zion kommen (Röm 11,26). Die Bibel Israels ist auch für Christen die Heilige Schrift (Röm 1,2). Der theologische Grund-Satz der Einheit und Einzigkeit Gottes gilt selbstverständlich auch für die Kirche (Röm 3,29f). Das Gesetz ist zwar kein Heilsweg; aber es wird keineswegs aufgelöst, sondern »aufgerichtet« (Röm 3,31): In Konzentration auf das Gebot der Nächstenliebe (Lev 19,18) kann und soll es kraft des Geistes erfüllt werden (Röm 13,8ff).

Das 2. Jahrhundert zeigt, daß die heidenchristliche Kirche zu einer gnostischen Erlösungsreligion verkommen wäre, wenn sie nicht an der Bibel Israels festgehalten und ihrer Verankerung in der Geschichte Israels eingedenk geblieben wäre. Positiv ausgedrückt: Die Pflege ihres alttestamentlichen Erbes und ihrer Beziehungen zum Judentum gehört zum *Wesen* der christlichen Kirche.

Zweitens: Sosehr Israel und die Kirche geschichtlich untrennbar verbunden sind – in der Gegenwart sieht Paulus einen tiefen Graben aufgeworfen. Auf der einen Seite stehen die vielen Juden, die nicht an Jesus als den Gottessohn glauben, auf der anderen die wenigen Juden zusammen mit den Heidenchristen, deren Gottesbeziehung durch den Christusglauben geprägt wird. Paulus leidet an dieser Trennung, sie bereitet ihm geradezu körperliche Schmerzen (Röm 9,1ff): Weshalb verweigern sich die weitaus meisten Juden dem christlichen Evangelium? Um sich (und den Römern) diesen Umstand erklären zu können, greift Paulus auf einen Gedanken zurück, mit dem Jesaja (Jes 6,9f; 29,10; vgl. Dtn 29,4) seine prophetische Sendung auf einen ebenso anstößigen wie verheißungsvollen Begriff bringt – den der Verstockung Israels (Röm 11,8; vgl. 9,18):

Gott gab ihnen einen Geist der Betäubung,
Augen, die nicht sehen,
und Ohren, die nicht hören –
bis auf den heutigen Tag.

Das Verstockungsmotiv ist sehr gefährlich; es ist für Mißbrauch höchst anfällig. Paulus verwendet es aber wie Jesaja. Die Blindheit und Schwerhörigkeit der Juden gegenüber dem Evangelium wird als Tat Gottes hingestellt – so wie Jesajas Gerichtspredigt die Herzen der Israeliten nicht etwa zur Umkehr geführt, sondern verhärtet hat. Darin liegt das Anstößige des Verstockungsmotivs.

Worin besteht das Verheißungsvolle? Wenn Gott die Verstockung Israels verfügt, hebt er sie auch wieder auf – er wäre sonst nicht der Gott Israels. Paulus ist überzeugt, es sei Gottes Wille, daß es, bis »die volle Zahl der Heiden« in die Kirche gefunden hat (Röm 11,25), also bis zum Jüngsten Tag, ein schmerzliches, aber unaufhebbares *Neben*einander gibt zwischen der Kirche aus Juden und Heiden und jenen Angehörigen des Volkes Israel, die nicht an Jesus glauben. Mehr noch: daß die meisten

Juden sich dem Christusglauben verweigern, ist auf dialektische Weise mit der Annahme des christlichen Evangeliums durch die Heiden verbunden. Paulus greift Missionserfahrungen auf: Einerseits beobachtet er, daß gerade der Erfolg, den das Evangelium bei den Heiden hat, die Juden abstößt (nicht zuletzt wegen der Gesetzesfreiheit) – wie er freilich auch der (unerfüllt gebliebenen) Hoffnung Ausdruck verleiht, der Missionserfolg bei den Heiden könne die Juden eifersüchtig machen und auf diese Weise zum christlichen Glauben reizen (Röm 11,11; vgl. 10,19: Dtn 32,21). Andererseits weist er die hochmütig israelvergessenen *Heiden*christen darauf hin, man könne die Sache auch so darstellen, daß es ja erst Israels »Ungehorsam« gewesen sei, der in der Folge das Evangelium zu ihnen, den Heiden, gebracht hat (Röm 11,11f). Röm 11,30ff:

[30]Wie ihr nämlich einst Gott ungehorsam wart,
nun aber durch deren Ungehorsam Erbarmen gefunden habt,
[31]so sind nun jene eures Erbarmens wegen ungehorsam
geworden,
damit auch sie Erbarmen finden werden.
[33]Denn Gott hat alle in den Ungehorsam eingeschlossen,
um sich aller zu erbarmen.

Für ekklesiologischen Dünkel ist angesichts solcher Worte kein Platz. Respekt vor ihren »älteren« Brüdern und Schwestern ist das mindeste, was Paulus von den Heidenchristen verlangt. Doch ist dies bei weitem nicht genug.
Drittens: Gott ist gerecht (Röm 9,14). Seine Verheißungen bleiben gültig (Röm 9,6). Ihn gereut seine Gnade nicht (Röm 11,29). Israel ist und bleibt sein erwähltes Volk (Röm 9,4; 11,1.29). Deshalb, so arbeitet Paulus mit stärkstem Nachdruck heraus, revidiert die gegenwärtige Verstockung nicht etwa Gottes Liebe zu seinem Volk. Vielmehr ist sie auf paradoxe Weise mit der Erwählung und mit dem endgültigen Heil Israels verbunden. Wie bei Jesaja der Auftrag, Israel zu verstocken, nicht Ausdruck der

Abwendung, sondern der Zuwendung Gottes zu seinem Volk ist und die Israeliten durch die bittere Selbsterfahrung ihrer schier hoffnungslosen Sündhaftigkeit hindurch dank Gottes Gnade doch noch zu einem neuen Leben vor Gott führen soll, so auch hier. Es bleibt ein Geheimnis (Röm 11,25). Die Verstockung zielt auf die Rettung Israels. Nicht in dieser Zeit, aber am Jüngsten Tag wird zusammen mit denen, die in der Kirche an Jesus glauben, auch »ganz Israel gerettet werden« (Röm 11,26). Paulus zitiert in Röm 11,26f noch einmal Jesaja (Jes 59,20) und verbindet sein Wort mit der Verheißung des Neuen Bundes aus Jeremia (Jer 31,31-34):

[26] *Vom Zion wird der Retter kommen,*
die Gottlosigkeit von Jakob wegzunehmen.
[27] *Und dies wird der Bund von mir sein,*
daß ich ihre Sünden vergeben werde.

Juden und Christen – getrennt durch den Christusglauben, aber vereint im Bewußtsein ihrer menschlichen Sündhaftigkeit und ihrer kreatürlichen Angewiesenheit auf Gott, vereint auch im Vertrauen auf die unbegreifliche Güte Gottes und in der Hoffnung auf eschatologische Gemeinsamkeit: Viel wäre gewonnen, wenn der Kirche dieses Hoffnungs-Bild ihres großen Apostels vor Augen stände.

VIII.

Epheserbrief:
Werkstatt des Friedens – Baustelle der Einheit

Das große Thema des Epheserbriefes ist die Kirche. In keinem anderen Schreiben des Neuen Testaments bestimmt die Ekklesiologie so sehr die Gedankengänge des Verfassers. Das hat seinen Grund. Der Brief ist zwar unter dem Namen des Apostels Paulus überliefert, aber aller Wahrscheinlichkeit nach nicht von ihm selbst, sondern Jahre nach seinem Tod von einem Schüler verfaßt worden, vermutlich um 90 n.Chr., also etwa zur Zeit des Matthäus-, des Lukas- und des Johannesevangeliums.[48] Die Vorlage bildet der gleichfalls pseudepigraphe Kolosserbrief. Das Schreiben an die Epheser entsteht in einer Zeit, da sich die werdende Kirche klarmachen muß, woher sie kommt und wohin sie geht, was ihre Aufgabe, ihre Sendung, ihr Wesen ausmacht. War in paulinischer Zeit noch manches im Fluß, so beginnen die Christengemeinden sich jetzt zu konsolidieren; sie müssen sich darauf einrichten, nicht nur eine kurze Frist bis zur Wiederkunft Jesu zu überbrücken, sondern längere Zeiträume zu gestalten und mit spirituellem, ethischem, theologischem Leben zu erfüllen. Vor diesem Hintergrund zeichnet sich das Bild ab, das der Epheserbrief von der Kirche malt. Eine Stätte fleißiger, sinnvoller und guter Arbeit soll sie sein – eine Werkstatt, in der das Friedenswerk zwischen Juden und Heiden gefördert wird; eine Baustelle, auf der ein Haus des Glaubens errichtet wird, das den Christen in der Einheit und Ganzheit ihrer Gemeinschaft ein Zuhause wird.

1. *Versöhnung zwischen Juden und Heiden (Eph 2,11-18)*
Um die Herausforderung der neuen geschichtlichen Stunde zu erkennen und zu bestehen, ergreift der Autor des Epheserbriefes das Wort. Er tut es im Namen seines Lehrers, des großen Heidenapostels, und er tut es in einem Schreiben, das er formell an die Gemeinde von Ephesus, Hauptstadt der römischen Provinz Asia und Hauptort der paulinischen Heidenmission, richtet,

tatsächlich aber wohl an alle Gemeinden in Kleinasien, wo sich das Christentum am schnellsten verbreitet hat (Eph 2,11-18):

¹¹Deshalb denkt daran,
daß ihr, die Heiden im Fleisch,
einst Unbeschnittene genannt von der sogenannten
  Beschneidung,
die am Fleisch mit Händen gemacht wird –
¹²daß ihr zu jener Zeit ohne Christus wart,
ausgeschlossen von der Gemeinde Israels,
fremd den Bundessetzungen der Verheißung,
ohne Hoffnung und gottlos in der Welt.
¹³Jetzt aber, in Christus Jesus, seid ihr,
die ihr einst fernstandet, nahegekommen:
durch das Blut Christi.
¹⁴Denn er selbst ist unser Friede,
er, der die beiden vereint
und die Trennmauer der Feindschaft niedergelegt hat:
in seinem Fleisch,
¹⁵das Gesetz der Gebote in seinen Satzungen vernichtend,
damit er die zwei in sich zu einem neuen Menschen erschaffe,
Frieden stiftend,
¹⁶und die beiden in einem Leib mit Gott versöhne,
durch das Kreuz,
die Feindschaft tötend in sich selbst.
¹⁷Da er kam,
verkündete er Frieden,
euch, den Fernen,
und Frieden den Nahen;
¹⁸denn durch ihn haben wir beide in dem einen Geist Zugang
  zum Vater.

Eph 2,11-18 ist ein Stück ekklesiologischer Selbstvergewisserung. Der Text spricht nicht *Juden*christen, sondern *Heiden*christen an. Der Autor will sie an das erinnern, was ihnen dadurch widerfahren ist, daß sie das (paulinische) Evangelium hören konnten. Um ihnen die Tragweite des Gnadengeschehens zu erläutern, arbeitet der Autor den Gegensatz zwischen »einst« und »jetzt« heraus. Die Bezugsgröße ist jeweils Israel, das Volk Gottes. Anders als bei Paulus scheinen jedoch die Juden, die nicht an Jesus glauben, aus dem Blickfeld verschwunden zu sein – sicher eine Schwäche des Epheserbriefes, die dadurch noch vergrößert wird, daß (wiederum anders als bei Paulus) kaum ein gutes Wort über das Gesetz, die Beschneidung und die Erwählung Israels fällt. Der Verfasser hat, indem er sich auf den Standpunkt der Heiden stellt, die Kehrseite der Bundesschlüsse mit dem Gottesvolk im Visier (Eph 2,11f): Die Nicht-Juden sind ausgeschlossen; sie haben keinen Zugang zu Gott; es herrscht Feindschaft zwischen Israel und den Völkern. (Die – wenigen – universalistischen Züge des Alten Testament hat der Epheserbrief nicht im Blick.) Dieses dunkle Bild der Vergangenheit zeichnet der Verfasser jedoch nicht, um die Geschichte Israels abzuwerten, sondern um das Heilsgeschehen der christlichen Heidenmission aufzuwerten. Hier liegt die Stärke des Gedankens: Die Situation der Heiden hat sich durch Jesus grundlegend verwandelt. Er ist der messianische »Friedensfürst« (vgl. Jes 9,5). Er stiftet Frieden, indem er die Menschen durch die Vergebung ihrer Schuld mit Gott versöhnt. Er kommt – im Wort der urchristlichen Evangeliumsverkündigung – nicht nur den Juden, sondern auch den Heiden nahe: Er sucht ihre Nähe, um sie zu retten. Im Zuge dieser Friedensaktion hebt Jesus auf, was »einst« die Juden und die Heiden voneinander getrennt hat: vor allem das Gesetz – nicht in jeder Hinsicht, aber insofern es Juden und Heiden auseinandergerissen hat. Positiv gesehen: im gemeinsamen Haus des Glaubens führt der Messias Juden *und* Heiden zusammen. Die Kirche ist eine Friedenszone, in der Juden und Heiden ihre Feindschaft überwinden, weil beide durch Jesus Zugang zu Gott finden. Die Vergleiche, die der Text wählt (»ein neuer Mensch«, »ein Leib«), heben das Schöpferische (»in dem einen Geist«) dieser Friedenstat hervor (vgl. 4,17-24). Es wächst nicht zusammen, was zusammengehört; es werden nicht die beiden Teile zusammengefügt, die vorher auseinandergebrochen wären. Es entsteht vielmehr eine ganz neue Größe: die Kirche, die Juden und Heiden vereint. Dies geschieht »in« Jesus Christus: durch die Anteilgabe an seinem Sterben und seiner Auferstehung (vgl. Eph 5,2.23.25).

Für eine Kirche wie die heutige, in der das heidenchristliche Element dominiert, ist die ekklesiologische Position von Eph 2,11-18 (innerhalb ihrer Grenzen) von großer Bedeutung: »Das Jüdische am Christentum« (Norbert Lohfink)[49] darf nicht verlorengehen – so wenig wie die Freude über die unverdiente Gnade, durch Jesus Christus in eine Kirche hineingerufen zu sein, die in der Verkündigung des Evangeliums, im Gottesdienst, in der Nächstenliebe aufscheinen läßt, wie nahe Gott allen Menschen sein will.

2. Das Fundament der Apostel und Propheten (Eph 2,19-22)
Eph 2,19-22 skizziert ein Bild, in dem die Kirche als ein großes Haus erscheint:

[19]*Also seid ihr nicht mehr Fremde und Beisassen,*
sondern Mitbürger der Heiligen und Hausgenossen Gottes,
[20]*aufgebaut auf dem Fundament der Apostel und Propheten,*
dessen Eckstein Christus Jesus ist:
[21]*in dem der ganze Bau zu einem heiligen Tempel wächst,*
im Herrn,
[22]*und auch ihr zu einer Wohnung Gottes mit aufgebaut werdet,*
im Geist.

Dem Verfasser schwebt keine trutzige Festung vor, weder eine »feste Burg« noch ein »Haus voll Glorie«, aber auch nicht eine Baracke oder eine provisorische Notunterkunft, sondern ein architektonisch überzeugender, ästhetisch anziehender, gut geplanter, freundlicher, funktionaler und wohnlicher Bau, der nicht für alle Ewigkeit fertig ist, sondern an dem nach wie vor viele Hände arbeiten. Dieses Haus ist zugleich eine Wohnhaus und ein Tempel:

Es ist dem Gottesdienst geweiht – und deshalb ein Ort, an dem Menschen leben können.

Wer lebt in diesem Haus? Vor allem diejenigen, die einst »Fremde und Beisassen« (Eph 2,19) gewesen sind – Menschen ohne volles Bürgerrecht, die am Rande der Gesellschaft stehen, zumeist sozial benachteiligt sind und froh sein müssen, wenn sie im Besitz einer befristeten Aufenthaltsgenehmigung sind. Der Epheser-Autor denkt an die *Heiden*, die nicht zum Volk Israel zählen (Eph 2,11-18). Ihre Situation hat sich durch Jesus Christus grundlegend gewandelt: Durch den Glauben sind sie »Mitbürger der Heiligen und Hausgenossen Gottes« (Eph 2,19) geworden.

»Hausgenossen Gottes« – Gott selbst hat sie in sein »Haus« aufgenommen: Er zählt sie zu seinen Verwandten (vgl. Mk 3,33ff; Hebr 3,1-6); ihm gelten sie nicht als Fremde, sondern als seine Kinder, die er liebt (Eph 5,1). Und umgekehrt: die Christen geben Gott in ihren Herzen Raum; sie wissen ihn in ihrer Mitte; er ist ihr Leben.

»Mitbürger der Heiligen« – alle Getauften haben in der Kirche volles Stimm- und Mitwirkungsrecht: nicht je für sich allein oder gar gegeneinander, sondern in der Gemeinschaft ihres Glaubens, den ihnen die Heiligen bezeugen. Bei den »Heiligen«, mit denen zusammen die Christen das kirchliche Bürgerrecht haben, denkt der Epheserbrief nicht so sehr an die anderen Gläubigen, sondern an die Engel, vielleicht auch an die von Gott schon Verherrlichten – ein heute fremder, aber wertvoller und im Urchristentum weitverbreiteter Gedanke (Hebr 12,2f; Offb 7,1-10; 14,1-5; auch Phil 3,20): Die Gemeinschaft des Glaubens, in der die Christen leben, ist nicht nur eine Gemeinschaft der Lebenden, sondern auch der in Christus Entschlafenen, und nicht nur eine Gemeinschaft mit anderen Menschen, sondern auch mit den Engeln, jenen himmlischen Geschöpfen Gottes, deren ganzes Wesen das Lob Gottes ist. Die Kirche ist eine ebenso himmlische wie irdische Größe, eine Raum und Zeit übergreifende Einheit, die von Gott selbst erschaffen wird. Dank Gottes Gnade steht die Kirche als Gottes Haus auf Erden unter einem Himmel, der nicht verschlossen und nicht geteilt ist, sondern offen und allumfassend.

Wie ist dieses Haus gebaut? Der Paulusschüler, der den Epheserbrief verfaßt hat, verwendet ähnliche Architekturmetaphern wie der Apostel, aber er verwendet sie anders. Paulus selbst hat im Ersten Korintherbrief (1 Kor 3,10-15) das Haus der Kirche, das auch für ihn der wahre Tempel ist (1 Kor 3,16f), so gesehen, daß es nur ein einziges Fundament gibt, auf dem der ganze Bau gründet: Jesus Christus selbst. Der Apostel war es, der dieses Fundament gelegt hat durch die Predigt seines Evangeliums; andere bauen auf dieser Grundlage weiter – und wenn sie ihre Sache gut machen, dann orientieren sie sich genau am einmal feststehenden Grundriß, geben im übrigen ihrem heiligen Eifer freien Lauf (1 Kor 3,17) und achten allerdings darauf, nur die besten Baumaterialien (1 Kor 3,12ff) zu verwenden. Anders das Bild im Epheserbrief: Fundament der Kirche sind hier die »Apostel und Propheten« (Eph 2,20; vgl. 3,5; 4,11). Christus hingegen ist der »Eckstein«. Der antiken Baukunst zufolge ist dies der Stein, der als allererster Stein des Fundamentes gesetzt wird und somit durch seine Lage und Ausrichtung die Architektur des gesamten Bauwerks bestimmt. (Nicht auszuschließen ist das andere Verständnis, wonach Christus der »Schlußstein« ist, der, als letzter gesetzt, ein Gewölbe oder ein Portal zusammenhält.) Die christologische Grundlegung des Kirchenverständnisses ist also kaum weniger klar als im paulinischen Korintherbrief. Das Symbol des Ecksteins läßt die große Verheißung Jes 28,16 anklingen:

Siehe, ich lege in Zion einen Grundstein,
einen harten und kostbaren Eckstein,
ein Fundament, das sicher und fest ist:
Wer glaubt, braucht nicht zu fliehen.

Dennoch hat sich das Bild gegenüber dem Paulus-Brief verschoben: Die Kirche des Epheserbriefes blickt schon auf ihre eigene Geschichte zurück – und sie deutet diese Geschichte theologisch. Sie weiß sich als eine apostolische und eine prophetische Kirche. Die Apostel sind (Paulus an der Spitze) die gesandten und bevollmächtigten Verkündiger des Evangeliums und damit die Gründer der Ortsgemeinden, zum Beispiel in Ephesus. Die Propheten sind die geisterfüllten Männer und Frauen der Urkirche, deren Charisma (nach 1Kor 12-14) es ist, sagen zu können, worin hier und jetzt Gottes Zuspruch und Anspruch für die Kirche besteht. Wenn die Kirche sich auf die apostolische Verkündigung des Evangeliums gegründet weiß, gibt sie zu erkennen, daß sie ihrem Wesen nach auf die Kontinuität mit Jesus angewiesen ist, die ihr nur die Tradition seiner qualifizierten Zeugen verbürgen kann; und wenn die Kirche sich auf die prophetische Verkündigung des Wortes Gottes gegründet weiß, gibt sie zu erkennen, daß sie ihrem Wesen nach auf die Gegenwart des Geistes Gottes angewiesen ist, der ihr die jeweilige Aktualität und Relevanz des Evangeliums Jesu Christi vermittelt.

Wo der Epheserbrief vom »Fundament« des Glaubens spricht, redet er nicht einem »Fundamentalismus« das Wort, der sich in einer Welt der Unsicherheiten, der Zweifel und der Kritik nur durch den Rückzug in eine Schutzzone helfen kann, die durch massive Denkverbote begrenzt und mit ideologischer Militanz verteidigt wird. Wohl aber redet er einem Glaubens- und Kirchenverständnis das Wort, das weiß, was es am Evangelium hat, und deshalb eine Festigkeit, eine innere Sicherheit gewinnt, die das Kennzeichen eines echten Reifungsprozesses ist.

3. Mündigkeit und Bürgerrechte (Eph 4,11-16)

So gut das Haus der Kirche baulich angelegt sein muß, so sehr muß es auch mit menschlichem Leben erfüllt werden. Davon spricht Eph 4,11-16:

> [11]*Und er gab die Apostel, die Propheten,*
> *die Evangelisten, die Hirten und Lehrer*
> [12]*zur Zurüstung der Heiligen für das Werk des Dienstes,*
> *für den Aufbau des Leibes Christi,*
> [13]*bis wir alle gelangen zur Einheit des Glaubens*
> *und zur Erkenntnis des Sohnes Gottes,*

zu einem vollkommenen Menschen,
zum vollen Maß der Fülle Christi,
14damit wir nicht mehr Unmündige sind,
durcheinandergebracht und umgetrieben von jedem Windstoß
    einer Lehre,
durch das Würfelspiel von Menschen,
durch Verschlagenheit, die auf Lug und Trug aus ist,
15sondern die Wahrheit in Liebe bezeugen
und in allem auf ihn hin wachsen,
der das Haupt ist: Christus,
16durch den der ganze Leib,
zusammengefügt und -gehalten durch jedes Stützband,
gemäß der Kraft, die jedem einzelnen Teil zugemessen ist,
das Wachstum des Leibes macht,
zum Aufbau seiner selbst in Liebe.

Der Satz ist verschachtelt, die Sprache scheint antiquiert, die Sache aber ist einfach und aktuell. Die Christen sollen in ihrem Glauben wachsen (V. 15): Sie müssen erwachsen (V. 13) und mündig (V. 14a) werden; sonst finden sie keinen Halt und fallen auf die erstbesten Parolen herein (V. 14b). Wie aber kann es zu diesem Wachstum kommen? Und worin besteht es?

Der Epheserbrief hält vor allem eines fest: Gott selbst läßt die Christen und die ganze Kirche im Glauben wachsen. Er tut es durch Jesus Christus. Sein »Hinabsteigen in die Niederungen der Erde« (Eph 4,9) bezeugt nicht nur seine Solidarität mit den Menschen. Sie erschließt ihnen vielmehr die Wirklichkeit Gottes auf Erden; sie vermittelt ihnen seine Gnade (Eph 4,7). Jesu Auferweckung und Erhöhung aber, sein »Aufsteigen in die Höhe« (Eph 4,8), schaltet alle Mächte und Gewalten aus, die sich zwischen Gott und die Menschen schieben, und schafft deshalb die Voraussetzung dafür, fortwährend all jene guten Gaben auszuteilen, die Gott für die Menschen bereithält, damit sie leben können (Ps 68,19). Die Glaubenden leben aus der Fülle des Segens, den Gott ihnen durch Jesus spendet (Eph 1,3-14). Wenn die Christen sich segnen lassen, wächst der Leib Christi – und mit ihm der Glaube eines jeden seiner Glieder (Eph 4,16).

Wie aber geschieht das? Der Epheserbrief antwortet nicht abstrakt, sondern konkret. Er hat die Geschichte der Kirche vor Augen. Deshalb urteilt er: Damit die Christen im Glauben wachsen können, gibt Jesus ihnen »Apostel, Propheten, Evangelisten, Hirten und Lehrer« (Eph 4,11). An dieser Stelle zeichnen sich die Konturen eines kirchlichen Amtes ab – deutlicher noch als bei Paulus. Die Apostel und Propheten erscheinen als Größen der kirchengründenden Anfangszeit; sie haben das Fundament des Kirchen-Baus gelegt (Eph 2,19-22). Die Evangelisten, Hirten und Lehrer aber sind auch Größen der Gegenwart. Sie bauen auf dem apostolischen und prophetischen Fundament auf: Die Evangelisten verkünden in der Tradition der Apostel das Evangelium; die Hirten leiten die Gemeinden (Apg 20,28; 1Petr 5,2; Joh 21,15ff), die von den Aposteln gegründet und von den Propheten geprägt worden sind; die Lehrer unterweisen die Gemeinde im Wort Gottes (vgl. 1Kor 12,28), das von den Aposteln und von den Propheten gesagt worden ist. Die zentrale Aufgabe dieser Amtsträger besteht darin, die Gemeindeglieder bei ihrem Reifungsprozeß zu unterstützen: vor allem dadurch, daß sie ihnen klar, verbindlich und einladend das »Evangelium des Friedens« (Eph 6,15) verkünden und erklären. Umgekehrt gehört nach dem Epheserbrief zum Erwachsenwerden im Glauben nicht etwa die Loslösung vom Zeugnis der Amtsträger, sondern gerade die Anerkennung ihrer spezifischen Aufgabe für das Wachsen des Leibes Christi.

Worin besteht dieses Wachstum? Was macht die Mündigkeit und Reife eines Christenmenschen aus?

Erstens die Bereitschaft und Fähigkeit zum Dienen (Eph 4,12): die eigenen Gaben, die man geschenkt bekommen hat, nicht zur Selbstbestätigung, sondern für andere einzusetzen, so daß die ganze Glaubensgemeinschaft davon profitiert.

Zweitens die Arbeit an der »Einheit des Glaubens« (Eph 4,13): die eigene Freiheit des theologischen Urteils, die unbedingt zur

Mündigkeit des Glaubens gehört, nicht gegen den Glauben der anderen zu richten, sondern für die Entwicklung eines Konsenses einzusetzen, der weder auf dem kleinsten gemeinsamen Nenner noch auf falschen Selbstverständlichkeiten beruht, sondern auf der gemeinsamen Ausrichtung an Jesus Christus.

Drittens die Bezeugung der »Wahrheit in Liebe« (Eph 4,15): die »Wahrheit«, d.h. die zentrale Botschaft des Evangeliums (Eph 1,13; vgl. 6,14), nicht zu leugnen oder zurechtzubiegen, sondern freimütig zur Sprache zu bringen, dies allerdings nicht aus Rechthaberei oder Herrschsucht, sondern »in Liebe«: in der Zuwendung zum Nächsten, aus der Bejahung seiner Glaubens-Geschichte, der Anteilnahme an seinen Glaubens-Zweifeln und der Stärkung seiner Glaubens-Sehnsucht.

Der Epheserbrief wird zur Kritik an jeder Form von Amtsmißbrauch in der Kirche: Wer seine Kompetenz, das Evangelium zu verkünden und die Gemeinde zu leiten, benutzt, um die Glaubenden in Abhängigkeit zu halten und wie unreife Kinder zu behandeln, hat seine Aufgabe verfehlt. Der Epheserbrief wird aber auch zur Kritik an jeder Vorstellung christlicher Mündigkeit, die meint, sich von der Überlieferungsgeschichte des Glaubens und vom kirchlichen Verkündigungs-Amt emanzipieren zu können. Zum Selbstbewußtsein der Glaubenden gehört vielmehr das Wissen darum, wie sehr die Gemeinde darauf angewiesen ist, daß ihr das Evangelium verbindlich verkündet wird; und zum Dienst der Amtsträger gehört, daß sie den Glauben der Gemeindeglieder achten und schätzen. Wenn beides zusammenkommt, kann die Kirche wachsen – in der einzigen Wachstumsrichtung, die etwas bedeutet: die Bewegung auf Christus hin.

IX.

Pastoralbriefe:
Geordnetes Haus – glückliche Familie

Die Pastoralbriefe an Timotheus und Titus bezeugen gegenüber dem Epheserbrief ein weiteres Stadium des Nachdenkens über das Amt in der Kirche. Sie sind (wie der Epheserbrief) nicht von Paulus, sondern unter seinem Namen verfaßt worden, wohl an der Wende vom 1. zum 2. Jahrhundert.[50] Daß Paulus erneut als Briefautor bemüht wird, hängt mit dem Bild des Apostels in den Gemeinden zusammen, die sich auf seine Missionsarbeit zurückführen. Er gilt als ein rechter Kirchen-Vater: als »Lehrer der Heiden in Glauben und Wahrheit« (1Tim 2,7). Kennzeichnend ist aber, daß in den Pastoralbriefen nicht wie sonst ganze Gemeinden angesprochen werden, sondern speziell und persönlich die Gemeindeleiter – und zwar mit Timotheus und Titus gerade die engsten Mitarbeiter, die »Musterschüler« des Apostels. Das heißt: faktisch redet der Briefautor Christen des ausgehenden 1. und des beginnenden 2. Jahrhunderts an. Dazu wählt er freilich die literarische Form, daß »Paulus« – im Wissen um das baldige Ende seines Wirkens (2Tim) – »Timotheus« und »Titus« als seine Vertrauten anredet, um sie auf die Zeit nach seinem Tod vorzubereiten. Hier liegt die Pointe der Verfasser- und Adressatenangaben. Der Autor der Pastoralbriefe ist davon überzeugt, daß damals, beim Übergang von der ersten zur zweiten Generation, die Weitergabe des Glaubens funktioniert hat: weil Paulus mit seiner Theologie den Ton angegeben hat und weil der Apostel Sorge getragen hat, qualifizierte Nachfolger zu finden, die ihrerseits verpflichtet sind, nach geeigneten Gemeindeleitern Ausschau zu halten.

Die Pastoralbriefe lassen auf harte innerkirchliche Konfrontationen schließen – Auseinandersetzungen um die rechte Lehre und Streit um die Struktur der Ekklesia. Vielleicht wählt der Verfasser deshalb mit Vorliebe Metaphern und Motive einer heilen Welt, um sein Kirchen-Ideal zu erhellen: Ein wohlgeordnetes

Hauswesen soll sie sein, eine glückliche Familie, die nach antiker Vorstellung unter der Autorität des Familienvaters steht. Vielen scheint der Preis für diese Harmonie zu hoch, in unruhigen Zeiten hingegen wird man sie zu schätzen wissen – immer eingedenk der geschichtlichen Umstände, unter denen die Pastoralbriefe entstanden sind.

1. Bewahrung der Tradition – Ausgrenzung der Irrlehrer

Die Erinnerung an die große Traditionsleistung der paulinischen Gemeinde-Zeit, so meint der Verfasser der Pastoralbriefe, tut not. Denn er sieht die Kirche seiner Zeit in einer tiefen Krise. Sie wird nicht durch staatliche Verfolgungsmaßnahmen oder zivilen Anpassungsdruck verursacht, auch nicht durch Lethargie und Mittelmäßigkeit, sondern durch Streit um die rechte Lehre. Es geht nicht zuletzt um das rechte Verständnis der paulinischen Theologie. Die Glaubensunsicherheiten sind kaum durch Eindringlinge von außen zustande gekommen, sondern durch interne Entwicklungen (vgl. 2Tim 3,8; Tit 3,9). Es sind namentlich bekannte christliche Lehrer (vgl. 1Tim 1,20; 2Tim 1,15), die sich auf eine besondere »Erkenntnis« berufen (vgl. 1Tim 4,3; 6,20; 2Tim 3,7; Tit 1,16) und Geheimlehren verkünden, die, wie es dem Verfasser scheint, mythologisch affiziert sind (1Tim 1,4; 4,7; 6,20; 2Tim 2,16; vgl. Tit 1,14; 3,9). Diese Lehre setzt sich in einer religiös überhöhten Askese um (1Tim 4,3; Tit 1,15), die aus einer Abwertung der Schöpfung folgt (1Tim 4,1-5). Ein Kernsatz lautet: »Die Auferstehung ist schon geschehen« (2Tim 2,18). In dieser Parole spricht sich nicht das Glaubenswissen um die Gültigkeit der Verheißung aus (wie in Kol 3,1-4), sondern die Überzeugung, durch die Einsicht in die Schlechtigkeit der Welt und durch strenge Tabu-Askese schon im Vollsinn gerettet – nämlich aus der unheilvollen Verstrickung in die Materie herausgelöst und in das Reich der Gottesgnade hineinversetzt – zu sein. Diese Theologie war damals höchst zeitgemäß und modern. Sie hatte das Pathos der religiösen Ernsthaftigkeit, die Kühnheit der Spekulation und den Zauber des Mysteriösen auf ihrer Seite.

Der Verfasser der Pastoralbriefe ist demgegenüber nüchtern und konservativ. *Der* Garant der rechten Lehre ist ihm der wahre Paulus (1 Tim 4,6) mit seinem »Evangelium von der Herrlichkeit des seligen Gottes« (1 Tim 1,11); es handelt vor allem von der gnädigen Rettung der Sünder (1 Tim 1,15; vgl. 2,3f) durch den *Menschen* Jesus Christus, der »sich als Lösegeld hingegeben hat für alle« (1 Tim 2,6). An diesem Grundsatz scheitert alle Weltverneinung, alle Geheimnistuerei, jede Spiritualisierung des Heilsgeschehens.

Nur wenn die Kirche diese »paulinische« Glaubensverkündigung weiterträgt, kann sie in den gegenwärtigen Turbulenzen die Identität des Christlichen bewahren. Davon ist der Verfasser der Pastoralbriefe überzeugt. Wie aber kann diese Voraussetzung erfüllt werden? Seine Antwort: nur wenn berufene Christen, die qualifiziert und von den Gemeinden anerkannt sind (1 Tim 3,13; 5,17), über die Reinheit der Lehre wachen. Die Akzeptanz dieser Amtsträger zu begründen und Kriterien für ihre Auswahl zu benennen, ist das große Thema der Pastoralbriefe. Es steht so sehr im Vordergrund, daß andere Dimensionen des gemeindlichen und kirchlichen Lebens (wie die Vielfalt charismatischer Begabungen und ekklesialer Dienste) weit in den Schatten treten. Das bedeutet aber nicht, daß sie aus dem Blickfeld verschwunden wären. Vielmehr werden die Gemeinden als ganze auf die Bedeutung angesprochen, die das kirchliche Amt für ihre eigene Identität hat, und dazu angehalten, für eine gute Wahl der Amtsträger Sorge zu tragen.

Drei Ämter werden erkennbar. Alle drei haben an der Gemeindeleitung, am Dienst des »Vorstehens«, Anteil (1 Tim 3,5.12; 5,17). Der Verfasser der Pastoralbriefe hebt das Amt des »Bischofs« hervor (griech.: *epískopos*); er soll die Gesamtleitung der Ortsgemeinde innehaben; ihm obliegt vor allem die Glaubensunterweisung (1 Tim 3,2-7; Tit 1,7ff). Dem Bischof sind die »Diakone« (1 Tim 3,8-13) zu- und untergeordnet, Männer und Frauen, die besonders in der Caritas aktiv werden (vgl. Apg 6). Schließlich kennen die Pastoralbriefe »Älteste« (griech.: *presbyteroi)*, die – wie der Bi-

schof – für »Wort und Lehre« Verantwortung tragen (1Tim 5,17-
22; vgl. 4,14; Tit 1,5f). Wie es scheint, will der Verfasser der Pastoralbriefe die Entwicklung fördern, daß einer aus dem Kreis der
Presbyter das Amt des Bischofs übernimmt und damit die Gemeinde nicht mehr nur ehrenamtlich, sondern professionell leitet.
Doch ist dies nur aus indirekten Hinweisen zu erschließen.

Entscheidend für die Amtstheologie der Pastoralbriefe ist
etwas anderes: Es geht um die Sicherung der Glaubensüberliefe-
rung in nachapostolischer Zeit angesichts einer tiefen Glaubenskrise. Die Pastoralbriefe treten dafür ein, daß diese Aufgabe im
Namen der Kirche, also der gesamten Glaubensgemeinschaft, von
einem durch Handauflegung »ordinierten« *Episkopos* übernommen wird (1Tim 5,22), der seinerseits an die apostolische Norm
gebunden ist und in dieser Bindung, so die feste Glaubenszuver-
sicht, kraft des Geistes verbindlich zu lehren versteht. Gewiß birgt
dieses Konzept die Gefahr, daß die Charismen der Gemeindeglieder, besonders auch der Frauen, in den Schatten gestellt werden.
Hier baut die Erinnerung an die ursprünglichen Paulusbriefe eine
Spannung auf, die nicht aufgelöst werden darf, sondern fruchtbar
gemacht werden muß. Aber unabhängig davon: der Einsatz für
einen amtlichen (bischöflichen) Verkündigungs- und Leitungs-
dienst ist eine theologische Leistung der Pastoralbriefe, die ökumenisch nicht trennt, sondern verbindet.[51]

2. Die Kompetenz des Bischofs (1Tim 3,1-7)

Die Pastoralbriefe entwickeln eine Kirchenordnung, die stark
auf das Amt des Bischofs zugeschnitten ist: *Einer* soll der letztver-
antwortliche Gemeindeleiter sein und insbesondere für die rechte Lehre Verantwortung tragen. Desto wichtiger ist dann die
Frage, wer für diesen Beruf qualifiziert ist. Eine Antwort gibt
1Tim 3,1-7:

> [1] *Wenn einer Bischof werden will,*
> *strebt er nach einer guten Aufgabe.*
> [2] *Der Bischof muß untadelig sein,*

der Mann nur einer Frau,

nüchtern, besonnen, integer, gastfreundlich, lehrbegabt,

³kein Trinker, kein Schläger, sondern gütig,

nicht gewalttätig, nicht geldgierig,

⁴ein guter Vorsteher seines eigenen Hauses,

ein Erzieher seiner Kinder zu Gehorsam und Anstand

> *(⁵wenn einer seinem eigenen Haus nicht vorzustehen weiß,*
>
> *wie will er dann die Gemeinde Gottes leiten?),*

⁶kein Neubekehrter,

damit er nicht aufgeblasen dem Gericht des Teufels anheimfällt.

⁷Er muß aber auch einen guten Ruf bei den Außenstehenden
haben,

damit er nicht beschimpft wird

und in eine Falle des Teufels tappt.

Der Anforderungskatalog ist in seiner Nüchternheit womöglich anstößig – ebenso wie die Parallele im Titusbrief (Tit 1,7ff). Kein Wort von überragenden intellektuellen Fähigkeiten, heroischen Taten und asketischen Spitzenleistungen! Vielmehr werden eine Reihe häuslicher und politischer Tugenden genannt, die ähnlich auch in jüdischen, griechischen und römischen Anforderungskatalogen für städtische Beamte oder Vereinsvorsitzende begegnen. Das hat den Pastoralbriefen den Vorwurf einer »Verbürgerlichung« des Christentums eingetragen: Nichts sei mehr von der heiligen Radikalität der Bergpredigt geblieben; statt dessen werde eine prüde Moral der angepaßten Wohlanständigkeit gepredigt – langweilig, patriarchalisch, opportunistisch.

Doch ist dieser Vorwurf gerecht? Gewiß, die Unterschiede zur jesuanischen oder auch zur paulinischen Ethik sind unübersehbar. Aber es gibt auch Gemeinsamkeiten. Der »Tugendspiegel«, den die Pastoralbriefe einem Bischof – wie unmittelbar danach, mit ähnlichen Wertvorstellungen, den Diakonen (1 Tim 3,8-13) – vorhalten, erklärt sich zu einem guten Teil aus der angespannten Glaubenssituation der paulinischen Christengemeinden zu Anfang des 2. Jahrhunderts. Sie brauchen an ihrer Spitze Leiter, auf die sie sich verlassen können: in Fragen des Glaubens wie in Fragen der Moral und der Lebenstüchtigkeit. Solche Menschen stellt ihnen der Tugendkatalog vor Augen – wie sie den antiken Wertmaßstäben entsprechen.

Eine wesentliche Voraussetzung für die Übernahme eines kirchenleitenden Amtes ist die Integrität der persönlichen Lebensführung. Hervorstechende Eigenschaften eines jeden charaktervollen Menschen wie Besonnenheit, Realitätssinn, Güte, Gastfreundschaft, Gewaltlosigkeit, Freiheit von Habgier und Eitelkeit werden in jeder Gemeinschaft gebraucht, die funktionieren soll. Sie sind zumal in einer Gemeinde notwendig, der angesichts starker Auseinandersetzungen daran gelegen sein muß, daß ihr Leiter nicht Gräben aufreißt, sondern zuschüttet oder wenigstens überbrückt. Eine weitere Voraussetzung ist die Bewährung im Privat- und Berufsleben. Dazu gehört für die Pastoralbriefe (der Amts-Zölibat ist unbekannt) selbstverständlich eine gute Ehe und eine verantwortliche Kindererziehung. (Daß der »Bischof« der »Mann nur einer Frau« sein soll, zielt wohl weniger, wie die meisten Kirchenväter gedeutet haben, auf das Verbot einer Heirat *nach* der »Ordination« als auf das Gebot der Monogamie und der ehelichen Treue; daß in 1Tim 3,12 die gleiche Aussage über die Diakone gemacht wird, sollte die gegenwärtige kirchenrechtliche Regelung, die eine Wiederheirat prinzipiell ausschließt, überdenken lassen.) Das Verbot, einen Neubekehrten zum Bischof zu weihen, ist nicht nur eine Warnung vor Karrieretypen, sondern berücksichtigt auch, daß jemand, der gerade erst Christ geworden ist, aller Erfahrung nach kaum schon die nötige Sicherheit und Standfestigkeit gewonnen hat, um in den anstehenden Glaubenskämpfen bestehen oder vor Radikalismen sich hüten zu können.

Besondere Beachtung verdient der letzte Hinweis: daß die Bischöfe auch in gutem Ansehen bei den Nicht-Christen stehen sollen. Es ist dies ein Motiv, das sich – auf alle Christen bezogen – bereits bei Paulus findet (1Thess 4,12; 1Kor 10,32) und in der neutestamentlichen Spätliteratur auch sonst begegnet (Kol 4,5; 1Petr 2,12.15; 3,1.16). Die Pastoralbriefe lassen es immer wieder anklingen, wenn es um Qualitätskriterien für kirchliche Amtsinhaber geht (1 Tim 5,14; 6,1; Tit 2,5.8.10). Der Verdacht der Anbiederung an das heidnische Umfeld liegt nahe, aber er ist falsch. In Wahrheit bezeugt das Motiv zweierlei. *Zunächst,* daß die christliche Gemeinde nicht nur sich selbst lebt, sondern Verantwortung für die nicht-christliche Mitwelt übernimmt. Dazu gehört auch, die »Außenstehenden« nicht durch fromme Rigorismen und Exaltiertheiten vor den Kopf zu stoßen, sondern ihnen durch einen überzeugenden christlichen Lebensstil die Augen für das zu öffnen, was sich in der Christengemeinde wirklich abspielt. *Dann* aber ist vorausgesetzt, daß sich Christen – trotz aller Anfeindungen, die sie zu erdulden haben – den Nicht-Christen letztlich doch in ihrem Glauben, ihrer Hoffnung und ihrer Liebe verständlich machen können: wenn sie die wahren Tugenden ihres Christseins erkennen und nicht mit den Untugenden asketischer Weltverachtung verwechseln.

3. *Das Schweigen der Frauen (1 Tim 2,11-15)*

So beredt der Erste Timotheusbrief für das Amt des Bischofs eintritt, so massiv plädiert er für das Schweigen der Frauen in der Gemeinde (1 Tim 2,11-15):

> *¹¹Eine Frau soll in der Stille lernen, in aller Unterordnung;*
> *¹²zu lehren aber gestatte ich einer Frau nicht,*
> *noch sich über den Mann zu erheben;*
> *sie soll sich vielmehr still verhalten.*
> *¹³Denn Adam wurde als erster gebildet,*
> *danach Eva,*
> *¹⁴und nicht Adam wurde verführt,*
> *sondern die Frau ließ sich zuerst zur Übertretung verführen.*
> *¹⁵Sie wird aber gerettet werden, indem sie Kinder gebiert,*
> *wenn sie im Glauben und in der Liebe und in der Heiligkeit*
>   *bleibt,*
> *mit Verstand.*

Anstößige Worte – vor allem für selbstbewußte Frauen, die glauben, der Kirche vielleicht doch etwas Lehrreiches sagen zu können, aber auch für Männer, die nicht so recht ihre Freude darin finden, daß sich Frauen ihnen still und bescheiden unterordnen sollen. Gleichwohl: dieser Passus aus dem Ersten Timotheusbrief ist für eine breite Tendenz in der frühkatholischen Kirche kennzeichnend. Paulus rechnet noch wie selbstverständlich damit, daß Frauen im Gottesdienst prophetisch reden (1Kor 11,5); er kennt in den Gemeinden seines Missionsgebietes nicht wenige Frauen, die verantwortlich im Dienst der Gemeindeleitung und der Glaubensverkündigung stehen. Namentlich bekannt sind vor allem Priska (Röm 16,3f) und Phoebe (Röm 16,1f), aber auch Junia (Röm 16,7), die allerdings im Lauf der Kirchengeschichte eine Geschlechtsumwandlung zu »Junias« erlebt hat (so auch in der Einheitsübersetzung und der Lutherbibel), weiter Evodia und Syntyche (Phil 4,2f), die freilich zur Eintracht ermahnt werden (wie viele Männer in verantwortlicher Position auch); hinzu kommen die Purpurhändlerin Lydia aus Philippi, die ihr Haus der entstehenden Christengemeinde öffnet (Apg 16,14f.40), und Nympha (Kol 4,15), in deren Domizil die Gemeinde von Laodicea tagt. Wie es scheint, spiegelt sich in dieser *relativ* großen Bedeutung, die Frauen in der Anfangszeit zukommt, eine Grunderfahrung des christlichen Glaubens wider: daß nämlich »in Christus« nicht nur das gesellschaftlich, politisch und religiös vorgegebene Gegeneinander von »Juden und Griechen« sowie »Sklaven und Freien«, sondern auch von »Mann und Frau« überwunden ist (Gal 3,27f).

Gleichwohl zeigt sich in der Geschichte des Urchristentums: je deutlicher sich die Konturen eines kirchlichen Amtes herauszubilden beginnen, desto mehr setzt sich auch die Auffassung durch, nur Männer könnten es innehaben. Das mag sich im Epheserbrief schon andeuten; in den Pastoralbriefen ist der Befund eindeutig. Allerdings ist er zu differenzieren.

Zum einen: der Erste Timotheusbrief setzt voraus, daß auch Frauen als Diakone, um die Caritas besorgt, in der Gemeindeleitung tätig sind (1 Tim 3,11) – eine Praxis, die in der lateinischen Kirche verlorengegangen ist und vielleicht doch wieder zum Leben erweckt werden sollte. Überdies gibt es den Stand der Witwen, die durch ihr Gebet und ihr soziales Engagement eine tragende Rolle in der Gemeinde spielen (1 Tim 5,3-16).

Zum anderen: das Verbot zu lehren bezieht sich allein auf den Gottesdienst, nicht etwa auf die Kindererziehung oder die religiöse Unterweisung außerhalb der Gemeindefeier; das Frauen-Ideal, für das der Autor wirbt, stellt nicht nur eine stille und bescheidene Gattin vor Augen, die sanft und engelsgleich im Haushalt wirkt, sondern auch eine gebildete Jüngerin, die lernt, was es mit dem Evangelium auf sich hat (1 Tim 2,11).

Vor allem aber will der (männliche) Autor auf seine Weise dafür werben, daß die Frauen ihre Fraulichkeit bejahen. Dazu gehört – antiken, besonders jüdischen Vorstellungen gemäß – vor allem ein durch und durch positives Verständnis der Mutterschaft. Während es nach Gen 3,16 zur Strafe für den Ungehorsam Evas im Paradies gehört, daß die Frau »unter Schmerzen« gebiert, ist hier die Geburt von Kindern dem Heil, der endzeitlichen Rettung der Frauen zugeordnet: nicht in dem Sinn, daß nur durch Mutterschaft der Segen Gottes erlangt werden kann, sondern so, daß Frauen gerade *als Frauen und Mütter* ihren Glauben und ihre Liebe leben können und sollen (1 Tim 2,15). Während die Häretiker ihnen die Heirat verbieten (vgl. 1 Tim 4,3) und sie damit zu gewissermaßen geschlechtslosen Wesen machen wollen, meint der Erste Timotheusbrief, daß sie nicht in der Verleugnung, sondern gerade im sittlich geordneten, auf Mutterschaft bezogenen Erleben ihrer Geschlechtlichkeit zur Heiligkeit finden (1 Tim 2,15).

Als Sohn seiner Zeit freilich meint der Verfasser der Pastoralbriefe auch, es gehöre zur Fraulichkeit der Frauen, daß sie sich unterordnen (1 Tim 2,11). Damit ist nicht nur die häusliche Unterordnung unter den Familienvater gemeint, die damals weithin natürlich schien, für die gesellschaftliche Akzeptanz der Christen wichtig war und durch Liebe von blinder Unterwerfung unterschieden werden sollte (Tit 2,4f). Gemeint ist an dieser Stelle vor allem die Bejahung der von den Pastoralbriefen neu entwickelten Gemeindeordnung, die den Frauen die Aufgabe des aufmerksamen, aktiven Hörens auf das zuweist, was der berufene Gemeindeleiter in der Kirche verkündet und lehrt. Das freilich ist nicht nur die Aufgabe der Frauen, sondern aller Gemeindeglieder, auch all jener Männer, die nicht ein kirchliches Amt bekleiden (vgl. 1 Tim 4,6-16; 5,17f).

Es fällt gleichwohl auf, daß der Erste Timotheusbrief gerade den Frauen gebietet, im Gottesdienst zu schweigen (1 Tim 2,11f), und daß er es mit erheblichem Nachdruck tut. Dieses Verbot setzt voraus, daß an der Schwelle vom 1. zum 2. Jahrhundert Prophetinnen und Lehrerinnen durchaus im Gottesdienst das Wort ergriffen haben. Das wird sich vermutlich nicht neuen Emanzipationsbewegungen, sondern der paulinischen Tradition (1 Kor 11,5) verdanken. Diese Praxis will der Autor der Pastoralbriefe allerdings ändern. Sein Lehrverbot einfach als Ausdruck zeitbedingter Frauenfeindlichkeit eines paulinisierenden Kirchenmannes zu verbuchen, wäre zu einfach. Es steht im größeren Zusammenhang einer tiefgreifenden Reform des »paulinischen«, stark charismatisch geprägten Gemeindemodells. Die Pastoralbriefe vertreten die Auffassung, die Kirche ihrer Zeit brauche ein klar strukturiertes Lehramt des bischöflichen Gemeindeleiters, dem sich alle anderen Gemeindedienste unterzuordnen haben. Nur weil für den Autor nach Lage der Dinge ausschließlich Männer als Bischöfe in Betracht kommen, heißt es im Namen des Paulus, eine Frau dürfe nicht lehren, sie müsse sich unterordnen. Weshalb aber sollen Frauen für das Bischofsamt nicht in Frage kommen?

Hilfreich ist ein Seitenblick auf einen Passus, der sich im Ersten Korintherbrief findet, aber vermutlich nicht vom Apostel selbst stammt, sondern nachträglich, etwa zur Zeit der Pastoralbriefe, dem paulinischen Schreiben hinzugefügt worden ist (1 Kor 14,33b-36)[52]:

³³Wie es in allen Gemeinden der Heiligen ist:
³⁴Die Frauen sollen in der Gemeindeversammlung schweigen!
Es ist ihnen nicht gestattet zu reden,
sondern unterordnen sollen sie sich,
³⁵wie es auch das Gesetz sagt.
Wenn sie aber etwas lernen wollen,
sollen sie zu Hause ihre Männer fragen;
³⁵denn es gehört sich nicht für eine Frau,
vor der Gemeinde zu reden.
³⁶Oder ist von euch das Wort Gottes ausgegangen,
oder ist es zu euch allein gelangt?

Warum diese Restriktionen? Der Nachtrag zum Ersten Korintherbrief verweist erstens auf das »Gesetz«, also auf die alttestamentliche und jüdische Tradition, die im Synagogengottesdienst tatsächlich keine aktive Beteiligung von Frauen kennt und das Christentum fraglos beeinflußt hat; zweitens verweist der Text auf das, was »sich gehört«, also auf das, was damals den gesellschaftlichen und kirchlichen Normen zufolge üblich war (vgl. 1Kor 11,13-16). Soweit gibt sich das Lehrverbot von Frauen als zeitbedingte Widerspiegelung gesellschaftlicher und religiöser Rollenvorstellungen zu erkennen. (Die nachgeschobene Begründung in Vers 36 trägt nichts aus; sie könnte nur einen hyperradikalen Feminismus in Korinth treffen, der *ausschließlich* den Frauen Rederecht einräumte – wofür es aber keine Anzeichen gibt.)

Der Erste Timotheusbrief setzt allerdings anders an: bei Adam und Eva. Weil Adam zuerst gebildet worden sei, Eva hingegen sich als erste habe verführen lassen, dürfe die Frau sich nicht »über einen Mann erheben« und müsse sich mit der Rolle des Hörens auf die bischöfliche Lehre begnügen, wie es der Kirchenordnung der Pastoralbriefe entspricht. Daß diese hochtheologische Argumentation sachlich stringent ist, wird man schwerlich behaupten können. Denn weshalb sollte aus der Paradiesgeschichte das Lehrverbot für Frauen im Gottesdienst folgen? Und müßte nicht auch der Mann den Mund halten, da doch schließlich auch Adam von der verbotenen Frucht gegessen hat? Paulus selbst hat einmal im Ersten Korintherbrief zu einer ähnlichen Begründung ausgeholt, als er seine Überzeugung durchsetzen wollte, daß Frauen, wenn sie als Prophetinnen im Gottesdienst reden, ihren Kopf mit einem Schleier bedecken sollen; allerdings hat er dann im selben Text sein großes Argumentationsgebäude Stein für Stein wieder abgetragen, weil er offenbar selbst gemerkt hat, daß es schief war (1Kor 11,2-16).

Der Erste Timotheusbrief hegt solche Bedenken nicht. Das wird damit zusammenhängen, daß er in der Tradition einer Genesis-Exegese steht, die mit unverkennbar patriarchalischer Prägung im Judentum (Sir 25,24) wie im Christentum (vgl. 1Kor 11,8f; Eph 5,21-24) durchaus gängig war, wenngleich sie sich, im Lichte der einschlägigen Schriftstellen (Gen 1-3) und anderer neutestamentlicher Traditionen (1Kor 11,10f) betrachtet, als problematisch erweist. So theologisch also die Begründung für das Lehrverbot von Frauen im Gottesdienst ansetzt, als so zeitbedingt erweist sich die Argumentation.

Mehr noch: zum Ausschluß der Frauen vom öffentlichen Lehren kommt der Verfasser, wie es scheint, nicht eigentlich aus grundsätzlichen Erwägungen, sondern aus praktischen Interessen. Den Anlaß bilden handfeste negative Erfahrungen mit lehrenden Frauen: Der Autor der Pastoralbriefe sieht – zu Recht oder zu Unrecht – die große Gefahr, daß jene Frauen, die er als Gemeinde-Lehrerinnen vor Augen hat, den Gegnern, deren leibfeindliche Ideologie er bekämpft, kein Paroli bieten (2Tim 3,6f). Dieser Gefahr will er begegnen. Deshalb gehen bei ihm der Einsatz für das bischöfliche Lehramt und das Lehrverbot für Frauen zusammen. Der Rekurs auf die Paradieserzählung der Heiligen Schrift hat in diesem Zusammenhang allenfalls eine abstützende, aber keine tragende Funktion.

Der Verfasser der Pastoralbriefe bemüht auf dem Wege der Pseudonymität die Autorität des großen Paulus, um die neue Auffassung durchzusetzen. Wie es scheint, war jene Zurückweisung der Frauen in den Gemeinden des paulinischen Missionsraumes und weit darüber hinaus schließlich konsensfähig; sonst wären die Briefe nicht in den Kanon gelangt. Aber daß sie sich in ihrer Absenderangabe auf Paulus berufen, gibt auch eine Leseanweisung. Was die Pastoralbriefe über die Rolle von Frauen in der Gesellschaft und im Gottesdienst sagen, ist immer im Lichte der paulinischen Theologie zu interpretieren: daß es »in Christus« eine fundamentale Gleichheit von Mann und Frau gibt (Gal 3,28; 1Kor 11,11f).

X.
Erster Petrusbrief:
Haus des Geistes – Asyl der Fremden

Der Erste Petrusbrief gehört nicht gerade zu den bekanntesten Schriften des Neuen Testaments. Seine Ekklesiologie ist aber von ungeahnter Aktualität. Darauf weist schon die Adresse des Schreibens hin[53]: Es richtet sich an die »auserwählten Fremden in der Diaspora von Pontus, Galatien, Kappadokien, Asien und Bithynien« (1Petr 1,1). Die Provinznamen scheinen in eine ferne Landschaft »weit hinten in der Türkei« zu führen – auch wenn es eine Region ist, die zu den am frühesten christianisierten gehört. Doch die Stichworte »Fremde« und »Diaspora« können elektrisieren: Der Erste Petrusbrief spricht nicht die Probleme einer saturierten Volkskirche an, sondern – immer wichtiger für die Kirche des Westens und seit langem von großer Bedeutung für die Kirche des Ostens – jene Fragen, die sich ergeben, wenn die Christen eine Minorität bilden.[54] Diesen Glaubenden, die von der Welt als Fremde angesehen werden, muß die Gemeinschaft der Kirche Asyl gewähren; sie kann es nur, wenn sie ein »geistiges Haus« ist (1Petr 2,5), dazu bestimmt, das Wissen um Gott zu hüten und die Erinnerung an Jesus zu pflegen.

1. Heimat für die Außenseiter

Für das Urchristentum ist die Diasporasituation nicht untypisch, im Gegenteil. Deshalb kommt dem Ersten Petrusbrief Bedeutung weit über den unmittelbar angesprochenen Adressatenkreis hinaus zu. Auch wenn die urchristliche Mission von einer unvergleichlichen Kraft war: In neutestamentlicher Zeit bleiben die Christen eine verschwindend kleine Minderheit. Der Erste Petrusbrief beschreibt präzis jene Probleme, denen infolgedessen viele Christengemeinden ausgesetzt sind. Auf ihnen lastet ein enormer Leidensdruck (1Petr 3,9.14.17f; 4,12ff). Es geht nicht sosehr um Gefahr für Leib und Leben. Märtyrer kennt die Kirche zwar von Anfang an. Doch die Herausforderung für die allermeisten Christen besteht darin, von der Umwelt, den Nachbarn, den alten Freunden, den Arbeitskollegen, den Familienmitgliedern als Christen nicht akzeptiert, sondern angefeindet, verdächtigt, verunglimpft, benachteiligt, ausgegrenzt zu sein (1Petr 3,9.16; 4,14). In einer Kultur, die so stark von religiösen Traditionen geprägt ist wie die antike, nimmt dieser Umstand nicht wunder: Zum Christentum zu konvertieren, heißt, aus dem geheiligten Lebensgefüge der Familie, der Stadt, der Gesellschaft, des Staates auszubrechen und eine Alternative zu wagen, die vielen anderen als Abweg, als Verrat, als illegitime Neuerung erscheint. Durch ihren Lebensstil erregen die Christen bei ihren heidnischen Mitbürgern Anstoß – manche werden neugierig gemacht und angezogen, viele schütteln den Kopf und versuchen, die neue Bewegung einzudämmen. Ein wahrscheinliches Motiv für die Ablehnung spricht der Erste Petrusbrief an, wenn er in 4,4 nicht ohne psychologische Plausibilität, aber mit einer gehörigen Portion stereotyper Polemik formuliert:

Das befremdet sie:
daß ihr nicht mehr mit ihnen mitschwimmt
  im Strom ihrer Heillosigkeit;
deshalb verlästern sie euch.

Es ist der Ausbruch der Christen aus der bisherigen Konvention, der sie durchaus aggressiven Repressionen aussetzt. Wie sollen die Christen reagieren? Sie sind verunsichert und verängstigt (1Petr 3,6.14f); sie können in ihrer Ausgrenzung nur eine große Ungerechtigkeit sehen (1Petr 2,19). Um ihnen in ihrer schwierigen Glaubens- und Lebenssituation zu helfen, schreibt »Petrus« seinen Brief. Sein Rat ist wegweisend – bis heute. Einerseits sieht er offenkundig die Gefahr der Anpassung; dem Opportunismus nachzugeben, hieße, die christliche Identität zu verlieren. Andererseits sieht er aber auch die Gefahr des Rigorismus, der Verhärtung, des Sektiererischen; auch sie bedroht die Identität der Kirche. Der Petrusbrief beschreibt keinen goldenen Mittelweg; er versucht, die Lebenssituation eines aufgezwungenen Fremdseins, einer mißtrauisch beäugten Minorität als Chance authentischen Glaubens zu begreifen: eines Glaubens der Unterdrückten, der Armen, der Benachteiligten, der Leidenden.

Das Wichtigste: die von der Gesellschaft aufgrund ihres Glaubens Ausgegrenzten dürfen und müssen in der christlichen Gemeinde Heimat finden. Die Kirche bietet den Fremden Asyl. Die »Fremden« sind die wegen ihres Glaubens, ihrer Kultur, ihres Lebensstils Marginalisierten: Die Christen allesamt, die der Brief anredet, erleiden diese Fremdheit. Die Ekklesia ist der Ort, da die Erfahrung des Angenommenseins, der Solidarität, der gegenseitigen Unterstützung gemacht werden kann und gemacht werden muß: eine große Herausforderung und eine große Chance urchristlicher Gemeinden. Gastfreundschaft (1Petr 4,9), Mitleid (1Petr 3,8), Barmherzigkeit (1Petr 3,8), Gerechtigkeit (1Petr 3,14) und Gewaltlosigkeit (1Petr 3,4.16), aber auch Ausgeglichenheit (1Petr 3,4), Besonnenheit (1Petr 4,7) und Verläßlichkeit (1Petr 4,8) sind deshalb gefragte Tugenden des Christseins in der Kirche. Doch reicht dies allein bei weitem nicht aus. Ebenso notwendig ist, daß – in gut paulinischem Sinn – die vielen Charismen der Gemeindeglieder gesehen, geachtet, anerkannt, zur Geltung gebracht, gestärkt und gefördert werden (1Petr 4,10f). Das liegt im Interesse der einzelnen Christen und der ganzen Kirche. Und mehr noch: gefragt ist eine gute Glaubensverkündigung, die von den dafür Begabten geleistet werden soll. Der Erste Petrusbrief versucht, selbst zu demonstrieren, was gute Verkündigung ist. Ihre Qualitätsmerkmale sind unübersehbar: einerseits höchstes Niveau, das theologisch nichts verschenkt und keinem schwierigen Thema ausweicht, sondern konzentriert und kompetent zugleich ist; andererseits intensive Kommunikation mit den Gemeindegliedern in ihrer Lebenssituation. Zum Beispiel 1Petr 2,21-25:

²¹Auch Christus hat für euch gelitten
   und euch ein Beispiel gegeben,
damit ihr seinen Spuren folgt.
²²Der »keine Sünde beging
und in dessen Mund keine Lüge gefunden ward« [Jes 53,9],
²³der wurde geschmäht, schmähte aber nicht wieder,
er litt, drohte aber nicht,
sondern übergab seine Sache dem gerechten Richter.
²⁴Unsere Sünden hat er selbst am eigenen Leibe
zum Holz des Kreuzes »hinaufgetragen« [Jes 53,12],
damit wir, tot für die Sünde, für die Gerechtigkeit leben.
»Durch seine Wunden seid ihr geheilt« [Jes 53,5].
²⁵Denn wie umherirrende Schafe [vgl. Jes 53,6] *seid ihr gewesen;*
doch jetzt habt ihr euch dem Hirten zugewandt,
der euer Leben behütet.

Der Text ist gespickt mit Zitaten aus Jes 53, dem Vierten Lied vom Gottesknecht. Diese alttestamentliche Prägung begründet seine Intensität. Seine Sprache ist gesättigt mit der Leidens- und Glaubenserfahrung Israels. Gleichzeitig knüpft sie an älteste christliche Verkündigung an, die den leidenden Gottesknecht in Jesus Christus verkörpert sieht. Vor allem jedoch spricht »Petrus« so vom Leiden Jesu, daß ohne jeden Abstrich an seiner eschatologischen Heilsbedeutung die Menschlichkeit der Passion Jesu sichtbar wird – nicht nur das Vorbildhafte seines Martyriums, sondern auch seine Gewaltlosigkeit, sein Vertrauen auf Gott, seine Bereitschaft, Böses mit Gutem zu vergelten. Jesus in seinem Leiden so zu sehen, ist eine große Glaubenshilfe – nicht nur für die unmittelbar angesprochenen Sklaven, die unter Ungerechtigkeit leiden (1 Petr 2,11-16), sondern für alle Christen, denen Aggressionen entgegenschlagen: Es hilft ihnen, ihr eigenes Leiden, so sehr es Prüfung und Versuchung bleibt (1 Petr 1,6f), doch »in Freude« anzunehmen (1 Petr 1,6; 4,13) – weil es keine Strafe Gottes ist, sondern Schicksalsgemeinschaft mit Jesus, der die Christen in ihrem Leiden seine Nähe, seine Solidarität und Zuwendung spüren läßt.

Auch dies gehört zur Heimat in der Ekklesia: sich selbst wiederfinden zu können in der Evangeliumsverkündigung – aber nicht in der einfachen Bestätigung des Ich-Seins, sondern im Aufweis der Gnadenmacht, die den Glaubenden eine neue Identität in Freiheit schenkt.

2. Die heilige Stätte (1Petr 2,4-10)

Das Haus der Kirche, das der Erste Petrusbrief beschreibt, steht in einer Stadt, die von ökonomischem Fortschritt und sozialen Spannungen geprägt ist, von konkurrierenden Religionen und metaphysischer Unsicherheit, von alltäglichen Aggressionen gegen die Christen und ebenso intensiven wie vagen Hoffnungen auf Erlösung. Wie kann in diesem Umfeld das Haus der Kirche Bestand haben? Wie kann es anziehend werden und Geborgenheit vermitteln? Worin besteht seine Bedeutung? Ein Schlüsseltext ist 1Petr 2,4-10:

> [4]*Geht zu ihm hin, dem lebendigen Stein,*
> *der zwar von den Menschen verworfen,*
> *bei Gott aber auserwählt kostbar ist,*
> [5]*und laßt euch wie lebendige Steine aufbauen,*
> *als ein geistiges Haus:*
> *zu einer heiligen Priesterschaft,*
> *um geistige Opfer darzubringen, die Gott gefallen,*
> *durch Jesus Christus.*
> [6]*Deshalb steht in der Schrift:*
> *»Siehe, ich setze in Zion einen Eckstein,*
> *auserwählt und kostbar,*
> *und wer an ihn glaubt, wird nicht zuschanden«* [Jes 28,16].
> [7]*Euch also gilt die Ehre, den Glaubenden;*
> *denen aber, die nicht glauben,*
> *ist »der Stein, den die Bauleute verwarfen,*
> *gerade er, zum Grundstein geworden«* [Ps 118,22]
> [8]*und »zum Stein des Anstoßes*
> *und Felsen des Ärgernisses«* [Jes 8,14[LXX]];

sie stoßen sich an ihm,
weil sie dem Wort nicht gehorchen,
wozu sie auch bestimmt sind.
⁹Ihr aber seid »das auserwählte Geschlecht,
das Königshaus,
die Priesterschaft,
der heilige Stamm« [Ex 19,6^{LXX}],
das Volk, zu eigen erworben,
auf daß ihr die Ruhmestaten dessen verkündet,
der euch aus der Finsternis
    in sein wunderbares Licht gerufen hat;
¹⁰die ihr einst »kein Volk« wart,
jetzt seid ihr »Gottes Volk« [Hos 1,9],
die ihr »kein Erbarmen« gefunden hattet,
jetzt habt ihr »Erbarmen gefunden« [Hos 1,6].

»Petrus« spart nicht mit großen Worten. Er findet sie in der Heiligen Schrift, im »Alten Testament« (das er nach der Septuaginta [LXX], der griechischen Übersetzung, zitiert). Sie beziehen sich dort auf das Gottesvolk Israel: seine Erwählung zu Gottes Eigentum, seine Kostbarkeit in Gottes Augen, seine königliche Würde und seine priesterliche Aufgabe, das Gotteslob inmitten der Völker anzustimmen. Sie beziehen sich aber auch auf den Treuebruch der Israeliten und Gottes je größere Gerechtigkeit, durch das Gericht hindurch Heil zu schaffen und Erbarmen zu schenken. Diese Attribute überträgt der Autor auf die christliche Gemeinde – nicht, um sie den nicht an Jesus glaubenden Juden abzusprechen, sondern um sie den Juden- und Heidenchristen zuzusprechen. Dank Gottes unvordenklicher Gnadenwahl haben sie durch Jesus einen Zugang zu Gott gefunden, eine begründete Hoffnung und einen festen Glauben (1Petr 1,20f); nicht zuletzt haben sie eine Gemeinschaft gefunden, in der Alte und Junge, Reiche und Arme, Männer und Frauen, Sklaven und Freie in einer Weise zusammenleben können, die deutlich von der heidnischen Gesellschaft absticht: insbesondere, weil das

Grund-Gesetz dieser Gemeinschaft die wechselseitige Anteilnahme und Anerkennung ist[55].

Das Haus der Kirche, in dem sich dieses neue Leben abspielt, ist von Gott selbst errichtet. Die Ekklesia ist ein »Haus des Geistes« – zum einen, weil es Gottes Geist ist, der die Kirchen-Gemeinde den Menschen als Wohn-Haus errichtet, in dem sich leben läßt; zum anderen, weil in diesem Kirchen-Gebäude der Geist *Gottes* die Atmosphäre bestimmt. In einer Umgebung, die bei allem guten Willen durch Umtriebigkeit, Ichsucht und Ablenkung geprägt wird, ist hier der Ort der Konzentration auf das Wesentliche: der Raum, den Sinn für Gott zu schärfen, für das Recht des Nächsten, für die eigene Identität, nicht zuletzt ein Ort für das Gebet, eine Stätte für den Gottesdienst, da nicht nur je einzelne Menschen ihre ganz persönliche Beziehung zu Gott pflegen, sondern eine Gemeinschaft entsteht, die von der gemeinsamen Suche nach Gott geprägt ist.[56]

Weil dies in der Ekklesia – dank Gottes Gnade – wirklich möglich ist, bildet die Kirche einen heiligen Bezirk: nicht im Sinne einer religiösen Tabuisierung, daß nur besonders Geweihte Zutritt hätten und viele Reinheitsriten zu absolvieren wären, bevor Einlaß gewährt wird, sondern im Sinne einer Präsenz des Geistes Gottes mitten in der Welt. Gottes Geist überläßt die Menschen nicht ihrer Alltäglichkeit, er läßt sie nicht in Geschäftigkeit dahintreiben, er schafft ihnen den Raum und die Zeit, um zu Gott, zum Nächsten und zu sich selbst zu kommen. Deshalb gibt es die Kirche; das ist ihre Berufung.

Freilich kommt es darauf an, daß die Christen die ihnen gebotene Chance, Kirche des Geistes zu sein, auch tatsächlich ergreifen. Wie dies gelingen kann, macht der Brief an zwei ganz einfachen und ganz elementaren Bewegungen fest (1Petr 2,4.5):

Geht hin zu ihm ...
und laßt euch aufbauen ...!

Hingehen zu Jesus heißt: ihn kennenlernen, sich mit seiner Person, mit seiner Botschaft vertraut machen, heißt vor allem aber: wahrnehmen, wer er durch seinen Tod und seine Auferstehung in Gottes Augen ist und für die Menschen sein soll. Wo diese Bewegung geschieht, wird die verwandelnde Kraft des Geistes wirksam: Die Christen werden »aufgebaut«. Sie selbst bilden mit ihrem Leben jene Kirche, von deren Bedeutung in der heidnischen Diaspora »Petrus« schreibt.

Wer diese Gnade erfahren hat (an sich oder an anderen) und aus ihr zu leben versucht, weiß von ihr zu erzählen, in Wort und Tat. Das ist der priesterliche Dienst, zu dem die Christen berufen sind. Durch ihre ethische Praxis und ihre Spiritualität, durch ihren Gottesdienst und ihre Diakonie werden die Christen zu lebendigen Zeugen dafür, daß Gott der Welt seinen Segen vermittelt: Selbst gesegnet, können sie ein Segen für die Welt sein, indem sie das Wissen um Gott wachhalten und die Sehnsucht nach Gott spüren lassen. Ihr Amt ist es, inmitten der Welt Anwalt des Geistes zu sein, indem sie das Lob Gottes singen, weil sie seine Gnade am eigenen Leibe erfahren haben.

XI.
Hebräerbrief:
Wanderndes Gottesvolk – Schule des Glaubens

Der Hebräerbrief ist vielen heutigen Lesern verschlossen, weil er das christologische Heilsgeschehen in der Sprache des alttestamentlichen Kultes auslegt: Jesus Christus ist der Hohepriester, der sich selbst opfert und dadurch einen ewigen Bund mit Gott begründet. Diese Kult-Sprache war seinerzeit modern; gegenwärtig wird sie kaum mehr verstanden. Doch darf der erste Eindruck nicht täuschen. *Zum einen* ist die Kult-Theologie ihrerseits von großer Aussagekraft – wenn man sich vor Augen hält, daß sie nicht auf die penible Festlegung heiliger Riten zielt, sondern auf die Klärung des Gottesverhältnisses: Sie sensibilisiert dafür, *wie* Gott seine Gnade den Menschen mitteilt, nämlich ein für allemal durch Jesus Christus; und sie sensibilisiert dafür, *wie* die Glaubenden Zugang zu Gott finden können, nämlich indem sie sich zuversichtlich, ohne Angst, in voller Freiheit von Jesus auf *seinem* Weg zu Gott mitnehmen lassen (Hebr 10,19-25).[57]

Zum anderen ist der Hebräerbrief deshalb relevant, weil er in einer Glaubenssituation, die durch Ermüdungserscheinungen geprägt ist, die Kirche als Gottesvolk auf langer Wanderschaft sieht – einer Wanderschaft, die nicht nur einiges an Energie und Ausdauer verlangt, sondern eine Vielzahl neuer Erfahrungen ermöglicht – so daß der *Weg* des Glaubens zu einer *Schule* des Glaubens wird.

1. Glaubenszweifel – Glaubensstärke

Die Glaubenssituation der Gemeinde, die der Hebräerbrief widerspiegelt, scheint auf eine erstaunliche Weise aktuell.[58] Die Probleme liegen nicht (wie beim Ersten Petrusbrief) in Pressionen durch die Umwelt; sie liegen auch nicht (wie bei den Johannesbriefen) in theologischen Kontroversen; sie liegen vielmehr in einer drohenden Austrocknung des Glaubens. Zwar glaubt man an Gott. Auch das christologische Bekenntnis wird gesprochen.

Überdies müht man sich um eine anständige Lebensführung. Aber die Verbindung des Glaubens mit dem Alltag will kaum noch gelingen – theoretisch vielleicht, praktisch immer weniger. Gewiß wird in der gottesdienstlichen Predigt von der Gnade gesprochen – doch wo und wie sie erfahren werden kann, ist fraglich. Die Gemeinde hat in der Vergangenheit manche Anfeindung erlitten und ausgehalten (Hebr 10,32ff; 12,4-13; 13,3.23). Aber nun muß sie die »Mühen der Ebene« (Erich Loest) bestehen. Das fällt ihr nicht leicht: Lustlosigkeit und Trägheit (Hebr 6,12) breiten sich aus, Ungeduld (Hebr 10,36) und Ängstlichkeit (vgl. Hebr 10,39). Die Christen wissen, daß sie unterwegs sind, solange sie auf Erden leben. Aber der Weg wird ihnen lang (vgl. Hebr 10,36; 12,1f); sie sehen auch nicht mehr deutlich, wo er verläuft (vgl. Hebr 2,1; 3,10). Vor allem scheint die Energie nicht zu reichen: Die Knie sind weich, und die Arme sind schlaff (Hebr 12,12), die Beine beginnen zu stolpern (Hebr 12,13); manche Weggefährten drohen zurückzubleiben (Hebr 4,1) oder sich zu verirren (Hebr 2,1; 3,10). Ein untrügliches Krisensymptom ist der nachlassende Gottesdienstbesuch, den der Autor beklagt (Hebr 10,25).

Was diese Gemeinde braucht, ist klar. Mit Durchhalteparolen ist ihr nicht gedient. Zweckoptimismus wäre verfehlt; Schönfärberei wäre fatal. Auch die Beschwörung der besseren Vergangenheit kann die gegenwärtige Depression nur verstärken. Etwas ganz anderes ist gefragt: den Weg des Lebens als Weg des Glaubens und den Weg des Glaubens als Weg des Lebens sehen zu können – inmitten der gegenwärtigen Schwierigkeiten wieder den Blick freizubekommen für das, was wirklich trägt und Kraft verleiht, was weiterführt und ans Ziel gelangen läßt. Diesen Versuch unternimmt der Hebräerbrief. Er ist eine Schule des Glaubens – nicht in der Form eines ersten Katechismus, der die wichtigsten Glaubensinhalte vor Augen stellt, sondern in der Form eines zugleich tröstenden und mahnenden Glaubens-Wortes (Hebr 13,22), das in einer verständlichen, sachlichen und persönlichen Sprache vorträgt, *was* der Glaube glaubt und *wie* der Glaube glaubt.

Das ist die große Stärke des Hebräerbriefes: auf eine Glaubenskrise weder mit Vorwürfen zu reagieren noch mit dem Herabschrauben des theologischen Niveaus, sondern mit einer neuen Art von Theologie.[59] Die Stärke dieser Theologie liegt nicht etwa darin, den Christen ihre Glaubenszweifel auszureden; sie besteht vielmehr darin, ihnen zu zeigen, wie sie inmitten ihrer Glaubensschwierigkeiten die Nähe Jesu erfahren können – so daß sie nicht, auf sich selbst gestellt, verzweifeln müssen, sondern, mit den anderen Glaubenden in die Gemeinschaft Jesu gestellt, neuen »Mut zum Kirchesein« (Karl Lehmann)[60] gewinnen.

Das Bild der Ekklesia als »wanderndes Gottesvolk«, das die katholische Kirche im Zweiten Vatikanischen Konzil wiederentdeckt hat und das zu einer tiefgreifenden Reform der Kirche zu führen vermag, hat im Hebräerbrief seinen stärksten neutestamentlichen Anhaltspunkt. Es bewahrt davor, die Kirche nur als feste, womöglich erstarrte Institution zu sehen. Es bewahrt insbesondere vor penetranter Selbstsicherheit und Selbstzufriedenheit, den vielleicht größten Untugenden von Christen. Es führt zu heilsamer Unruhe – nicht zu hektischer Betriebsamkeit, aber zu einer spirituellen, theologischen, ethischen Beweglichkeit, die nie die Glaubenswurzeln ausreißt und nie die Glaubenstradition abbrechen läßt, aber immer für die jeweils neuen Glaubensaufgaben der Gegenwart wie der Zukunft offen ist. Unterwegs zu sein – nicht auf lebenslanger Irrfahrt, sondern auf langer Wanderschaft, nicht aus Abenteuerlust, sondern aus Solidarität mit den Zeitgenossen, unterwegs auf einer Zeit-Reise, die den Alltag durchmißt, um schließlich zur himmlischen Ruhe eines ewigen Sabbats zu finden (Hebr 4,1-4): das ist ein Wesensmerkmal des christlichen Glaubens und der christlichen Kirche.

2. Weg-Gemeinschaft im Glauben

Für den Hebräerbrief ist das Christsein ein lebenslanger Weg. Dieser Weg gelangt auf Erden nicht ans Ziel. Dennoch bestimmt er das Leben des einzelnen wie der Gemeinde von Anfang bis Ende. Er führt hinaus aus der Welt der Sünde (vgl. Hebr 11,8.22

mit 13,13) und hinein in die Gemeinschaft mit Gott (Hebr 10,19f; vgl. 13,14). Die Sünde steht im Hebräerbrief für die angestrengte Ichsucht, die scheinbar legitime Verhärtung gegen Gott und den Nächsten (Hebr 3,7-19), die Verführung zum bequemen Opportunismus (Hebr 11,25), das Verspielen der geschenkten Gaben (Hebr 10,26). Vor allem besteht die Sünde in der Verwechslung des Vorläufigen mit dem Endgültigen, des Irdischen mit dem Himmlischen, des Menschlichen mit dem Göttlichen (vgl. Hebr 11,1f). Die Sünde hält sich an das, was sichtbar, greifbar, fühlbar ist – und hält das für das einzig Wahre. Deshalb ist die Sünde Selbsttäuschung und Selbstbetrug (Hebr 3,13; 12,1). Denn (um Antoine de Saint-Exupéry zu zitieren): das Eigentliche ist unsichtbar. Unsichtbar ist vor allem Gott; nur, weil er sich jedem menschlichen Zugriff, jedem Abbildungsversuch entzieht, kann er der »lebendige Gott« sein, der durch das Gericht hindurch das Leben schenkt (Hebr 3,12; 9,14; 10,31; 12,22). Unsichtbar ist aber auch die Hoffnung – weil sie so groß ist, daß sie das sinnlich Wahrnehmbare wie das intellektuell Erkennbare und das unbewußt Erträumbare weit übersteigt und ihren eigentlichen Ort nur in der Vollendung finden kann: im »Himmel«, bei Gott, in seinem Heiligtum.

Der Weg heraus aus der Welt der Sünde ist der Weg hinein die Gemeinschaft mit Gott: der Weg des Glaubens, der Hoffnung und der Liebe (Hebr 10,22ff). Wer diesen Weg geht, so die Verheißung des Hebräerbriefes, findet zur Freiheit und zur Zuversicht, zur Wahrheit und zur Stärke, zur Selbsterkenntnis und zur endgültigen Rettung (vgl. Hebr 10,19-39). Wie aber läßt sich dieser Weg finden?

Die Antwort des Hebräerbriefes ist klar: Entscheidend ist die Orientierung an Jesus. Er geht den Weg voran, der schließlich vor den lebendigen Gott, in das himmlische Heiligtum führt; und sein eigener Weg, den Jesus zu Gott geht, bereitet den Glaubenden ihren Weg. Jesus ist nicht nur »ein großer Hoherpriester, ... der die Himmel durchschritten hat« (Hebr 4,14); er ist eben deshalb auch »ein Hoherpriester, ... der mit unserer Schwachheit«

mitleiden kann, weil er »versucht worden ist in allem wie wir« (Hebr 4,15). Wer auf Jesus schaut, sieht einen Menschen, der leidet (Hebr 2,9) und am »Kreuz der Schande« (Hebr 12,2), am »Pranger« (Hebr 6,6) stirbt. Wer diesen Blick aushält, sieht freilich auch, daß dieser Mensch nicht aufgrund seiner eigenen Schuld stirbt, sondern aus Solidarität mit den Sündern (Hebr 12,3), aus Treue zu seiner Sendung (Hebr 3,1f), im Vertrauen auf Gott (Hebr 12,2), »ohne Sünde« (Hebr 4,15); er sieht einen Menschen, der mit dem Glauben Ernst macht (Hebr 12,2): mit dem ebenso leidenschaftlichen wie überlegten Setzen auf das Gottsein Gottes, auf die Größe seiner Verheißung und die Gewißheit ihrer Erfüllung. Freilich: wer mit den Augen *des Glaubens* auf Jesus schaut, sieht nicht nur einen Menschen, ein großes Vorbild, das Orientierung gibt und Motivation verleiht; er sieht in diesem Menschen vielmehr den Sohn Gottes, den Auferstandenen und Erhöhten, *das* Abbild Gottes (Hebr 1,3), *das* Wort Gottes an die Menschen (Hebr 1,1f). So befreiend es ist, Jesus nachzuahmen, seinem Glauben und seiner Liebe nachzueifern – letztlich würden sich die Christen heillos überfordern, wenn sie ihre Hoffnung auf ihre eigene Imitationsfähigkeit setzen müßten. Tatsächlich sind sie darauf auch nicht angewiesen. Denn sosehr Jesus »in allem seinen Brüdern gleich geworden ist, damit er barmherzig würde und ein treuer Hoherpriester vor Gott, die Sünden des Volkes zu sühnen« (Hebr 2,17), sosehr gehört er doch als himmlischer Hoherpriester auf die Seite Gottes und tritt für die menschlichen Sünder ein (Hebr 7,25). Jesus geht den Weg des Glaubens nicht nur voran; er bereitet diesen Weg und verleiht den Seinen die Kraft, ihn zu gehen. Den Glauben zu lernen, Kirche zu werden, heißt also nach dem Hebräerbrief: sich von Jesus auf den Weg zu Gott mitnehmen zu lassen.

Darin stehen die Christen nicht allein. Sie stehen vielmehr in der Gemeinde mit all denen zusammen, die ihrerseits ihre Hoffnungen und Ängste, ihre Schwierigkeiten und ihre Glücksmomente auf dem Weg des Glaubens haben. Sie dürfen sich an diejenigen erinnern, die bereits vor ihnen jenen Weg gegangen sind:

an die Heiligen (Hebr 12,22ff), besonders an die Märtyrer (Hebr 10,34). Nicht zuletzt dürfen sie sich an Israel erinnern: an die Väter und Mütter im Glauben wie Abraham und Sara, Joseph und Mose, Rahab und die Richter. Eine ganze »Wolke von Zeugen« (Hebr 12,1) umgibt die Christen. Keinem ist auf Erden schon die volle Glückseligkeit geschenkt worden; alle sind durch tiefe Glaubenskrisen geschritten; aber alle haben den Mut nicht sinken lassen, weil sie Gottes Verheißung mehr getraut haben als dem Augenschein – und alle sind inmitten ihrer Schwachheit stark geworden, inmitten ihrer Trauer froh, inmitten ihres Todes lebendig.

XII.
Jakobusbrief:
Solidargemeinschaft im Glauben

Der Jakobusbrief richtet sich an Christen, die als kleine Minderheit leben, verstreut in der Diaspora (Jak 1,1). Ihr Hauptproblem ist ihre innere Unausgeglichenheit. Sie stehen in der Gefahr, ihren Glauben zwar zu bekennen und leben zu wollen, aber nicht wirklich ernsthaft zu praktizieren (vgl. 1,2-18).[61] Die Probleme zeigen sich vor allem im Sozialverhalten. Deshalb sieht es der Verfasser als seine Hauptaufgabe an, den Finger auf die Wunde lieblosen Verhaltens zu legen und die Solidarität der Glaubenden untereinander zu stärken.

1. Sozialarbeit (Jak 2,1-9)

Die Ambivalenz des Gemeindelebens, das der Jakobusbrief anspricht, zeigt sich nicht zuletzt im Sozialverhalten der Christen. 2,1-9 ist ein signifikanter Text:

¹Meine Brüder,
ohne Ansehen der Person lebt den Glauben an Jesus Christus,
unseren Herrn der Herrlichkeit!
²Denn wenn in eure Versammlung ein Mann kommt,
goldberingt und im prächtigen Gewande,
aber auch ein Armer in schäbigen Kleidern eintritt,
³ihr jedoch auf den schaut, der gut angezogen ist, und sagt:
»Du, setz dich hier schön hin!«,
dem Armen indes sagt:
»Du, stell dich dort hin!«,
oder: »Setz dich unten an meine Fußbank!« –
⁴habt ihr dann nicht aus euch selbst heraus geurteilt
und seid Richter aufgrund schlechter Gedanken geworden?
⁵Hört, meine lieben Brüder:
Hat nicht Gott die vor der Welt Armen zu Reichen im Glauben
erwählt

und zu Erben des Königreiches,
das er denen verheißen hat, die ihn lieben?
⁶Ihr aber habt den Armen verachtet.
Sind es nicht gerade die Reichen,
die euch unterdrücken,
und nicht sie es, die euch vor Gericht schleppen?
⁷Sind sie es nicht, die den guten Namen lästern,
der über euch ausgerufen wird?
⁸Wenn ihr aber das königliche Gesetz erfüllt gemäß der Schrift:
»Du sollst deinen Nächsten lieben wie dich selbst!«
    [Lev 19,18],
handelt ihr gut.
⁹Wenn ihr aber auf das Ansehen der Person achtet,
so begeht ihr eine Sünde
und werdet vom Gesetz als Übertreter überführt.

Der Jakobusbrief spricht eine Versuchung jeder Gemeinschaft an: Menschen nicht nach wahrhaft menschlichen Maßstäben zu beurteilen, sondern nach persönlichem Ansehen, nach wirtschaftlichem Erfolg, nach politischer Macht. Diese Versuchung ist in der Kirche besonders stark und besonders gefährlich. Sie ist besonders stark, weil in der christlichen Gemeinde, vor allem während der gottesdienstlichen Versammlung (im Griechischen steht das Wort »Synagoge«) Reiche und Arme, Sklaven und Freie so eng zusammenkommen wie kaum sonst im Leben, wo sie durch Herkunft und Milieu, durch Rollenverteilungen und Bildungsunterschiede recht weit voneinander getrennt sind. Die Versuchung, den Gleichheitsgrundsatz zu verletzen, ist in der Ekklesia aber auch besonders gefährlich, weil die Kirchen-Gemeinschaft dem Denken Vorschub leisten kann, Gott selbst sei es, der die gesellschaftliche Begünstigung einiger weniger und die gesellschaftliche Zurücksetzung sehr vieler Menschen gutheiße. In einem ungerechten Gesellschaftssystem, wie es das Römische Reich ungeachtet all seiner enormen Kulturleistungen gewesen ist, wäre dieser Eindruck verheerend.

Der Autor des Briefes, der in Fragen der Rechtfertigung anders urteilt als Paulus (Jak 2,14-26), ist an diesem Punkt ebenso sensibel und energisch wie der Apostel (vgl. 1Kor 11,17-34): Daß in der christlichen Gemeinde Angehörige ganz verschiedener Gesellschaftsschichten zusammenkommen, ist eine große Chance – die leicht verspielt werden kann. Womöglich gab es einen konkreten Anlaß zu den Mahnungen. Jedenfalls sind weder die Armen noch die Reichen direkt angeredet, sondern jene Gemeindeglieder, die, wohl in verantwortlicher Stellung, sowohl mit vermögenden als auch mit armen Christen zu tun haben. Die Schärfe der Kritik an einer Bevorzugung der Reichen steht in bester jüdischer Tradition (z.B. Sir 35). Der Jakobusbrief argumentiert mit sozialen Gründen: Die Reichen deshalb in der Gemeinde zu hofieren, weil sie reich sind, hieße, den Gesetzen der antiken Gesellschaft Tribut zu leisten, in der die Christen die Reichen und Mächtigen als Unterdrücker erfahren. Noch wichtiger ist jedoch die theologische Begründung; denn es handelt sich um die Gemeinschaft der Kirche, und die Würde einer Person erhellt nur aus dem Blickwinkel Gottes. Das tragende Argument: Gott hat gerade die *Armen* zum Leben der Gottesherrschaft berufen. Die Nähe zur Bergpredigt Jesu, besonders zu den Seligpreisungen (Lk 6,20f par Mt 5,3-10), ist unübersehbar (vgl. Jak 4,9f); unverkennbar ist aber auch, daß der Jakobusbrief von der Armen-Frömmigkeit der Psalmen inspiriert ist. Vor diesem Hintergrund wird die Pointe seiner »Theologie der Armen« deutlich: Gerade die in der Gesellschaft Benachteiligten sind am dringendsten darauf angewiesen, Gottes befreiende Gnade zu erfahren; wenn sie sich in ihrer Armut nicht verhärten, können sie sogar aufgrund ihrer bedrückenden Lebenssituation in besonders intensiver Weise den Glauben als Ausharren in der Bedrängnis und als Hoffnung auf das unverdiente Geschenk der Gnade Gottes leben (vgl. Jak 1,2ff.9-12). In jedem Fall müssen die »Reichen«, die Bevorzugten, Begabten, Erfolgreichen, sehen, daß Gott zwar gewiß ihr ehrliches Bemühen, ihren persönlichen Einsatz, ihre engagierte Arbeit nicht verachtet (vgl. Jak 3,4.7), aber in seiner Barmherzigkeit weder auf Standesunterschiede achtet noch sich auf ein Leistungsprinzip festlegt, sondern seine Gnade schenkt, wo es nötig ist – und immer mehr als genug (vgl. Jak 1,9f); die »Armen« aber, die Unangesehenen, Unterschätzten, Verkannten und Verachteten, können sehen, wie wertvoll sie in Gottes Augen sind.

Die Gemeinde ist der Ort praktizierter Solidarität. Der Jakobusbrief ruft so wenig wie irgendein anderer neutestamentlicher Text zur sozialen Revolte, zum gewaltsamen Umsturz des ungerechten Regimes auf: nicht aus Weltverachtung, sondern aus Realismus angesichts der Erfolgschancen und wohl auch unter dem Eindruck der Gewaltlosigkeit Jesu. Das Leitwort heißt: Nächstenliebe. Wer von der Liebe zum Nächsten sein Handeln bestimmen läßt, löst sich vom Selbstruhm und von Prahlerei (Jak 4,16), von der *Fixierung* auf wirtschaftlichen Erfolg (Jak 4,13ff) und vom selbst auferlegten Zwang, andere Menschen schlechtzumachen oder ihnen nach dem Munde zu reden, um selbst groß dastehen zu können (Jak 4,11f). Wer das »königliche Gesetz« der Nächstenliebe (Jak 2,8) erfüllt, gewinnt ein realistisches Urteil über das, was wirklich wichtig ist und zählt (Jak 4,15). Er versteht, daß vor Gott jeder Mensch dasselbe Lebensrecht hat (Jak 2,9). Vor allem aber gewinnt er Kraft, in der Gemeinde dafür zu arbeiten, daß die Armen eine Gemeinschaft finden, in der sie nicht wegen ihrer gesellschaftlichen Stellung zurückgesetzt, sondern wegen ihrer Berufung durch Gott in vollem Maße anerkannt werden.

2. Krankenpflege (Jak 5,13-16)

Der Jakobusbrief richtet die Aufmerksamkeit seiner Leser, die er in der ganzen Christenwelt seiner Zeit finden will (Jak 1,1), auf die Schwachen, die der besonderen Hilfe bedürfen. So wie der Brief immer wieder Partei für die Armen ergreift, die zusätzlich zu ihrer gesellschaftlichen Diskriminierung nicht auch noch in der Kirche die Benachteiligten sein dürfen, spricht er zum Schluß die Sorge für die Kranken an (Jak 5,13-16):

¹³Leidet jemand unter euch,
soll er beten.
Ist jemand guten Mutes,
soll er Psalmen singen.
¹⁴Ist jemand unter euch krank,
soll er die Ältesten der Gemeinde rufen;
die sollen über ihn beten,
indem sie ihn mit Öl salben im Namen des Herrn.
¹⁵Und das Gebet des Glaubens wird den Kranken retten,
und der Herr wird ihn aufrichten;
und wenn er Sünden begangen hat,
wird ihm vergeben werden.
¹⁶Bekennt also einander eure Sünden
und betet füreinander,
daß ihr Heilung erlangt.

Im Kontext geht es um die Tatkraft des Glaubens – ein durch-
gängiges Thema des Jakobusbriefes. Der Verfasser sieht die große
Gefahr, daß der christliche Glaube sich auf ein Lippenbekenntnis
reduzieren könnte (Jak 2,15ff):

¹⁵Wenn ein Bruder oder eine Schwester nackt sind
und die tägliche Nahrung entbehren,
¹⁶und es sagt ihnen einer von euch:
»Gehet hin in Frieden, wärmt euch und eßt euch satt!«,
gibt ihnen aber nicht, was der Leib braucht –
was nützt das?
¹⁷So ist auch der Glaube, wenn er keine Werke hat;
für sich allein ist er tot.

Immer wieder schärft der Jakobusbrief ein, daß die Echtheit des
Glaubens sich in der Nächstenliebe bewährt – und diese vor allem
dort gefragt ist, wo keine Gegenleistung erwartet werden kann.

Die Sprache dieses tatkräftigen Glaubens ist das Gebet. Wenn
es von echtem Gottvertrauen und wahrer Hilfsbereitschaft getra-

gen ist, bleibt es nicht kraftlos; Elija liefert das biblische Beispiel (Jak 5,17f). Im Gebet finden sowohl das Leiden (Jak 5,13a) als auch die Freude (Jak 5,13b) ihren gemäßen Ausdruck: Wie das Leiden in Gottes Hand gelegt wird, daß er es tragen helfe und nach Möglichkeit verwandle, so wird die Freude aus Gottes Hand empfangen, daß er sie genießen lasse und teilen helfe (vgl. Sir 38,1-15).

Entscheidend ist aber nicht nur das Gebet in eigenem Namen, sondern das Gebet *für* andere. Darum geht es im Falle der Kranken. Daß sie in ihren Schmerzen und ihrer Angst nicht alleingelassen werden, sondern die Aufmerksamkeit der Mitchristen erfahren, tut nicht nur ihnen gut, sondern auch der ganzen Gemeinde: wird sie doch durch die kranken Christen daran erinnert, wem die Heilssorge Gottes vor allem gilt. Der Jakobusbrief scheint bereits einen regelrechten Krankendienst der Gemeinde zu kennen. Er obliegt keinen geringeren als gerade den »Ältesten«, den Leitern der Gemeinde. Ihre Aufgabe ist es, zu den Kranken zu gehen. Was sie dort tun sollen, hat sich in späteren Zeiten zur Praxis der Krankensalbung entwickelt, die nach katholischer Lehre sogar sakramentale Dignität hat.[62] Entscheidend ist das Gebet für den Kranken: Die Presbyter sollen »über ihn« beten; d.h. sie sollen seiner im Gebet gedenken, seine Anliegen, seine Sorge, seine Bitten vor Gott tragen: ein Akt spiritueller Solidarität. Dieses Gebet richtet sich an Gott als den Schöpfer und Erhalter des Lebens, letztlich an den totenerweckenden Gott (Jak 5,15), der seine Macht über Leben und Tod nicht zum Schaden, sondern zum Heil der Menschen einsetzt, schon im irdischen Leben und erst recht über die Grenze des Todes hinaus. Das Gebet ist durch eine symbolische Handlung geprägt: die Salbung mit Öl »im Namen des Herrn«. Der Ritus ist uralt. Das Heil-Öl tut dem Leib des Kranken gut; die Salbung ist ein zärtlicher Körperkontakt, eine intime Geste des Berührens, ein hautnaher Liebeserweis, der gleichfalls wohltut. Kennzeichnend ist freilich, daß die Salbung »im Namen des Herrn« geschieht. Das läßt nicht nur die Erinnerung an den Wundertäter und Krankenpfleger Jesus wach werden

(Mk 2,17) und meint auch nicht nur, daß die Presbyter in seinem Auftrag handeln, sondern überträgt die Heil-Kraft Jesu auf die Kranken: Ihnen wird der Segen Jesu zuteil, wie es Gottes Heilswillen entspricht.

Wort und Zeichen gehören untrennbar zusammen. Wie die Salbung ohne die Fürbitte ein stummer Ritus sein könnte, so die Fürbitte ohne die Salbung leeres Gerede. Wie das Gebet den Blick des Kranken und seiner Besucher auf Gott richtet, von dem alles Leben kommt, so symbolisiert die Krankensalbung die Zuwendung Gottes zu dem, der seiner Hilfe so dringend bedarf. Der Satzbau des griechischen Textes macht es klar: Die Salbung tritt nicht als äußeres Zeichen zum Fürbittgebet hinzu, vielmehr artikuliert sich das Gebet in der Salbung wie die Salbung sich als Gebet vollzieht.

Der Jakobusbrief ist vom Vertrauen auf die Wirksamkeit der Krankensalbung durchdrungen: Gott wird die Bitte nicht unerhört lassen; er wird die Krankheit heilen, wie er die Sünden vergeben wird, die ihm bekannt werden. Mag der therapeutische Effekt auch nicht in einer Verbesserung des augenblicklichen Gesundheitszustandes bestehen – der Jakobusbrief ist von der Hoffnung bestimmt, daß Gott die Menschen noch im Tode nicht verläßt, sondern denen, die ihn lieben, in sein vollendetes Reich einziehen läßt (Jak 2,5).

Die Krankenpflege, zu der die »Ältesten« als Vertreter der ganzen Gemeinde aufgerufen sind, ist ein Dienst an Leib und Seele. Ihn zu leisten, steht in der Tradition Jesu: Sein eigenes Wirken als Arzt der Kranken (Mk 2,17), wie es sich in seinen Heilungswundern und Dämonenaustreibungen machtvollen Ausdruck verschafft hat, ist für seine Jünger verpflichtend, wie es nicht zuletzt das große Gleichnis vom Weltgericht ausdrückt (Mt 25,36):

Ich war krank, und ihr habt mich besucht.

Wie Jesus sich mit den Kranken identifiziert, letztlich als der gekreuzigte Schmerzensmann, so gehört die Sorge für die Kranken zu den Echtheitsproben des Glaubens und den Wesensmerkmalen der Kirche.

XIII.
Johannesevangelium und Erster Johannesbrief: Freundeskreis Jesu

Wie bei Markus fällt bei Johannes das Stichwort »Kirche« kein einziges Mal. Dennoch ist die Glaubensgemeinschaft ein wichtiges Thema der johanneischen Schriften. Den Vierten Evangelisten interessiert vor allem eines: die Qualität der Beziehung zu Jesus und der Beziehungen der Gemeindeglieder untereinander. Das ekklesiologische Leitmotiv ist »Freundschaft« – Freundschaft der Glaubenden untereinander, vor allem aber Freundschaft mit Jesus.

1. »Ihr seid meine Freunde« (Joh 15,12-17)
Die ekklesiale Dimension des johanneischen Glaubens deckt nicht zuletzt die Abschiedsrede Joh 15 auf:

[12]Dies ist mein Gebot:
daß ihr einander liebt, so wie ich euch geliebt habe.
[13]Eine größere Liebe hat keiner,
als wer sein Leben gibt für seine Freunde.
[14]Ihr seid meine Freunde,
wenn ihr tut, was ich euch gebiete.
[15]Ich nenne euch nicht mehr Sklaven,
weil ein Sklave nicht weiß, was sein Herr tut.
Euch aber habe ich Freunde genannt,
weil ich euch alles bekannt gemacht habe,
was ich von meinem Vater gehört habe.
[16]Nicht ihr habt mich erwählt,
sondern ich habe euch erwählt,
daß ihr fortgeht und Frucht bringt und eure Frucht bleibt,
damit der Vater euch gibt,
was immer ihr ihn in meinem Namen bittet.
[17]Das gebiete ich euch: daß ihr einander liebt.

Jesus zum Freund zu haben und in der Freundschaft mit Jesus zur Jüngerschaft zusammenzufinden – der Abschiedsrede Joh 15 zufolge ist dies das Wesensmerkmal der Christen: eine große Verheißung, damals wie heute. Jene Rede, die wohl nicht zum ursprünglichen Text des Evangeliums gehört, sondern aus dem Schülerkreis des Evangelisten stammt, nimmt mit ihrer Freundschaftstopik ein Leitmotiv des gesamten Evangeliums auf.[63] Jesus hält die Abschiedsreden (Joh 14-16), um die Jünger auf die Zeit nach seinem Tode vorzubereiten: Was bleibt, wenn er zum Vater geht? Woran können sich die Jünger halten, wenn Jesus ihren Augen entschwindet? Wie können sie leben, wenn Jesus stirbt?

In der Antwort auf diese Fragen gewinnt das »Testament« Jesu Profil. Was bleibt, wenn Jesus zum Vater geht, ist nicht nur die Erinnerung an einen beeindruckenden Lehrer, einen großen Wundertäter, einen vorbildlichen Märtyrer; es »bleibt« vielmehr Jesus selbst bei ihnen (Joh 15,4.5): als derjenige, der sie liebt und der als Erhöhter die Kraft hat, ihnen die Liebe Gottes dauerhaft und endgültig zu vermitteln (Joh 15,9). Woran sich die Jünger halten können, wenn Jesus ihren Augen entschwindet, ist nicht nur sein zu Lebzeiten gesprochenes Wort, das sie bereits »rein« gemacht hat (Joh 15,3), frei und offen für Gott; es hält sie vielmehr der Geist, den Jesus ihnen vom Vater sendet: als der »Geist der Wahrheit« (Joh 15,26), der ihnen die ganze Lebensfülle des Wirkens Jesu, seines Todes und seiner Auferweckung (vgl. Joh 10,10) erschließt.

Daraus ergibt sich, wie die Jünger leben können, wenn Jesus stirbt: Sie leben aus der Gabe, die Jesus selbst ist – zuhöchst in jenem Tod am Kreuz, der die Jünger zutiefst irritiert, weil er den endgültigen Abschied Jesu von den Seinen zu bedeuten scheint. Während sie, menschlich nur allzu verständlich, den Verdacht haben, Jesu lasse sie mit seinem Weggang zum Vater im Stich, er setze sie ganz allein der feindlichen Welt aus (Joh 15,18-25), kommt es darauf an, diesen Weg Jesu an das Kreuz als einen letzten, größten, nicht mehr zu steigernden Freundschaftsdienst zu verstehen, den Jesus ihnen leistet: Jesu Tod ist *der* Liebesbeweis, weil er auf Golgotha, an einem Ort unendlich großen menschlichen Leidens, die unendlich große Güte Gottes bezeugt, den Menschen das ewige Leben zu schenken.

Daß Joh 15 von der Freundschaft der Jünger mit Jesus als dem Inbegriff ihres Christseins und Gemeindeseins spricht, ist zwar faszinierend, im Grunde aber ganz unmöglich. Die Antike denkt hoch von der Freundschaft; ausgezeichnet durch Verläßlichkeit und Hilfsbereitschaft, durch Lebens-Gemeinschaft und Freiheit, ist sie ein wertvolles sittliches Gut. An dieses Ethos knüpft Johannes an: Jesus zum Freund zu haben, heißt, ihn als einen Menschen zu sehen, der die anderen nicht mit seiner Größe einschüchtert und unterdrückt, sie nicht versklavt (vgl. Joh 15,15), sondern treu und solidarisch mit dem Einsatz seiner ganzen Person an ihrer Seite steht, ihr Leben teilt, ihnen Anteil an seinem Leben gibt. Indem aber Jesus diese Freundschaft jedem einzelnen seiner Jünger schenkt, fügt er sie gleichzeitig zu einer Freundes-Gemeinschaft zusammen.

Allerdings: Freundschaft kann es eigentlich nur unter Gleichen geben; nach antikem Denken ist die Freundesliebe auf Gegenseitigkeit angelegt. Davon kann im Falle Jesu jedoch keine Rede sein: Er ist der Sohn Gottes; die Jünger sind schwache Menschen. Ginge es nach den allgemein gültigen Maßstäben, müßten die Jünger »Sklaven« Jesu sein: Es gäbe für sie nur bedingungslosen Gehorsam gegenüber dem Repräsentanten Gottes auf Erden. Doch diese gängigen Maßstäbe setzt Jesus außer Kraft. Gewiß, die Jünger sind nicht seine gleichberechtigten Partner. Die Initiative liegt ganz bei ihm, dem »Rabbi« (Joh 1,38). Sie erwählen nicht ihn – er erwählt sie. Aber er wählt sie zu seinen Freunden: Seine Lebenshingabe hat die Kraft, den unendlich großen Unterschied zwischen dem Gottessohn, der zum Vater zurückgeht, und den Menschen, die auf der Erde bleiben, nicht trennend, demütigend, tötend, sondern verbindend, erhebend, lebenspendend werden zu lassen. Indem die Jünger Jesus als ihren Herrn bekennen, erfahren sie ihn als ihren Freund; und indem sie ihn als ihren Freund bejahen, wissen sie ihn als den Sohn Gottes.

Jüngergemeinde aus der von Jesus gewährten Freundschaft heraus zu sein, heißt, sich gemeinsam von seiner Treue gehalten zu wissen und in seiner Freiheit zu leben. Die Konsequenz kann nur darin bestehen, die erfahrene Freundesliebe weiterzugeben. Deshalb das Liebesgebot. Nicht daß die jesuanische Feindesliebe auf die Bruderliebe eingeschränkt werden soll, ist die Pointe, sondern daß jene Freundschaft, die Jesus den Jüngern erweist, ihr Denken und Verhalten bestimmt.

2. »Sieh, dein Sohn ... sieh, deine Mutter« (Joh 19,26-30)
Während die Synoptiker Jesus einsam und verlassen am Kreuz sehen, stehen nach Johannes die Mutter und der Lieblingsjünger Jesu unter dem Kreuz: eine Ikone, die das Entstehen der Kirche darstellt (Joh 19,25-30)[64]:

25Es standen aber beim Kreuz Jesu seine Mutter und die
Schwester seiner Mutter, Maria, die Frau des Klopas,
und Maria von Magdala.
26Als Jesus nun seine Mutter sah
und bei ihr den Jünger, den er liebte,
sagt er seiner Mutter:
»Frau, siehe, dein Sohn.«
27Danach sagt er dem Jünger:
»Siehe, deine Mutter.«
Und von Stund an nahm sie der Jünger zu sich.
28Danach, weil Jesus wußte, daß schon alles vollbracht war,
sagt er, damit die Schrift vollkommen erfüllt würde:
»Mich dürstet«.
29Es stand ein Gefäß da, voll mit Essig;
sie steckten einen Schwamm voll Essig auf ein Ysoprohr
und hielten ihn an seinen Mund.
30Nachdem Jesus den Essig genommen hatte, sagte er:
»Es ist vollbracht.«
Dann neigte er das Haupt und übergab den Geist.

Im Kreuzestod erfüllt sich Johannes zufolge der Sinn der Sendung Jesu. Die große Aufgabe des Gottessohnes besteht darin, den Menschen, die mehr als das Licht die Finsternis lieben (Joh 1,5.10f; 3,19), zu offenbaren, wer Gott ist (Joh 1,18) und auf diesem Wege Glaubensgemeinschaft zu stiften (Joh 8,12). Dieses Werk ist auf Golgotha »vollbracht« (Joh 19,30). Denn das Kreuz deckt einerseits auf, wie groß der Widerstand gegen Gottes Gnade in der Menschen-Welt ist (vgl. 12,31ff), und zeigt andererseits noch viel mehr, wie groß die Liebe Gottes zur Welt ist, indem er ihr seinen eingeborenen Sohn gibt (Joh 3,16), und wie groß wiederum die Liebe Jesu zu den Seinen, indem er ihnen den Sklavendienst der Fußwaschung leistet, der ihnen Anteil an Gottes Leben verleiht (Joh 13,1-11).

Um die Heilsbedeutung des Kreuzestodes Jesu herauszuarbeiten (vgl. Joh 19,34 mit 7,37ff), deutet Johannes auch dessen ekklesiologische Relevanz an. Dies geschieht in den Worten, die Jesus an seine Mutter und seinen Lieblingsjünger richtet. Es sind die ersten Worte, die Jesus am Kreuz spricht. Sie verstehen sich als Ausdruck der Fürsorge für seine Mutter.[65] Die Lage einer alleinstehenden Frau, deren einziges Kind stirbt, ist prekär; wenn der Sohn gar gekreuzigt wird, ist ihre persönliche und soziale Lage schier unerträglich. Die zurückbleibende Mutter ist auf Unterstützung angewiesen; der Vertraute Jesu soll sie ihr gewähren.

Doch darf Jesu Wort nicht nur psycho-sozial verstanden werden. Es ist ein heilsmittlerisches Wort. Sein theologischer Sinn leuchtet ein, wenn beachtet wird, wie Maria und der Lieblingsjünger im Vierten Evangelium gezeichnet werden.[66] Sie sind nicht nur individuelle Persönlichkeiten, sie haben zugleich eine typologische Dimension. Wie die Kana-Episode (Joh 2,1-11) zeigt, ist Maria diejenige, die, weil sie um den Mangel der Hochzeitsgesellschaft an gutem Wein weiß, Jesus um Abhilfe bittet, sich seine Zurecht-Weisung gefallen läßt und zum gehorsamen Befolgen seines Wortes anhält. Das macht sie zur vorbildlich Glaubenden. Als solche steht sie unter dem Kreuz.

Der Jünger hingegen, »den Jesus liebte«, ist seinem Herzen am nächsten (Joh 13,23); er weiß ihn so zu fragen, daß er über das Geheimnis seines Leidens Auskunft gibt (Joh 13,24ff); er folgt ihm in der Stunde der Passion so weit nach, wie es nur irgend geht (Joh 18,15f); er versteht als erster, was das leere Grab bedeutet (Joh 20,1-11). Die johanneische Gemeinde sieht in ihm die prägende Gestalt ihrer Geschichte: denjenigen, dem sie die Erinnerung an Jesus und die Einsicht in das Geheimnis seiner Person verdankt (vgl. 19,35). Als solcher steht er unter dem Kreuz.

Diese beiden also führt Jesus vom Kreuz her zusammen: die Repräsentantin all derer, die bei Jesus das Heil suchen und ihn im Vertrauen auf Erhörung um die Gabe ewigen Lebens bitten, und den berufenen Vermittler der Jesus-Tradition in die nachösterliche Zeit, den qualifizierten Zeugen, der die johanneische Gemeinde mit Jesus verbindet (vgl. 21,2-8.20-24). Dieser Jünger soll nach Jesu letztem Willen Maria bei sich aufnehmen – und mit ihr all jene, die nach Jesus fragen und seinem Willen gehorchen wollen.

Das aber bedeutet: Die beiden Worte Jesu haben eine ekklesiologische Pointe; sie sind für Johannes ein kirchenstiftender Akt. In den beiden Gestalten der Mutter und des Lieblingsjüngers Jesu prägt sich die Gemeinschaft der Glaubenden vor, die auf Jesus hört und von Jesus erzählt. Die Kirche gründet im Kreuz.

3. Die Macht der Liebe (1Joh 3,1-3)

Der Erste Johannesbrief entsteht in einer äußerst heiklen Situation. So anspruchsvoll die Theologie ist, die im Evangelium zur Sprache kommt, so hoch die Gedanken fliegen und so tief die Einsichten des Glaubens sind – die johanneische Gemeinde hat dies vor einer schweren Zerreißprobe nicht bewahrt.[67] Selbst zur Kirchenspaltung ist es gekommen. Das Johannesevangelium wird gerade mit seiner geistvollen Christologie zum Anlaß und Gegenstand des Streits. Der Verfasser des Briefes, einer johanneischen Schule zugehörig, setzt sich mit Gegnern auseinander, die sich gleichfalls auf den Evangelisten berufen (vgl. 1Joh 2,19), aber charakteristische Züge seiner Christologie überspitzen, aus dem Zusammenhang reißen und dadurch verfälschen: Sie nehmen kaum mehr die wirkliche *Fleisch*werdung des Gottessohnes (Joh 1,14; 1Joh 1,1-4) wahr (vgl. 1Joh 4,2f); sie relativieren, daß *Jesus*, der Mann aus Nazareth (vgl. Joh 1,45f), der Christus ist (vgl. 1Joh 2,22f); und sie haben womöglich auch die Identität des Erhöhten mit dem Gekreuzigten (Joh 20,27) nicht mehr wirklich geglaubt (vgl. 1Joh 5,6). Ungewollt machen sie Jesus dadurch zu einer mythologischen Figur. Sie verkennen aber auch sich selbst: Sie geben sich der Illusion hin, durch ihren Glauben im Grunde schon der Welt des Sündigens entzogen zu sein (1Joh 1,8). Gleichzeitig jedoch spalten sie die Gemeinde. Wie es der Erste Johannesbrief sieht (seine Gegner kommen ja nicht selbst zu Wort), disqualifizieren sie sich dadurch, daß sie den rechtgläubigen Christen die Liebe verweigern (vgl. 1Joh 2,9): die geistliche Gemeinschaft, die solidarische Hilfe, das tröstende Wort (vgl. 1Joh 3,17).

Der Schock dieser Sezession sitzt tief. Die johanneische Gemeinde, die doch wohl vom Gefühl einer geistigen Überlegenheit gegenüber anderen urchristlichen Gruppen bestimmt gewesen ist (vgl. Joh 20,1-10), macht die bittere Erfahrung, gerade in dem theologiegeschichtlich höchst bedeutsamen Moment, da sie ihre Stimme in weiteren Kreisen des Urchristentums zu Gehör bringen kann, innerlich zu zerbrechen, während die Gräben zum Judentum immer tiefer werden. Gefragt ist zweierlei: zum einen die ebenso nüchterne wie klare Rückbesinnung auf das, was das Evangelium wirklich von Jesus schreibt; zum anderen die Vergewisserung, was die Zugehörigkeit zu den wahrhaft Glaubenden, zur Gemeinde der »Brüder« in Wahrheit bedeutet. Beides leisten christliche »Lehrer«, die das Evangelium verkünden, verteidigen und bezeugen (1Joh 2,18f).

Sie haben vor allem das Verdienst, die johanneische Theologie – mit charakteristischen Verschiebungen – noch einmal auf dem hohen Niveau des Evangelisten zur Sprache zu bringen: besonders, indem sie das Christusgeschehen insgesamt, von der Präexistenz über die Inkarnation und den stellvertretenden Sühnetod bis zur Auferweckung, Erhöhung und Parusie, als *das* Ereignis der Liebe Gottes thematisieren (1Joh 4,8.16). In diesem theologischen Horizont leisten sie auch die ekklesiologische Reflexion. Hier spielt 1Joh 3,1-3 eine wichtige Rolle:

> *[1]Seht, welch große Liebe uns der Vater geschenkt hat,*
> *damit wir Kinder Gottes heißen – und wir sind es.*
> *Deshalb erkennt die Welt uns nicht,*
> *weil sie ihn nicht erkannt hat.*
> *[2]Ihr Lieben, jetzt sind wir Kinder Gottes,*
> *und noch ist nicht offenbar, was wir sein werden.*
> *Wir wissen:*
> *Wenn es offenbar wird,*
> *werden wir ihm ähnlich sein,*
> *weil wir ihn sehen werden, wie er ist.*
> *[3]Und jeder, der diese Hoffnung auf ihn setzt,*
> *heiligt sich selbst,*
> *so wie jener heilig ist.*

Entscheidend ist der Zusammenhang zwischen der Vater-Liebe Gottes und der Gottes-Kindschaft der an Jesus Glaubenden. Dieser Zusammenhang wurzelt im Christusgeschehen. Gott ist vor aller Zeit der Vater Jesu; Jesus ist von Anbeginn der Sohn Gottes (1Joh 4,9). Eben diese Liebe schenkt aber der Vater durch den Sohn der Menschen-Welt (1Joh 2,2), um sie von der Sünde (1Joh 2,1f.12; 4,10), d.h. von der Ungerechtigkeit (1Joh 1,9), von der Lüge (vgl. Joh 1,10), vom Haß (Joh 3,12f) zu befreien. Diese Befreiung geschieht durch den stellvertretenden Sühnetod Jesu (1Joh 2,2; 4,10), durch den Gott sich als reine Liebe offenbart, als pure Kreativität, indem er aus dem Tod das Leben hervorgehen läßt.

Wer dieses Heilsgeschehen wahr-haben will – wer es annimmt, bekennt und daraus lebt – der wird wie neu geboren; er wird zu einem neuen Menschen. Er realisiert, daß der Ursprung seines Lebens nicht in ihm selbst liegt, sondern ihm von Gott gegeben wird: Wer in jene Gemeinschaft mit Gott hineingenommen wird, die Jesus vermittelt und deren Wesen Liebe ist (1Joh 4,16), der ist aus Gott »geboren« (1Joh 4,4.6; 5,1f; vgl. Joh 1,12f; 3,3ff). Hier liegt der genaue Sinn der Rede von der Gotteskindschaft der Glaubenden. Der Johannesbrief greift auf das jesuanische Motiv der »Familie Gottes« zurück (Mk 3,31-35), um es in ganz charakteristischer, typisch johanneischer Weise zu interpretieren. Liegt die synoptische Pointe in der Zugehörigkeit der Jünger Jesu zur Segens-Gemeinde der Gottesherrschaft, so die johanneische im Wandel der Gottesbeziehung und der darin begründeten Verwandlung des Menschen selbst: Im Glauben erfährt er seine wahre Identität als Kind Gottes.

Diese Glaubenserfahrung hat Konsequenzen. Wer Kind Gottes ist, wird erlöst – vom Selbstbetrug (1Joh 1,10) wie vom unseligen Rivalitätsdenken, dessen katastrophale Folgen am Beispiel des Brudermörders Kain illustriert werden (1Joh 3,12f). Gleichzeitig kann er die neue Wirklichkeit seines wahren Lebens nur dann erfahren, wenn er selbst liebesfähig ist. Die Bruderliebe ist die Probe aufs Exempel, ob jemand wirklich glaubt (1Joh 2,4); zugleich ist Liebe zu schenken die einzige Möglichkeit, die geschenkte Liebe Gottes auch selbst zu erfahren (1Joh 2,5). Wo dies geschieht, bildet sich Kirche – nicht nur dem Namen, sondern dem Geiste nach.

XIV.
Offenbarung des Johannes:
Widerstandszelle und Freiheitsbewegung

Der Prophet Johannes (Offb 1,1), der aus der politischen Verbannung auf der Insel Patmos (Offb 1,9) an sieben Gemeinden
Kleinasiens seine prophetischen Worte richtet, setzt sich mit einer
neuen Gefahr für die Christen auseinander, die er am Horizont
aufkommen sieht: dem römischen Kaiserkult. Widerstand zu leisten gegen die Zumutung, den Imperator als Gott zu verehren,
und Freiheit zum Glauben zu gewinnen sind die Leitlinien authentischer Kirchlichkeit nach der Johannes-Apokalypse.

1. Die Versuchung der Angepaßten –
die Zumutung des Glaubens

Kleinasien ist jene Region, die früher und intensiver als andere die quasi-göttliche Verehrung der politischen Herrscher, speziell dann der römischen Cäsaren, forciert hat. Gegen Ende des 1.
Jahrhunderts spitzt sich die Lage zu. Zwar ist vor einer Dramati-
sierung zu warnen; eine systematische Christenverfolgung durch
staatliche Organe hat es nicht gegeben, schon gar nicht eine zentrale Steuerung aus Rom. Dennoch scheint es so, daß der Kaiser
Domitian (81-96), der zur Zeit der Johannes-Apokalypse regier-
te, nicht nur persönlich mehr als seine Vorgänger Wert auf die An-
rede »unser Herr und Gott« *(dominus ac deus noster)* gelegt hat
(Sueton, Domitianus 13,2), sondern auch mit seinem Wunsch auf
Verehrung als Gottheit bei den lokalen Potentaten in Kleinasien
auf besonders offene Ohren gestoßen ist. Das gesamte gesellschaftliche und politische Leben ist zutiefst durch den griechisch-
römischen Götterglauben geprägt; daß der Kaiserkult größeres
Gewicht gewinnt, ist politisch brisant, da eine enge Verbindung
zwischen den Opfern für die römischen Staatsgötter, der kultischen Verehrung des Kaisers und dem Wohlergehen des römischen Staates hergestellt wird. In Ephesus, der Hauptstadt Kleinasiens, wird zur Zeit der Johannes-Offenbarung im Kaisertempel

ein etwa fünf bis sieben Meter hohes Standbild Domitians aufgestellt – Zeichen für forcierte Propaganda, die leicht in Militanz umschlagen konnte und augenscheinlich hier und da auch umgeschlagen ist.

Wer die Apokalypse des Johannes liest (und etwa mit dem Ersten Petrusbrief und dem lukanischen Doppelwerk vergleicht), gewinnt den Eindruck, daß auf die kleinasiatischen Christen vermehrt Druck ausgeübt wird, ihren kultischen Pflichten nachzukommen, die zugleich als ihre staatsbürgerlichen gelten. Dieser Druck geht von den Nachbarn, Kollegen und Familienangehörigen aus; er führt zu Verdächtigungen und Denunziationen, die offenbar bei den lokalen Verwaltungs- und Strafverfolgungsbehörden, besonders der Priesterschaft, auf geneigte Ohren stoßen. Den kleinasiatischen Christen fehlt rechtlicher Schutz: Sie werden auch in heidnischen Augen deutlich genug von den Juden unterschieden und können deshalb nicht mehr am (teuer erkauften) jüdischen Privileg partizipieren, vom Staats- und Kaiserkult befreit zu sein. Die Konsequenzen der Verweigerung des Opferdienstes aber sind hart: Zwar hat man offenbar nicht immer sogleich das Martyrium zu befürchten, wohl aber harte ökonomische, soziale und juristische Sanktionen (vgl. 2,10.13). Die Vermutung liegt nahe, daß die Verbannung des Sehers nach Patmos eine solche Zwangsmaßnahme gewesen ist.

Wie sollen die Christen in dieser Lage reagieren? Die Meinungen gehen auseinander! Wer die sieben Sendschreiben liest, gewinnt den Eindruck, daß nicht wenige Christen durchaus wissen, was die Stunde geschlagen hat (Offb 2,9f.13.19.24f; 3,4.8-11), anderen aber die Größe der drohenden Gefahr gar nicht bewußt ist: Sie haben in ihrem Eifer nachgelassen (Offb 2,4f), ihr Glaubensleben ist klinisch tot (Offb 3,1ff), sie sind weder kalt noch heiß, sondern lau (Offb 3,15-20). In einzelnen Gemeinden, besonders in Pergamon (Offb 2,12-17) und Thyatira (Offb 2,18-29), anders in Ephesus (Offb 2,1-7), gibt es einen starken Einfluß der sog. »Nikolaiten«, einer Gruppe christlicher Propheten und Lehrer (männlichen und weiblichen Geschlechts), die anscheinend den

Gemeindegliedern die Teilnahme am offiziellen Kult durchaus gestatten wollen. Die Motive der »Nikolaiten«, diesen einfachen Weg einzuschlagen, sind vielfältig. Es wäre zu leicht, nur auf Opportunismus und Bequemlichkeit zu schließen. Zum einen ist zu beachten, daß im Horizont antiken Denkens vom Kaiserkult eine große Faszination ausging: Nicht einfach der Macht zu huldigen, war anziehend, sondern im Einklang mit einer politischen Ordnung zu leben, die ihre kulturelle, militärische, soziale Überlegenheit über alle alternativen Systeme augenscheinlich zu demonstrieren schien und eine Form prachtvoller Repräsentation entfaltete, von deren ästhetischen Reizen sich auch heutige Touristen beim Besuch antiker Stätten überzeugen können.

Zum anderen steht hinter der Empfehlung der »Nikolaiten« die theologisch begründete Idee einer organischen Symbiose von Christentum und antiker Kultur. Der Vorwurf, den Johannes gegen die »Nikolaiten« erhebt, das Essen von »Götzenopferfleisch« zu tolerieren und »Unzucht« zu propagieren (Offb 2,14.20), läßt nicht auf sexuelle Freizügigkeit und Völlerei schließen, sondern auf ihre Bereitschaft, im vollen Umfang am kulturellen Leben der Stadt wie des Staates teilzunehmen, einschließlich der heidnischen Kulte, auch der Kaiserverehrung. Dies mag geschehen sein mit Berufung auf ihr überlegenes Wissen (vgl. Offb 2,14f.20.24), vielleicht auf die Nichtigkeit der Götzen (vgl. 1Kor 8), vielleicht auf die alles vergebende Gnade Gottes (vgl. Jud 4), vielleicht auf die Relativität alles Irdischen.

Der Seher Johannes bezieht eine entschieden andere Position. Ohne daß er sich den »Nikolaiten« gegenüber auf eine theologische Argumentation einläßt, ist für ihn doch klar, daß weder das Wissen um die Einzigkeit Gottes noch das Vertrauen auf seine Gnade noch gar die Hoffnung auf das Reich Gottes ein Grund sein können, an heidnischen Opfern, speziell am Kaiserkult, teilzunehmen. Wer dies tut, leistet vielmehr Götzendienst, wird Gott und seinem Sohn Jesus Christus untreu. Damit ist kein weltabgewandtes Sektierertum propagiert, wohl aber ein klares Bekenntnis: Wo die Verehrung des römischen Kaisers als Gott verlangt wird, ist nicht ein »aufgeklärtes« Mitmachen angezeigt, sondern ein klares, kompromißloses Nein. Es ist das Nein zum Anspruch eines Herrschers, der Gott seiner Untertanen sein zu wollen, und eine Absage an den verführerischen Reiz einer Kultur, deren Synkretismus alle authentische Religiosität integriert und deshalb die Konturen des Gottesbildes verschwimmen läßt.

Die christliche Gemeinde wird zur Widerstandsgruppe, wo sie im Bekenntnis des einen Gottes dafür eintritt, daß die Freiheit der Religion und des Gewissens im politischen Gemeinwesen gewahrt bleibt. Die Treue zum Gott Jesu schließt dann freilich die Bereitschaft zum Leiden um seines Namens willen ein.

2. Die Mutter Kirche, ihre Feinde und ihre Kinder (Offb 12f)
Daß die Kirche eine Mutter ist, bei der ihre Kinder Zuflucht und Geborgenheit finden, ist ein tiefer, der Volksfrömmigkeit lang vertrauter Gedanke, der allerdings noch und noch verzweckt und verkitscht worden ist: verzweckt, um die Christen in Abhängigkeit von ihren Kirchenoberen zu halten; verkitscht, um die Gläubigen zur Flucht vor der Wirklichkeit in ein »schönes Gehege« (Gabriele Wohmann) zu verführen, wo sich religiöse Sentimentalitäten bestens pflegen lassen. In der Apokalypse des Johannes hingegen geht eine große Leuchtkraft vom Urbild der Mutter Kirche aus: Es ist ein Bild des Widerstandes gegen scheinbar übermächtige Feinde Gottes und ein Bild des Vertrauens auf die rettende Geistes-Gegenwart inmitten allen menschlichen Leidens (Offb 12,1-17):

¹Und ein großes Zeichen erschien am Himmel:
eine Frau,
bekleidet mit der Sonne,
der Mond zu ihren Füßen
und um ihr Haupt ein Kranz von zwölf Sternen,
²und sie war schwanger
und schrie in den Wehen
und gebar unter Qualen.

³Und es erschien ein anderes Zeichen am Himmel,
siehe: ein Drache, feurig und groß,
mit sieben Köpfen
und zehn Hörnern
und sieben Diademen auf seinen Köpfen.
⁴Sein Schwanz fegte ein Drittel der Sterne vom Himmel
und warf sie auf die Erde nieder.
Der Drache stand vor der Frau, die gebären sollte,
um das Kind nach der Geburt zu verschlingen.
⁵Und sie gebar einen Sohn, einen Mann,
der alle Völker mit eisernem Stab weiden wird.
Und ihr Kind wurde zu Gott und seinem Thron entrückt.
⁶Und die Frau floh in die Wüste,
wo sie einen von Gott bereiteten Ort hatte,
daß sie dort zwölfhundertsechzig Tage lang leben konnte.
⁷Und es kam zum Krieg im Himmel:
Michael und seine Engel kämpften mit dem Drachen,
und der Drache kämpfte und seine Engel,
⁸und er vermochte nichts,
und ihr Platz ward nicht mehr im Himmel gefunden,
⁹und geworfen wurde der große Drache,
die alte Schlange,
die Teufel heißt und Satan,
der die ganze Welt verführt,
geworfen auf die Erde,
und seine Engel wurden mit ihm geworfen.
...
¹³Und als der Drache sah,
daß er auf die Erde geworfen ward,
verfolgte er die Frau,
die den Mann geboren hatte.
¹⁴Und gegeben wurden der Frau die zwei Flügel des großen Adlers,
damit sie in die Wüste fliege an ihren Ort,
wo sie ernährt würde:
   eine Zeit und zwei Zeiten und eine halbe Zeit,

fern vom Angesicht der Schlange.
¹⁵Und es spie der Drache Wasser aus seinem Maul:
hinter der Frau her,
wie ein Strom,
um sie zu ersäufen.
¹⁶Aber die Erde half der Frau,
und die Erde öffnete ihren Schlund
und trank das Wasser,
das der Drache aus seinem Maul gespieen hatte.
¹⁷Und es erzürnte der Drache über die Frau
und ging fort,
Krieg zu führen gegen ihre übrige Nachkommenschaft,
die Gottes Gebote halten und das Zeugnis Jesu Christi haben.

In den Kapiteln 12-14 imaginiert der Seher Johannes das Drama der Apokalypse, das »Endspiel«, das zum vollkommenen Sieg Gottes und zur vollkommenen Niederlage all seiner Widersacher führt. Als Stoff benutzt er einen ägyptischen und griechischen Zivilisations-Mythos. Von Apollo z.B., dem Gott des Lichtes, der Kultur und der Künste, wird erzählt, daß Python, die schreckliche, todbringende Orakelschlange von Delphi, seine von Zeus geschwängerte Mutter Leto verfolgt, um ihr Gotteskind gleich nach der Geburt zu vernichten; Leto aber habe sich dank göttlicher Hilfe dieser Verfolgung entziehen können, und Apoll sei bereits vier Tage nach seiner Geburt ausgezogen, den Drachen zu töten und an seiner Stelle das Heiligtum in Delphi zum Nutzen der Menschen zu besetzen (Euripides, Iphigenie 1234-1251). Die Einsicht in die Realität, die jener Mythos gewährt, ist von erschreckender Konsequenz: Die geordnete Welt der Menschen ist permanent bedroht durch die chaotische Todesmacht; nur durch List und Gewalt ist das Böse zu besiegen. Die menschliche Zivilisation nährt sich aus der blutigen Zerschlagung jener übermenschlichen Kräfte, die Verderben verbreiten wollen. In der Welt des Polytheismus, die den harten Konkurrenzkampf zwischen den Göttern auf die Erde übertragen sieht, gibt es letztlich keine Alternative zu dieser tragischen Weltsicht.

Johannes benutzt jenen Mythos, um von der Aufrichtung der Gottesherrschaft zu sprechen, vom Kampf, von den Niederlagen und vom Sieg der Gerechten. Die Personen des Dramas, ursprünglich Archetypen, werden von Johannes geschichtlich identifiziert. Zwei Figuren tragen den Konflikt aus: Auf der einen Seite steht eine wunderschön-prächtige Himmels-Frau, bekleidet mit der Sonne, dem Mond und den Sternen, den Insignien kosmischer Macht; diese hohe Frau ist freilich identisch mit einer verfolgten Flüchtlingin in der Wüste, die unter Gottes Schutz steht. Häufig auf Maria gedeutet, wird man im Sinne der Johannes-Offenbarung weiter zu denken haben: an die Kirche als Tochter Zion und damit als Volk Gottes.[68] Im Schoß des Gottesvolkes, das nach Johannes Israel umfaßt, wird Jesus geboren; die »übrigen Nachkommen« (Offb 12,17) sind die Christen, die Kinder der Mutter Kirche.

Auf der anderen Seite steht der Drache, die aktuelle Figuration der alten Versuchungsschlange (Offb 12,9), das Un-Wesen des Todes, dessen Gebiet ursprünglich gleichfalls der Himmel ist; er bedroht die schwangere Frau – vor und nach der Geburt ihres Sohnes. Nach Kapitel 13 spiegelt er sich in zwei Untieren wider, einem aus dem Meer, einem aus der Erde. Diese Bestien wollen alle Menschen zur Anbetung zwingen und verfolgen diejenigen grausam, die sich verweigern. Die Tier-Bilder (Offb 13,2), die auf die Abfolge vierer Weltreiche deuten (vgl. Dan 7,2-8), die Anspielung auf das »Standbild« (Offb 13,15f) und die Zahlensymbolik (Offb 13,18: 666) weisen auf die Gegenwart der Gemeinde, den militant forcierten Kaiserkult und Domitian als von den Toten erstandenen Nero hin.

Das Drama läuft regelrecht in fünf Akten ab. Der erste Akt (Offb 12,1-6) handelt von der Rettung des Kindes vor dem Drachen und der Flucht der Frau in die Wüste. Der zweite Akt (Offb 12,7-12) schildert den Krieg der Engel im Himmel, der mit dem Sturz des Drachen endet. Der dritte Akt (Offb 12,13-18) spricht vom Krieg auf Erden, den der gestürzte Himmelsdrache mit der

Verfolgung der Frau anzettelt. Der vierte Akt (Offb 13,1-18) scheint den Sieg des Verfolgers zu bringen, der sich am Auftritt der beiden tierischen Potentaten weiden kann. Der fünfte Akt hingegen (Offb 14,1-20) handelt vom Sieg Gottes, der alle Getreuen in Jubel ausbrechen läßt und über alle Nationen, Sprachen, Stämme und Völker Gericht hält.

Wie der zitierte Mythos betont Johannes die Macht des Bösen; die Christen müssen sie gegenwärtig am eigenen Leibe erfahren. Wie der Mythos spricht Johannes auch vom Sieg des Guten, allerdings mit zwei ganz entscheidenden Unterschieden: Erstens redet er von einem *endgültigen* Triumph; allein deshalb, weil Gott *allein* der Herr ist und keine fremden Götter neben sich hat, eröffnet sich eine Zukunft, in der das Böse endgültig besiegt ist. Zweitens spricht Johannes nicht davon, daß die Macht des Bösen durch die List und Gewalt des Guten gebrochen wird. Vielmehr ist es gerade der gekreuzigte Jesus, das geschlachtete Lamm (vgl. 12,11), das Opfer der Gewalt, wodurch Gott das Böse besiegt.

Die Gemeinschaft der Glaubenden ist, zusammen mit den Engeln und den schon Geretteten, die Zeugin dieses Gottes – und dieser unendlich großen Hoffnung, die gerade im Tod Jesu begründet liegt. Freilich: die Christen, an die Johannes sich wendet, stehen mitten im Kampf. Sie leben in einer Zeit, in der scheinbar alles für den Sieg des Gegenspielers spricht: Die Szene wird von den beiden Untieren beherrscht (Offb 13), in denen sich der aus dem Himmel gestürzte Ur-Drache (Offb 12,7-12) widerspiegeln kann. Wer will sich der brutalen Faszination entziehen, die er ausübt? Alle Vorteile liegen auf der Seite des Widersachers Gottes: Blendender Glanz geht von ihm aus (Offb 13,3), gewaltige Redekunst beherrscht er (Offb 13,5f), außerordentliche Macht steht ihm zu Gebote (Offb 13,2.12), enormer Erfolg wird ihm zuteil (Offb 13,7), spektakuläre Wunderkraft ist ihm eigen (Offb 13,13f), aufwendige Liturgien werden zu seinen Ehren zelebriert (Offb 13,15ff), er scheint unsterblich zu sein (Offb 13,3); nicht zuletzt: er sieht Jesus täuschend ähnlich; auch der Antichrist trägt ein tödliches Wundmal – und lebt dennoch.

Sich dieser Un-Person *nicht* zu unterwerfen, ist die entscheidende Herausforderung der Christen. In den großen Chor der mitreißenden Huldigungen einzustimmen, ist leicht, das Lied der Mächtigen nicht mitzusingen, schwer. Woher aber kann die Kraft kommen, sich zu verweigern?

Entscheidend ist ein Blickwechsel, der das Gesichtsfeld erweitert (vgl. 14,1: »Und ich sah: ...«). Während noch der Todesdrache seine größten Triumphe feiert, steht doch schon das Lamm, der getötete und auferstandene Herr Jesus, auf dem Zion als Chorführer jener Einhundertvierundvierzigtausend, jener vollen Zahl der Geretteten, die ein anderes, ein neues Lied anstimmen (Offb 14,3): ein Lied zur Ehre Gottes – und deshalb ein Lied des Widerstandes gegen alle irdischen Potentaten, die sich an Gottes Stelle setzen wollen. Zu wissen, daß der Sieg Gott gehört, kann über das gegenwärtige Leid nicht hinwegtrösten – und verleiht doch jene Zuversicht, die nicht auf fahrlässigem Optimismus beruht, sondern auf nüchternem Realitätssinn, wenn anders Gott es ist, der die Wirklichkeit bestimmt. Mehr noch: wer auf Jesus schaut, darf sich schon inmitten der gegenwärtigen Not seines Gottes freuen; er darf ohne schlechtes Gewissen das Triumphgefühl auskosten, das ihm sein Glaubenswissen vom Sieg Gottes über seine Feinde verleiht – nicht um hämisch das Ende der Widersacher zu verspotten, sondern um Gott die Ehre zu geben, sich über seine Gerechtigkeit zu freuen und Kraft für den Kampf gegen die Ungerechtigkeit zu gewinnen.

Der Blick in die Zukunft, in das vollendete Reich Gottes, den die prophetische Vision erlaubt, darf freilich das Auge nicht von der Gegenwart ablenken. Im Gegenteil: Während die beiden mächtigen Tiere mit dem Wirbel, den sie veranstalten, alle Aufmerksamkeit auf sich ziehen, sieht das Auge des Glaubens das Schicksal jener Frau, deren Kinder die Glaubenden sind. Sie ist gerade nicht dort zu Hause, wo die Liturgien der sich selbst vergötternden Macht zelebriert werden. Ihr Ort ist vielmehr die Wüste (Offb 12,6.14) – in der Bilderwelt der Apokalypse ein Symbol sowohl der Bedrängnis, in der die Christen gegenwärtig leben müssen, als auch der Begegnung mit Gott und der Bewahrung vor dem Widersacher, der unmittelbaren Erfahrung göttlichen Schutzes (Offb 12,14). In ihrer ursprünglichen und bleibenden Zugehörigkeit zu Gott ist die Frau vom Drachen zwar zu bedrohen, aber nicht zu überwinden. Freilich: die Kinder dieser Mutter, die Christen, sind aufs äußerste gefährdet; sie können durchaus der mörderischen Verführungsgewalt des Drachens erliegen. Wenn sie, die Kinder, an ihre Mutter, die Kirche, denken, wird ihnen zweierlei deutlich: erstens, daß sie nicht als einzelne, auch nicht als einzelne Gemeinden einsam und verlassen der Bedrohung durch widergöttliche Mächte ausgesetzt sind, sondern daß sie die *ganze* Kirche – ungeachtet ihrer himmlischen Herkunft – von Gott gerade dort hingestellt finden, wo Not und Entbehrung zu erleiden sind; zweitens aber, daß Gottes Volk nicht von Gottes Widersachern vernichtet werden, sondern Bestand haben wird. Beides gibt Trost, beides Kraft zum Widerstand, beides läßt Orte der Zuflucht in der Gemeinschaft der Glaubenden finden.

Das Kontrastbild, das der Seher Johannes im 12. und 13. Kapitel der Apokalypse zeichnet, ist von großer Bedeutung für die Klärung kirchlichen Selbstverständnisses.[69] Niemand soll wünschen, eine solch schwere Probe bestehen zu müssen wie damals die kleinasiatischen Christen! Verfolgten Gemeinden schien die Bilderwelt der Johannes-Offenbarung immer erhellender zu sein als vergleichsweise sorglos lebenden wie den unsrigen. In jedem Fall entlarvt die Apokalypse nicht nur die Scheinwelt sakral überhöhter Ideologien samt ihrer faszinierenden Brutalität; sie vermittelt auch tiefe Einblicke in die Abgründe der menschlichen Seele, insbesondere in die Verführbarkeit des einzelnen wie der Masse durch eine Macht, die ihre scheinbar tiefsten Sehnsüchte anspricht, selbst allmächtig zu sein und keinen Gott über sich anerkennen zu müssen – und dies womöglich (und am besten getarnt) im Gewande des Religiösen. Vor allem aber wird die Figur der Mutter Kirche zu einem Zeichen für die Gegenwart Gottes inmitten menschlicher Not und Bedrängnis – und für den Sieg Gottes über die Welt durch das geschlachtete Opferlamm Jesus Christus.

XV.
Faszination Kirche:
Die Verheißung des Anfangs – Sieben Optionen für heute

Die neutestamentlichen Schriften sind voll ansprechender Bilder gelungenen und bedrohten, angefochtenen und erprobten Glaubens-Lebens. Diese Bilder heute zu kopieren, bestehen weder Anlaß noch Möglichkeit. Sie als Leitbilder kirchlichen Handelns zu vergegenwärtigen, bestehen aber Anlaß wie Möglichkeit genug. Fragt man nach den Impulsen, die von der Kirche des Anfangs auf die Kirche der Gegenwart ausgehen könnten, zeichnen sich sieben Optionen ab, die sich aus den sieben eingangs genannten Problemperspektiven ergeben:

1. Option für die Ökumene,
2. Option für ein neues Verhältnis zum Judentum,
3. Option für zeitgenössische Kulturarbeit,
4. Option für Dialog und Kooperation innerhalb der Kirche,
5. Option für Diakonie und soziales Engagement,
6. Option für Liturgie und geistliche Erneuerung,
7. Option für verständliche und verbindliche Theologie.

Die beiden ersten Optionen markieren das entscheidende Glaubwürdigkeitsproblem der christlichen Kirche, besonders in Deutschland. Der Vorsitzende der Deutschen Bischofskonferenz, Karl Lehmann, urteilt über den konfessionellen Streit[70]:

Die Spaltung der Christenheit hat nicht zuletzt zu den Aporien der modernen Gesellschaft und des neuzeitlichen Staatswesens beigetragen. Der Abbau dieser Spaltung ist eine wesentliche Voraussetzung für eine glaubwürdige Funktion der Kirche als Sinnvermittlerin bezüglich Gesellschaft und Staat.

Weniger im öffentlichen Bewußtsein, aber nicht minder bedeutsam ist die Entwicklung eines neuen Verhältnisses zum Gottesvolk Israel. Es ist eine Sündenlast, Juden jahrhundertelang immer wieder mißachtet, verleumdet, verfolgt und beim Holocaust, von wenigen Ausnahmen abgesehen, den Opfern den Rücken zugekehrt zu haben. An dieser Schuld hat die Kirche schwer zu tragen. Sie einzugestehen, zu bereuen und, soweit es geht, wiedergutzumachen, ist eine entscheidende Bedingung, nicht nur neues Vertrauen zu gewinnen, sondern auch theologische Klarheit zu schaffen. Die Erklärung der Deutschen Bischofskonferenz von 1988 aus Anlaß der 50. Wiederkehr der Reichspogromnacht gibt mit schon mit ihrem Titel die Richtung vor: »Die Last der Geschichte annehmen«.[71]

Die dritte Option zielt auf die Sendung der Kirche im Zeitraum der Gegenwartskultur. So wichtig die Besinnung auf die Heilige Schrift und die kirchliche Tradition ist, so wichtig ist auch die Fähigkeit zur Kommunikation mit den heutigen Zeitgenossen. Hier hat die Kirche einen gewaltigen Nachholbedarf. Es geht nicht nur darum, zeitgemäße Formen der Verkündigung zu finden. Es geht vor allem darum, die Menschen zu verstehen, die heute leben: wonach sie suchen und was sie zu finden glauben, was sie vermissen und wie sie ihren Schmerz verwinden. Ohne Berührungsängste die Nähe der Frauen und der Männer, besonders der Jugendlichen und der Kinder innerhalb und außerhalb der Kirchengemeinden zu suchen, ist nicht nur ein Gebot Jesu, sondern zugleich eine Möglichkeit, den Glauben selbst besser zu verstehen.

Damit ist aber die Gestalt der Kirche selbst angefragt. Gewiß: die gegenwärtige Kirchendiskussion krankt unter der Verengung auf Strukturfragen (Verwaltung des Priestermangels, Zugangsvoraussetzungen für das kirchliche Amt, kirchliche Disziplinarmaßnahmen etc.). Sie werden unbeantwortet bleiben, wenn der Blick nicht für die theologischen Aufgaben der Kirche im gesellschaftlichen Kontext geweitet wird. Dennoch kann kein Zweifel bestehen, daß in der katholischen Kirche nach dem Zweiten Vatikanischen Konzil ein Problemstau angewachsen ist (Frauenfrage, Priestermangel, Zölibat), daß es bürokratische Verkrustungen und unnötige Reibungsverluste zwischen kirchlichen Instanzen gibt. Mit der vierten Option »für Dialog und Kooperation« soll eine wichtige Voraussetzung dafür genannt werden, die gegenwärtige Stagnation aufzubrechen – und in der Kirche aktiv mitzuleben, wenn sich derzeit niemand an den heißen Eisen die Finger verbrennen mag.

Dialog und Kooperation können in der Kirche aber nur dann weiterführen, wenn sie etwas zu sagen, zu hoffen und zu tun hat. Die folgenden drei Optionen betreffen deshalb die Grundvollzüge der Kirche: Diakonia, Liturgia und Martyria – die aber immer nur dann Grundvollzüge der Kirche sein können, wenn sie ihre Wirksamkeit in der Welt von heute und von morgen unter Beweis zu stellen vermögen. Zuletzt läuft alles auf die Gottesrede zu, die in der Kirche gepflegt wird: Was und wie von Gott gesprochen, aus welchen Quellen geschöpft, in welchen Gefäßen aufgefangen und in wie reichem Maße ausgegossen wird – hier, nirgends sonst, entscheidet sich, ob die Kirche ihren Dienst tut oder nicht.

1. Option für die Ökumene

Der bekannte Neutestamentler Ernst Käsemann hat 1951 in einem stark beachteten Aufsatz formuliert[72]:

Der nt.liche Kanon begründet als solcher nicht die Einheit der Kirche. Er begründet als solcher, d.h. in seiner dem Historiker zugänglichen Vorfindlichkeit, vielmehr die Vielzahl der Konfessionen.

Dieser provozierenden These, die viel Zustimmung gefunden hat, ist entschieden zu widersprechen. Kein Zweifel: die neutestamentliche Zeit ist durch eine Vielzahl und Vielfalt kirchlicher Lebensformen und theologischer Positionen gekennzeichnet. Jeder Versuch einer Harmonisierung ist nicht nur unwissenschaftlich; er beschneidet den Reichtum neutestamentlicher Ekklesiologien. Aber gerade die neutestamentlichen Autoren haben die urchristlichen Ortsgemeinden dazu angeleitet, sich in dieser Vielfalt als Glieder der *einen* Kirche zu sehen.

Genauer: das Neue Testament kennt durchaus die Aufkündi-

gung kirchlicher Gemeinschaft, die Exkommunikation von Irr-
lehrern (vgl. Gal 1,6-9; 2Joh 7-11; vgl. Offb 2,20) und Frevlern
(Mt 18,17; 1Kor 5,1-8). Aber das Neue Testament kennt auch eine
bisweilen erstaunlich große Pluralität theologischer Auffassungen, die allesamt unter dem Dach der einen Kirche Heimatrecht
haben. Wo liegt die Grenze? Halbwegs erkennbar ist, wo Paulus sie
zieht. Einerseits spricht er ausdrücklich denen die Kirchen-
Gemeinschaft ab, die den Heidenchristen die Beschneidung und
den Gesetzesgehorsam als heilsnotwendig auferlegen wollen (Gal
1,6-9; 2,4; vgl. Phil 3,2ff), denn dadurch würden sie die Heilsbedeutung des Todes Jesu schmälern (Gal 2,19ff). Andererseits wi-
dersteht er zwar seinem eigenen Bericht zufolge (Gal 2,11-14) in
Antiochien, da es um die Tischgemeinschaft zwischen Juden- und
Heidenchristen geht, dem Petrus »ins Angesicht«, weil er meint,
daß dieser zwar um die »Wahrheit des Evangeliums« (Gal 2,4)
weiß (2,15f), ihr aber im Falle des antiochenischen Streites nicht
konsequent folgt (Gal 2,14); doch führt ihn dies keineswegs dazu,
die Kirchen-Gemeinschaft mit Simon aufzukündigen; vielmehr
engagiert er sich weiter für die gelebte Kirchen-Einheit – unter
anderem dadurch, daß er, wie auf dem Apostelkonzil vereinbart,
eine Kollekte der heidenchristlichen Gemeinden für »die Armen«
in Jerusalem organisiert (Gal 2,10).[73] Das heißt: die Gemeinschaft
im Glauben sieht der Apostel nicht schon dort zerbrochen, wo es
unterschiedliche Auffassungen über das Verständnis der Christologie wie des Glaubens und unterschiedliche praktische Konsequenzen aus dem christlichen Glaubenswissen gibt; dort ist zwar
harte Diskussion geboten, aber keine Exkommunikation. Anders
hingegen, wo die *essentials* des christlichen Evangeliums in Frage
gestellt werden – nicht nur die Einzigkeit Gottes und die Gottessohnschaft Jesu, sondern auch die genuine Universalität des
Evangeliums und die Rettung der Sünder allein durch Gottes
Gnade, die im Glauben bejaht wird.

Das Neue Testament liefert kein einziges Argument, sich mit
der Spaltung der Christenheit in Konfessionen abzufinden. Es
legt vielmehr alle Gemeindeglieder, besonders die Kirchenleitun-

gen, darauf fest, alles zu tun, um die Einheit der Taufe, des Glaubens und der Kirche zu fördern, von der im Epheserbrief mit allem Nachdruck die Rede ist (Eph 4,3-6):

3Seid darauf bedacht,
die Einheit im Geist durch das Band des Friedens zu wahren:
4ein Leib und ein Geist,
wie ihr auch berufen seid zu einer Hoffnung eurer Berufung,
5ein Herr, ein Glaube, eine Taufe,
6ein Gott und Vater aller,
der da ist über allen und durch alle und in allen.

Diese Einheit ist alles andere als Uniformität. Wo im Neuen Testament von der Einheit der Glaubens-Gemeinschaft die Rede ist, besonders bei Paulus und bei Johannes, geht es nie darum, die unterschiedlichen Charismen zu vermengen, die verschiedenen individuellen und regionalen Glaubens-Profile abzuschleifen oder die Jesus-Nachfolge auf militärischen Gleichschritt einzuschwören. Es geht vielmehr um die gemeinsame Konzentration auf Jesus Christus und die durch ihn vermittelte Beziehung zu Gott und zum Nächsten. Den Philippern schreibt Paulus (Phil 2,2ff):

2Macht meine Freude dadurch vollkommen,
daß ihr auf dasselbe gesinnt seid,
dieselbe Liebe habend,
einmütig,
auf das eine gesinnt,
3nicht Streit und Eitelkeit suchend,
sondern in Demut einer den anderen höher achtend als sich
    selbst,
4jeder nicht nur auf das Seine bedacht,
    sondern auf das der anderen.

Das »Eine«, auf das der Philipper Sinnen und Trachten gerichtet sein soll, ist der Heilswille Gottes, wie er in Jesus Christus

Wirklichkeit geworden ist.[74] Unmittelbar im Anschluß an den zitierten Passus spielt der Apostel das große Lied von der Erniedrigung und Erhöhung des Gottessohnes Jesus ein (Phil 2,6-11), das zu den wichtigsten Zeugnissen urchristlicher Theologie- und Liturgiegeschichte gehört. Die Einheit der Gemeinde, auf die es Paulus so sehr ankommt, zeigt sich im Umgang der Gemeindeglieder miteinander; er soll durch eine Liebe geprägt sein, die Anteilhabe an der Liebe Jesu Christi selbst ist (vgl. 1Kor 13). Deshalb ist die gemeinsame Bejahung des Heilshandelns Gottes in Jesus Christus, wie es der Philipperhymnus einfängt, die Wurzel ekklesialer Eintracht.

Von diesem Punkt aus öffnet sich auch die ökumenische Perspektive der Gegenwart. In Deutschland betrifft sie vor allem das Verhältnis zwischen Katholiken und Protestanten, auch wenn eine Verständigung nie auf Kosten der Orthodoxen gehen dürfte. In der engagierten Öffentlichkeit herrscht seit Jahren der Eindruck lähmender Stagnation. Dieser Eindruck täuscht. Zwar gibt es in der Frage der Abendmahlsgemeinschaft keinen Fortschritt. Das schmerzt, weil sich seit neutestamentlicher Zeit die Einheit der Kirche in der Gemeinsamkeit der Herrenmahlsfeier darstellt; es ist aber vielleicht ein heilsamer Schmerz: heilsam dann, wenn er vor Augen führt, daß die alten kontroverstheologischen Barrieren weder intellektuell noch mentalitätsmäßig, geschweige institutionell aus dem Weg geräumt sind und wenn er die Anstrengungen verstärkt, theologische, spirituelle und institutionelle Gemeinsamkeit zu finden. Gerade im evangelisch-katholischen Gespräch zeichnen sich fundierte Konsense im Eucharistieverständnis ab, nicht zuletzt hinsichtlich der entscheidenden Frage der Realpräsenz[75]; daran gilt es anzuknüpfen.

Aber auch wenn sich derzeit in Sachen Abendmahlsgemeinschaft wenig tut, vollziehen sich auf anderen Ebenen rasante Entwicklungen. Kontakte zwischen evangelischen und katholischen Gemeinden sind an vielen Orten intensiv und geradezu selbstverständlich; nicht zuletzt die Ökumenischen Bibelwochen haben über lange Jahre segensreich gewirkt. Abgrenzungsversuche gibt es nach wie vor, bisweilen auch mit neuer Motivation, aufs ganze gesehen aber seltener als früher. Soziale, kulturelle und politische Initiativen werden immer häufiger in ökumenischer Gemeinsamkeit entwickelt. Daß in katholischen und evangelischen Akademien Vertreter anderer Konfessionen eingeladen werden, ist inzwischen eine bare Selbstverständlichkeit. Die Liste ließe sich lange fortsetzen. Nicht zuletzt konfessionsverschiedene Ehen haben vielfach dazu beigetragen, konfessionalistische Vorurteile abzubauen und kirchliche Gemeinsamkeiten zu bilden.

Freilich hat die ökumenische Basisbewegung auch ihre Kehrseite. Vielerorts baut sich an der Basis ein Klima evangelisch-katholischer Gemeinsamkeiten auf, das unzweifelhaft ein Ausdruck guten Willens ist und sich dennoch als ambivalent erweist, weil es nicht auf einer wirklichen Auseinandersetzung mit der eigenen und der jeweils anderen Konfession beruht, sondern auf einem Abschleifen der konfessionellen Profile. Sofern dieser Prozeß zu einer Relativierung konfessionsspezifischer Ausfälle und Überspitzungen (etwa einer barocken Monstranz-Theologie in katholischen oder einer »aufgeklärten« Kritik der Eucharistie in evangelischen Kirchengemeinden) führt, ist er ein wichtiger Impuls für die Theologie. Aber ökumenische Verbundenheit kann nicht auf der Basis des kleinsten gemeinsamen Nenners gesucht werden. Vielmehr wird die erhoffte Kirchen-Einheit in dem Maße lebendig sein, wie die jeweils konfessionellen Charakteristika der Theologie, der Frömmigkeit und der Kirchenpraxis (etwa evangelische Bibelfrömmigkeit oder katholische Sakramentenkultur) nicht verlorengehen, sondern neu entdeckt, gelebt und durch den näheren Kontakt mit der jeweils anderen Konfession so weiterentwickelt werden, daß sie dem Evangelium Jesu besser entsprechen.

Überdies herrscht in der ökumenischen Theologie derzeit alles andere als Stillstand oder gar Rückschritt. Gerade in Deutschland ist vielmehr eine Initiative gestartet worden, die in der Rechtfertigungslehre eine Verständigung vorantreibt[76] – und die, wie zu hoffen steht, international Erfolg haben könnte. Damit kommt – kaum von ungefähr – wiederum jenes Thema ins Spiel, das Paulus im Galaterbrief als Kriterium der Kirchen-Einheit erkennt (vgl. Gal 6,15f). Am Verständnis der Rechtfertigung ist die lateinische Kirche theologisch zerbrochen. Für Martin Luther war die Rechtfertigungslehre der *articulus stantis et cadentis ecclesiae*: jener Glaubensartikel, mit dem Kirche steht und fällt. Wenn nun die exegetischen, reformationsgeschichtlichen und dogmatischen Forschungen der letzten Jahrzehnte zu dem Urteil gelangen, daß es zwar konfessionsspezifische Unterschiede zwischen Katholiken und Protestanten im Verständnis von Rechtfertigung, Gnade und Glaube gibt, daß diese Unterschiede aber keinen kirchentrennenden Charakter haben – und wenn jenes theologische Urteil von den verantwortlichen Kirchenleitungen akzeptiert wird (wonach es gegenwärtig im Dialog zwischen dem Lutherischen Weltbund und dem Päpstlichen Einheitsrat aussieht[77]): dann wäre auf biblischer Basis ein Angelpunkt markiert, von dem aus eine substantielle Verständigung in vielen weiteren Fragen möglich sein müßte, guten Willen und kluge Köpfe auf allen Seiten vorausgesetzt.

Nicht zuletzt durch die Studie über die Lehrverurteilungen, in Sonderheit über die Rechtfertigungslehre, steht der ökumenische Dialog, wenn die Anzeichen nicht trügen, am Beginn einer neuen Phase. Die Aufmerksamkeit jener Jahrzehnte, in denen der Übergang von der alten Kontroverstheologie zur neuen ökumenischen Theologie erfolgte, war nicht zuletzt durch die Notwendigkeit geprägt, den Schutt wegzuräumen, der sich in Jahrhunderten konfessionalistischen Streits aufgetürmt hatte, und die Schätze zu bergen, die unter den Trümmern der zusammengebrochenen Kirchen-Einheit zu finden waren. Mehr noch bestand die Aufgabe darin, gemeinsame Plattformen abzumessen und aufzurichten, die nicht von den konfessionellen Unterschieden erschüttert, aber auch nicht von theologischen Kompromissen vorgezeichnet, sondern durch substantielle Gemeinsamkeiten bestimmt werden konnten.[78] Im Zuge dieser Konsensarbeiten ist auch offenkundig geworden, wie relativ groß das jeweilige Spektrum katholischer bzw.

evangelischer Theologien ist – und wie fatal es wäre, diese innerkonfessionelle Pluralität nicht in das ökumenische Gespräch einzubringen, so daß etwa die Protestanten auf die jeweils härteste Linie römisch-katholischer Lehrdisziplin einzuschwören wären und umgekehrt die Katholiken auf die jeweils strikteste Form protestantischer Orthodoxie.

Die Klärungen, die in dieser Phase erzielt wurden, sind ein Pfund, mit dem gewuchert werden muß. Dennoch weitet sich heute der ökumenische Horizont. *Einerseits* fragt sich, welches theologische und ekklesiologische Potential den verbleibenden Unterschieden zwischen den Konfessionen innewohnt: Trennen sie, oder verbinden sie? Lassen sie die Konfessionen auseinanderdriften, oder konstituieren sie jene Spannungen, von denen die Kirche überhaupt erst in der Vielfalt ihrer Charismen lebt? Zu fragen, welche Differenzen kirchen-trennenden Charakter und welche kirchen-einenden Charakter haben, eröffnet der ökumenischen Verständigung ganz neue Perspektiven. Diesen Fragen nachzugehen, könnte *andererseits* auch dazu führen, nicht nur Vergangenheitsbewältigung zu treiben, sondern zugleich Zukunftschancen zu öffnen: die evangelische und die katholische Theologie in einem ökumenischen Klima weiterzuentwickeln, das nicht nur Schönwetterperioden kennt, sondern auch Sturmzeiten und Gewitterfronten. Nachdem in der Rechtfertigungslehre Klarheit geschaffen worden ist, scheint es an der Zeit, die brennenden Fragen der Ekklesiologie weit vorn auf die Tagesordnung zu setzen[79]: welche Rolle die Gemeinschaft der Glaubenden im Heilsgeschehen hat, welche Bedeutung das Amt, welche Aufgabe der Papst[80]. Es steht zu hoffen, daß sich ungeahnte Möglichkeiten der Verständigung eröffnen, wenn die ökumenische Hermeneutik, die in den letzten Jahrzehnten entwickelt worden ist, fruchtbar bleibt. Die Aufgabe einer Theologie, die von der neutestamentlichen Ekklesiologie geprägt ist, bleibt es jedenfalls, diesen ökumenischen Prozeß zu fördern – und insbesondere zu fragen, wann endlich das wechselseitige Verständnis so groß ist, daß volle Abendmahlsgemeinschaft möglich ist.

2. Option für ein neues Verhältnis zum Judentum

In der Vergangenheit war, bis in die letzten Jahrzehnte hinein, die Sicht der Christen auf das Judentum stark vom Konkurrenzdenken geprägt, vom Willen zur Abgrenzung, von apologetischen Überlegenheitsphantasien. Das Judentum, vor allem dasjenige der Zeit Jesu, erschien immer wieder als die Religion der Gesetzlichkeit, der rigiden Moral, der Herzenserstarrung, der Fixierung auf den Buchstaben. Die Pharisäer gar wurden zu Stereotypen der Heuchelei. Dazu haben neutestamentliche Schriften nicht wenig beigetragen – ungewollt, aber doch mit verheerender Wirkung, weil Antisemiten auf der Suche nach Munitionsarsenalen in perfider Weise die neutestamentliche Polemik gegen die Hohenpriester, Pharisäer und Schriftgelehrten, aber auch gegen die nicht an Jesus glaubenden Juden mißbraucht haben. Schaut man die neutestamentlichen Texte näher an, zeigt sich, daß die härtesten Urteile über Juden gerade von solchen Autoren gefällt worden sind, die ihrerseits noch in der engsten Beziehung zum Judentum standen (Matthäus, Johannes, z.T. Paulus), und daß die Sprache, derer sie sich in ihren Kontroversen bedienen, die Sprache inner-jüdischer Auseinandersetzungen um die rechte Lehre und die rechte Praxis ist[81]: Juden, die an Jesus als den Christus glauben, streiten mit Juden, die im Gekreuzigten nicht den Messias sehen – so wie beispielsweise Juden, die in Qumran dem »Lehrer der Gerechtigkeit« gehorsam sind, mit jenen Juden rechten, die ihm kein Gehör schenken.[82] Ganz anders hingegen die Wirkung, wenn nicht mehr *Juden*christen ihr leidenschaftliches Engagement, ihre Stammesgenossen für die Christus-Botschaft zu gewinnen, auch in der Form scharfer Polemiken zum Ausdruck bringen, sondern wenn *Heiden*christen in späteren Zeiten jene Worte benutzen, um die Juden theologisch zu diskreditieren und am Ende gar zu verfolgen. Die geschichtliche Last jahrhundertelanger Judenfeindschaft hat die Ekklesia zu tragen – und darf doch unter ihr nicht zusammenbrechen, sondern muß sich auf ein neues Verhältnis zum Judentum besinnen.

In letzter Zeit hat sich tatsächlich schon manches gewandelt.[83] Heute verfallen zwar immer wieder sich progressiv dünkende Kirchen- und Theologiekritiker – von *Eugen Drewermann* über *Hanna Wolff* bis zu *Franz Alt*[84] – der Profilierungssucht, die Integrität Jesu vor dem dunklen Hintergrund des pharisäischen und schriftgelehrten Judentums desto heller abheben zu wollen. In der Bibelwissenschaft aber, die sich lange Zeit sehr schwer getan hat, von antijüdischen Klischees loszukommen, sind es nur noch wenige, die dergleichen Vorstellungen nachhängen.

Es gibt viele Faktoren, die zu einer Veränderung des Bildes geführt haben: die langsame Wahrnehmung des Holocaust und das Entsetzen über die Geschichte christlicher Judenfeindschaft, der Dialog mit jüdischen Exegeten; letztlich entscheidend: das genauere, etwas weniger voreingenommene Studium der frühjüdischen Texte. Zwar schlägt das Pendel gegenwärtig stark nach der anderen Seite aus, so daß im Blickwinkel mancher Theologen die Unterschiede zwischen Frühjudentum und Urchristentum schier verschwinden. Doch auch hier hilft der Dialog mit Juden zu einer nüchternen Sicht, nämlich sofern im Spiegel *ihrer* Urteile über Jesus und Paulus, über Johannes und das ganze Neue Testament neben den essentiellen Gemeinsamkeiten mit dem Judentum auch (jeweils anders gelagerte) charakteristische Unterschiede sichtbar werden.

Es öffnet sich ein weiter Raum intensiven und fruchtbaren Forschens, wenn man sich als christlicher Theologe, besonders als neutestamentlicher Exeget, vom Zwang befreit hat, unbedingt die moralische, die spirituelle und die theologische Überlegenheit des Christentums gegenüber dem Judentum nachweisen zu müssen. Die Energie, die durch diese Entlastung frei wird, kann dem vergleichenden Verstehen zugute kommen, das nach dem Verbindenden ebenso fragt wie nach dem Unterscheidenden – ein großer Fortschritt auch für den gegenwärtigen Dialog zwischen Juden und Christen.

Für die christliche Theologie heißt dies im Lichte des Neuen Testaments dreierlei: die positive Wahrnehmung sowohl der Ge-

schichte als auch der Gegenwart als auch der Zukunft des Gottesvolkes Israel in seiner Relation zur Kirche Jesu Christi aus Juden
und Heiden.

Erstens die Vergangenheit: Die Kirche muß ihr alttestament-
lich-jüdisches Erbe wiederentdecken – nicht als einen Besitz, den
sie den Juden absprechen dürfte, wohl aber als ein Geschenk, das
der Jude Jesus ihr macht. Im gesamten Neuen Testament gibt es
nicht einen einzigen Autor, der leugnete, daß die »Heilige Schrift«
Israels (die zum »Alten Testament« der Christen geworden ist) als
Dokument der Erwählungs- und Verheißungsgeschichte des
Gottesvolkes grundlegende Bedeutung für den christlichen Glauben hat.[85] An zwei Beispielen sei dies illustriert.

● Die neutestamentliche Christologie findet in kürzester Zeit
und mit größter Wirkung zu einer Vielzahl von Würdenamen
und Hoheitsaussagen, zu Christusgebeten und zu Christuslie-
dern. Dies ist angemessen, weil Jesus wahrhaftig der Sohn Gottes
ist. Aber gleichzeitig wächst die Versuchung, den Sohn an die
Stelle des Vaters zu setzen. Das aber wäre der Intention Jesu ganz
zuwider, der doch das Reich *Gottes* verkündet hat (Mk 1,14f),
nach Johannes ausdrücklich allein dem Vater die Ehre gibt (Joh
5,19f) und nach Paulus das Ziel seines Wirkens als Erhöhter darin
sieht, alles Gott zu Füßen zu legen (1Kor 15,27). Das Alte Testament als Kanon, als verpflichtende Urkunde des christlichen
Glaubens zu lesen, kann vor jener Versuchung bewahren. Die Erinnerung an das Hauptgebot Dtn 6,4f (»Höre, Israel, der Herr,
dein Gott, ist Einer«) und auch an das Bilderverbot (Ex 20,4ff;
Dtn 5,8ff) wachzuhalten, schafft aber nicht nur ein Gegengewicht
zum häretischen Christomonismus, sondern weist auf den Wur-
zelgrund und bleibenden Bezugsrahmen der neutestamentlichen
Christozentrik hin.

● Das christliche Evangelium ist zutiefst von der Hoffnung auf
die Vollendung des Reiches Gottes und die allgemeine Auferstehung der Toten geprägt. So begründet aber diese Hoffnung ist, so
zynisch wird es, wenn sie sich in einen Triumphalismus verwandelt, der die Katastrophen menschlicher Geschichte und die Ab-

gründe menschlicher Verzweiflung einfach nicht mehr wahrhaben will, weil er sie von vornherein transzendental versöhnt glaubt. Gerade das Alte Testament findet mit den Büchern Hiob und Kohelet, mit den Leidenspsalmen und den Klageliedern jene Worte, die dem Elend wie der Würde des menschlichen Leidens angemessen sind – und damit auch jener Hoffnung, die im Kreuzestod Jesu begründet ist.

Würden die Christen ihrer radikalen Verbundenheit mit den Juden nicht eingedenk sein, schnitten sie sich selbst von der Wurzel ab, die sie leben läßt (Röm 11,18).

Zweitens die Zukunft: Dem Wissen um die wurzelhafte Verbundenheit der Kirche mit Israel entspricht die Hoffnung auf die endgültige Gemeinsamkeit im vollendeten Reich Gottes. Freilich: der einzige neutestamentliche Zeuge dieser Hoffnung neben Jesus ist Paulus (Röm 11). Doch sein Zeugnis hat Bestand, weil er (nicht nur) an dieser Stelle Jesus am besten verstanden hat. Es folgt notwendig aus der Glaubenseinsicht in Gottes Verheißungstreue, die Heilszukunft ganz Israels zu sehen. Daß Gott seine Gnadentaten nicht bereut, sondern sein Versprechen wahrmacht, ist die einzige Hoffnung, auf die Christen bauen können. Es ist dann aber auch eine Hoffnung, die sie nicht für sich allein beanspruchen können, sondern immer als Hoffnung auch für die Juden verstehen müssen. Die Konsequenz wäre, daß nicht nur jener verhängnisvollen Tendenz zur Individualisierung der Eschatologie wirksam entgegengewirkt werden könnte, die sich in der kirchlichen Theologiegeschichte immer wieder eingeschlichen hat, sondern daß auch jedem ekklesiozentrischen Triumphalismus ein Riegel vorgeschoben wäre. Umgekehrt werden jene genuin neutestamentlichen Theologien verstärkt, die Erlösung aus der futurisch-eschatologischen Vollendung des Reiches Gottes erwarten und die Kirche aus Juden und Heiden in ihrer eschatologischen Vorläufigkeit belassen, in der sie überhaupt nur ihre Bedeutung gewinnen kann.

Drittens die Gegenwart: Das Verhältnis der Kirche zum gegenwärtigen Judentum muß vom Wissen um Gottes erste Liebe und von der Hoffnung auf gemeinsame Erlösung bestimmt sein. Nichts wäre fataler, als im Judentum eine überwundene Religion zu sehen, deren weiteres Fortbestehen ein theologischer Anachronismus wäre. Vielmehr ist – folgt man wiederum Paulus im Römerbrief – die geschichtliche Koexistenz von Israel und Kirche unaufhebbar, weil sie auf Gottes Heilsratschluß zurückgeht. Judenmission, die das mißverständliche *extra ecclesiam nulla salus* (»außerhalb der Kirche kein Heil«) in aggressive Propaganda umsetzt, ist damit strikt ausgeschlossen. Die Christen sind aufgefordert, nicht nur das Existenzrecht der Synagogengemeinden anzuerkennen und, soweit es von den Juden selbst gefragt ist, zu fördern. Sie müssen auch die alttestamentlich-jüdische Prägung vieler Gedanken wahrnehmen, die ihnen vielfach als unterscheidend christlich erscheinen, in Wahrheit aber das Christentum bleibend auf das Judentum zurückverweisen: die Universalität des schöpferischen Heilshandelns Gottes zum Beispiel, die Ethik der Nächsten- und der Feindesliebe oder der Primat der Barmherzigkeit Gottes. Und Christen brauchen das kritische Gegenüber eines lebendigen Judentums, um vor genuin christlichen Versuchungen ein wenig besser gefeit zu sein, etwa die Gnade billig oder das Gesetz schlecht zu machen, und um das Proprium des Christusglaubens nicht auf Kosten alttestamentlicher wie jüdischer Frömmigkeit herauszustreichen.

Allerdings wäre es auch falsch, die Differenzen zwischen Judentum und Christentum zu verschweigen oder zu verschleiern. Die Christologie ist und bleibt ein Unterscheidungsfaktor. Die Praxis des Glaubens ist bei Juden und Christen nicht einfach identisch. Über Differenzen im Menschen- und im Gottesbild, in der Ethik und der Soteriologie werden Christen und Juden zu streiten haben – nicht, um die eigene Überzeugung mit Macht durchzusetzen, sondern um durch Widerspruch und Ergänzung, durch Korrektur und Weiterführung die Sache des eigenen und des anderen Glaubens besser zu verstehen. Wiederum zwei Beispiele:

● Wie es scheint, kann die Entdeckerfreude, die viele Christen beim Kennenlernen jüdischer Festbräuche haben, zu einer Bereicherung und einem neuen Verständnis der christlichen Liturgie führen – und diese ihrerseits »back to the roots« weisen. Deshalb werden Christengemeinden nicht den Sonntag durch den Sabbat ersetzen oder den Gründonnerstagsgottesdienst durch ein Sedermahl; aber über die Bedeutung der Sabbatruhe und der synagogalen Schriftlesung für die christliche Sonntagskultur oder des Exodus-Gedenkens und des häuslichen Festmahles für die Feier des österlichen Christus-Mysteriums nachzudenken, dürfte doch lohnend sein.[86]

● Wenn Christen allzu selbstsicher die Ethik der Bergpredigt als die schlechthin überzeugende Morallehre proklamieren, dürfte es heilsam sein, sich den immer wieder von Juden erhobenen Einwand zu vergegenwärtigen, Jesus überfordere die Menschen: Gewaltlosigkeit könne man nicht verlangen, Vergebung sei zwar beim Nächsten angezeigt, mit dem man täglich in Kontakt komme (vgl. Lev 19,17f), nicht aber unter allen Umständen und in jeder Hinsicht.[87] Dieser Einwand wird Christen zwar schwerlich zur Abkehr von der Bergpredigt bewegen, aber vielleicht doch vor gesinnungsethischen Radikalismen bewahren und jedenfalls die Frage der Erfüllbarkeit ebenso nüchtern wie selbstkritisch stellen lassen.

Das jüdisch-christliche Gespräch, ob institutionalisiert oder nicht, hat eine enorme, häufig unterschätzte Bedeutung für das Kirche-Sein der Kirche: Es führt die Christen zur Auseinandersetzung mit den dunklen Seiten der kirchlichen Vergangenheit, zur Solidarität mit den »älteren Schwestern und Brüdern«, zur Erinnerung an das Jude-Sein Jesu, zur Einsicht in die untrennbare Zusammengehörigkeit des Neuen Testaments mit dem Alten Testament, der Heiligen Schrift Israels, aber auch zur Vergewisserung über das spezifisch Christliche in Verbindung mit dem Judentum und in freundlicher Unterscheidung von ihm.

3. Option für zeitgenössische Kulturarbeit

Kirche ist immer Kirche zur Zeit und am Ort – oder sie verfehlt ihr Wesen. Nicht die Jagd nach dem Neuesten zeichnet sie aus, das häufig doch nur das Neumodische ist; wohl aber braucht sie das Bemühen um eine Sprache des Glaubens, die von den heutigen Menschen verstanden werden kann, und das Bemühen um die aufmerksame, gewiß kritische, aber auch lernbereite Beobachtung der gegenwärtigen Kulturlandschaft, in der die Kirche steht.

Der Blick zurück ins Neue Testament kann Scheuklappen nehmen, aber auch vor Illusionen warnen. Die urchristlichen Schriften spiegeln zum größten Teil den enorm schwierigen, aber lebensnotwendigen Prozeß wider, das Evangelium Jesu aus seiner palästinisch-jüdischen Heimat in die Geisteswelt des griechisch-römischen Hellenismus zu übersetzen und dort heimisch werden zu lassen. In der Diaspora waren zwar seit langem jüdische Gemeinden zu Hause, die sich auch – trotz aller Pogrom-Gefahren – mancher Anerkennung erfreuten; unter den späteren Christen sind nicht wenige »Gottesfürchtige« zu finden, die bereits zum Glauben an den *einen* Gott Abrahams, Isaaks und Jakobs gefunden hatten. Dennoch ist die Szene von *heidnischer* Religiosität geprägt, vom Götterglauben, vom Kaiserkult, von folkloristischer Magie und populären Wundertätern, von theatralischen Mythen und philosophischer Kosmos-Spekulation.[88]

Die entscheidende Aufgabe der urchristlichen Missionare war es, diesen Adressaten von deren eigenen Voraussetzungen her und in deren eigener Sprache einen Zugang zum Evangelium zu öffnen – und dabei zugleich neue Seiten am Evangelium zu entdecken. Lukas stellt es als das große Pfingstwunder des Geistes dar, daß dieser Übersetzungsprozeß gelingen konnte (Apg 2,1-13): Juden aus aller Herren Länder verstehen die galiläischen Apostel in ihrer eigenen Muttersprache. Zwar ist der Vorwurf schnell zur Hand, diese Vermittlungsarbeit habe zum Verrat der Sache Jesu an den Geist der griechischen Philosophie geführt. Besonders Paulus wird für dieses Übel verantwortlich gemacht. Doch der Vorwurf geht ins Leere. Zum einen hat das Judentum längst vor Christi Geburt weite Wege hinein in die Kulturlandschaft des Hellenismus zurückgelegt, um die Diasporagemeinden lebendig sein zu lassen, und sich dabei als theologisch sehr produktiv erwiesen. (Biblische Zeugnisse sind vor allem die »deuterokanonischen« Schriften, nach evangelischer Terminologie die »Apokryphen«, besonders die »Weisheit Salomos«.) Zum anderen bleibt der Mutterboden neutestamentlicher Theologie das Alte Testament, die Glaubenserfahrung Israels. Der griechische und römische Götterglaube wird kompromißlos abgelehnt. Die Beurteilung der heidnischen Kultur ist im Ansatz radikal kritisch (und häufig auch nicht gerecht, sondern stereotyp negativ, wie etwa in den »Lasterkatalogen«, z.B. Röm 1,28-31). Synkretistische Versuchungen, denen die ersten Christen in starkem Maße ausgesetzt waren, werden von den neutestamentlichen Autoren scharf kritisiert (z.B. 2 Tim 2,14-26). Die urchristlichen Missionare sind freilich keine Bilderstürmer. Sie machen den heidnischen Götterglauben nicht verächtlich. Beim Aufstand der Silberschmiede von Ephesus attestiert der dortige Stadtschreiber dem Apostel Paulus und seinen Gefährten, daß »sie weder Tempelräuber sind noch unsere Göttin lästern« (Apg 19,37). Mehr noch: die neutestamentlichen Autoren rechnen durchweg damit, daß eine überzeugende Glaubensverkündigung und Glaubenspraxis, konzentriert auf Gott und den Nächsten, zwar gewiß bei vielen zunächst Ablehnung und Widerstand auslöst, sich aber letztlich doch verständlich machen kann.

Wenn die vielbeschworene Inkulturation des Evangeliums je funktioniert hat, dann in neutestamentlicher Zeit. Bei aller nötigen Grundsatztreue zeigen die neutestamentlichen Autoren erstaunlich wenig Berührungsängste, wenn sie sich um die Zustimmung ihrer Hörerinnen und Hörer in den Städten und Dörfern des weiten Römischen Reiches bemühen. Beispiele finden sich in allen neutestamentlichen Schriften: Lukas und Matthäus adaptieren im Horizont hellenistisch-jüdischer Messiashoffnungen (vgl. Jes 7,14[LXX]) das aus Königsmythen bekannte Motiv der Jungfrauengeburt – und gewinnen dadurch eine Sprache für das Geheimnis der sich allein der Schöpfergnade Gottes verdankenden Geburt Jesu.[89] Paulus erläutert den Römern den Sinn der Taufe, indem er auf der Basis urchristlicher Tauftheologie Motive aus Mysterienkulten verwendet (Röm 6,1-11) – und kann dadurch die Dialektik von Tod und Leben einfangen, die in der Teilhabe der Glaubenden an der Gemeinschaft mit dem auferweckten Gekreuzigten begründet liegt.[90] Johannes (Joh 3,3ff), der Erste Petrusbrief (1Petr 1,3; 1,23; vgl. 3,21) und der Titusbrief (Tit 3,5) erhellen unter Anspielung auf die Taufe die Lebenswende, die der Glaube bedeutet, mit Hilfe des archetypischen Symbols der Wiedergeburt – und können dadurch die Kreativität der Gnade Gottes bestens zur Sprache bringen.[91]

Die heutigen Inkulturationsprobleme können sich in vielerlei Hinsicht von den neutestamentlichen Bemühungen inspirieren lassen. Die gegenwärtigen Schwierigkeiten liegen nicht mehr nur dort, wo eine eurozentristisch gewordene Theologie in asiatische und afrikanische Kontexte übersetzt werden muß; mindestens ebenso wichtig ist die Aufgabe, die christliche Tradition in die kulturelle Gegenwart einer pluralistischen Wohlstandsgesellschaft zu vermitteln, die scheinbar alles hat und keiner Erlösung bedarf. Wenn diese Aufgabe gelöst werden soll, sind zwei Dinge besonders wichtig.

Zum einen: Kenntnis der eigenen religiösen Überlieferung, Sicherheit in der theologischen Beurteilung der Gegenwartskultur, Klarheit, wofür es sich zu engagieren lohnt.

Zum anderen: Bereitschaft zum Zuhören und zum Lernen, Würdigung der Werte und Haltungen anderer Kulturen, sensible Wahrnehmung ihrer Offenheit für das Christus-Evangelium.

Wo das erste fehlt, haben die Christen im kulturellen, besonders im interreligiösen Gespräch nichts rechtes zu sagen; sie sind dann als Diskussionspartner im Grunde uninteressant. Wo das zweite fehlt, breitet sich jene sattsam bekannte Tendenz zum Monologisieren aus, die nicht nur unwirksam bleibt, sondern letztlich ein Ausdruck geistiger Schwäche ist.

Die Basis des kulturellen Gesprächs, das die Kirche in der Gegenwart mit allen Menschen guten und schlechten Willens führen muß, kann weder ein intransigenter Fundamentalismus sein, der

nur einen exklusiven Absolutheitsanspruch kennt, noch eine plu-
ralistische Religionstheorie, nach der alle Religionen, am Ende
gar alle Weltanschauungen nur je verschiedene Teilaspekte der
Wahrheit widerspiegeln.[92] Das eine widerspräche der tiefen
Menschlichkeit aller biblisch bezeugten Offenbarung, das andere
der Theozentrik beider Testamente und der Christozentrik des
Neuen Testaments. Die Alternative kommt im Horizont einer
Theologie des Geistes Gottes in Sicht, die an der eschatologischen
Relevanz der Christus-Offenbarung festhält, gerade wegen der ihr
innewohnenden Universalität aber das Wirken des Geistes Gottes
nicht auf die Gemeinschaft der an Jesus Glaubenden beschränkt
sieht, sondern authentische Geistigkeit auch in anderen Religionen und Kulturen wahrnimmt.[93] Auf dem Boden einer solchen
Pneumatologie bleibt Raum für ein sich um die Wahrheit Gottes
drehendes Gespräch – und für jene Unterscheidungen, Abgren-
zungen und Auseinandersetzungen, die um der Wahrheit willen
im Geist der Liebe notwendig sind. Die Christen müssen am geistigen Austausch mit anderen Religionen und Kulturen interessiert sein, um die Spuren zu lesen, die Gottes Geist *dort* hinterlas-
sen hat; und sie bewahren sich die Freiheit zur Kritik, ohne in
irgendeiner Weise Aggressionen wirksam werden zu lassen.

Die Arbeit an und in der zeitgenössischen Kultur, auf die das
Neue Testament die Kirche verpflichtet, ist nicht zuletzt ein Gespräch innerhalb der Kirche selbst: der Kirchenleitungen mit dem
Kirchenvolk, der Engagierten mit den »Fernstehenden«, der
Glaubenden mit ihrer eigenen Biographie. Denn die Kirche ragt
nicht als erratischer Block aus der Kulturlandschaft heraus, sondern ist Teil der Szene – und zwar in Europa und Amerika nach
wie vor der mit Abstand bedeutendste; die kulturellen Strömun-
gen der Gegenwart machen nicht einen Bogen um die Kirchen
und die einzelnen Christen, sondern gehen zu einem großen Teil
von ihnen selbst aus und dringen in jedem Fall tief in sie ein. Sich
die Arbeit einer bewußten Auseinandersetzung mit diesem Phänomen zu machen, heißt, vielen Fragen nachzugehen, unter anderem folgenden:

– Was suchen Christen, wenn sie in der gegenwärtigen Erlebnisgesellschaft[94] die Qualität ihres Lebens durch immer neue Abwechslungen und immer neue Reize zu steigern suchen?
– Was haben getaufte Christen verloren und was wollen sie gewinnen, wenn sie am Sonntag nicht (mehr) regelmäßig zur
Kirche gehen?
– Welche Erfahrungen machen Christen, wenn sie sich außerhalb
der Bahnen ihrer kirchlichen Tradition bewegen, und was sie
können von dort in das Haus des Glaubens mitbringen?

Würde so gefragt, könnte nicht nur in den Blick kommen,
worin die gegenwärtigen Probleme bei der Weitergabe des Glaubens an die kommende Generation liegen und welche Chancen
bestehen, auf neue Weise Verbindlichkeit im Glauben zu stiften;
es würde auch sichtbar werden, welch große Möglichkeiten zur
Bereicherung kirchlichen Lebens aus bewußt gelebter Zeitgenossenschaft resultieren. Denn einerseits dürfte sich herausstellen,
daß die entscheidenden Glaubens-Probleme der Gegenwart nicht
auf dem Felde pastoraler und pädagogischer Strategien liegen,
sondern in der Schwierigkeit, daß sich die Frage nach Gott und
seiner Gerechtigkeit, nach des Menschen Würde und Elend, nach
seiner Hoffnung und seiner Freiheit angesichts der katastrophalen Unheils- und der ambivalenten Fortschrittsgeschichte dieses
Jahrhunderts immer schwerer mit dem hergebrachten Glaubenswissen beantworten läßt. Andererseits ließe sich zeigen, daß jene
Fragen von eminenter Bedeutung sind – und daß die Orientierung an der Heiligen Schrift des Alten und des Neuen Testaments
die beste Möglichkeit einer Antwort bereithält, die auch heute
verstanden werden kann.

Diese Chance kultureller Arbeit zu nutzen, setzt freilich vor-
aus, den Bogen des Interesses und des Engagements weit über die
Christengemeinden hinaus zu spannen: nicht nur zu den anderen
Religionen, sondern auch zur zeitgenössischen Kunst, Literatur,
Musik und Philosophie, und nicht nur zu den Institutionen des
Bildungsbürgertums, sondern auch zur alternativen Szene, zu
den Medien, nicht zuletzt zur Alltagskultur der großen Bevölke-

rungsmehrheit. Nicht, daß dies alles von einer einzigen Person oder Institution zu leisten wäre! Erforderlich ist vielmehr ein ganzes Netzwerk von Kontakten. Entscheidend ist nur, daß, wo immer möglich, diese Beziehungen gesucht und gepflegt werden. Worüber ist zu sprechen? Worauf ist zu hören? Woran ist zu arbeiten? Ein weites Feld der Möglichkeiten und Notwendigkeiten tut sich auf. Zwei Terrains seien angeschnitten: das Politische und das Ästhetische, das Verhältnis der Kirche zur Aufklärung und zur Kunst.

Das Feld des Politischen:

Die Christen haben sich sehr schwer getan mit der Aufklärung. Während die Kirche in Europa und Amerika bis dahin – noch über die Erschütterungen der abendländischen Kirchenspaltung hinweg – *der* prägende und treibende Kulturfaktor gewesen ist, konnte es aufgrund engstirniger Defensiven gegen die Freiheitsbewegung und unglücklicher Ehen zwischen Thron und Altar scheinen, die »Legitimität der Neuzeit« (Hans Blumenberg) beruhe auf der Überwindung ihres kirchlich verwalteten christlichen Erbes.[95] »Religion nach der Aufklärung« (Hermann Lübbe) wird vor allem aufgrund ihrer Funktion für die Etablierung politischer Systeme, kultureller Werte, ethischer Normen oder psychischer Zustände beurteilt.[96] Sosehr aber ihre gesellschaftliche und individuelle Funktionalität zu ihrem Wesen gehört, kann sie in ihr nicht aufgehen. Umgekehrt ist ihr aber die Chance eröffnet, in den Freiheitsräumen, die sich um sie herum und in ihr durch die Aufklärung geöffnet haben, neue Zugänge zum Evangelium zu entdecken (zum Beispiel den der »historisch-kritischen Exegese«) und der Defizite wie der Vorzüge ihrer Geschichte und Gegenwart besser ansichtig zu werden.

Das Feld des Ästhetischen:

Die Ästhetik der Gegenwart ist nicht nur durch die epochale Unterscheidung von »Bild und Kult« (Hans Belting)[97] geprägt. Die vom Tempel und der Kirche sich emanzipierende Kunst[98] gewinnt paradoxerweise gerade durch diesen Befreiungsprozeß ihrerseits eine neue religiöse Dimension.[99] Die extrem hohe Spannung von Säkularität und Religiosität baut ein großes Energiepotential auf, das zu nutzen einer Kirche wichtig sein muß, die auf aussagekräftige Worte und Gesten, Räume und Riten des Glaubens angewiesen ist. Gewiß: viele Christen tun sich schwer mit »moderner Kunst«, und viele moderne Künstler tun sich schwer mit der Kirche. Aber das braucht nicht nur ein Nachteil zu sein. Die Möglichkeiten sind groß:

● Aus der Betrachtung abstrakter Malerei läßt sich die Sensibilität für die Transzendenz des Realen und für die Imagination des Unsichtbaren zurückgewinnen.

● Im Begehen (post)moderner Architektur-Räume entwickelt sich der Sinn für Dimension, für Innen und Außen, für Licht und Dunkel, für menschliche Begrenzungen und natürliche Umgebungen.

● Im Hören neuer Musik läßt sich ein exaktes Gefühl für die Zeit wiederfinden, für gestörte und gefundene Harmonien, für Laut und Leise, Hoch und Tief.

● Im Lesen der modernen Literatur schärft sich nicht nur das Ohr für den Klang der Sprache, sondern auch das Interesse für die unzähligen Biographien, die erzählt werden, und den Realitätsgehalt ihrer Fiktionen.

Manch gutgemeinte Versuche eingängiger religiöser Kunst sind nur peinlich. Es zählt einzig die künstlerische Qualität; wo sie aber vorhanden ist, zeigt sich die Wirkung jenes Geistes, auf den jede gute Inspiration« zurückgeht.

Viele andere Punkte könnten angesprochen werden, nicht zuletzt das weithin brachliegende Feld zwischen Theologie und Naturwissenschaft. Entscheidend ist, keine Angst um die Identität und Kommunikabilität des Glaubens in der Moderne zu haben. Nicht nur wenn das Evangelium an den Zeitgeist verraten, sondern auch wenn die solidarische Zeitgenossenschaft aufgekündigt würde, hätte die Kirche ihre Sendung verfehlt.

4. Option für Dialog und Kooperation innerhalb der Kirche

Es ist geradezu verblüffend, mit welch geringem organisatorischen Aufwand sich das Wachstum der neutestamentlichen Kirche vollzogen hat. Diese Beobachtung darf nicht zu der romantisierenden Sicht verführen, die wahre Kirche könne auf jede Bürokratie, am Ende gar auf jede Institution verzichten. Aber die Stärke der neutestamentlichen Gemeinden lag nicht zuletzt in der Intensität der Kommunikation, die innerhalb der Gemeinden (und bald auch zwischen den Gemeinden) gepflegt worden ist. Das ganze paulinische Gemeindemodell funktioniert nur auf der Basis einer Vielzahl von Charismen und Diensten – und auf der Bereitschaft zur Kooperation (1Kor 12; vgl. Eph 4; 1Petr 2). Die johanneische Gemeinde versteht sich als Freundeskreis Jesu, getragen nicht von festen Strukturen, sondern von lebendigen Glaubens-Beziehungen (Joh 15). Lukas sieht das Vorbild einer christlichen Ekklesia in der Jerusalemer Urgemeinde – nicht wegen der Autorität ihres Alters, sondern wegen der Qualität ihres Miteinanders (Apg 2,42-47).

Die Besinnung auf jene Gemeinde-Tugenden ist nötiger denn je: Kaum etwas stört gegenwärtig das Gemeindeleben stärker als mangelnde Information, mangelnde Kommunikation, mangelnde Kooperation. So viele Blockaden durch einsame Entschlüsse, durch versagte Anerkennung, durch eifersüchtige Verteidigung von Privilegien! Wie leicht wäre es – und wie schwer ist es, diese Hürden zu überwinden. Nicht theologische Gründe hindern daran, zu einer Gemeindepraxis mit sehr viel mehr Mit-Beteiligung, Mit-Sprache und Mit-Verantwortung *aller* getauften Christen zu kommen, wohl aber jene menschlich-allzumenschlichen Gründe, die viel mit Bequemlichkeit und Angst zu tun haben, mit der Verteidigung von Macht und mit Überreaktionen frustrierter Christenmenschen.

Gewiß gibt es in vielen Gemeinden, gerade bei den Engagierten, den »Fortschrittlichen«, auch die Tendenz, grundsätzlich die Bedeutung des kirchlichen Amtes in Frage zu stellen. Ob dies aus schlechten Erfahrungen geschieht oder nur im Zuge einer gesellschaftlich weit verbreiteten Institutionenkritik, steht dahin. Vom Neuen Testament her ist jedenfalls an der Notwendigkeit eines Amtes, das der Verkündigung des Evangeliums, der Leitung der Gemeinde und der Verwaltung der Sakramente dient, nicht zu rütteln. Es gehört vielmehr zum Wesen der Kirche, daß es in ihr den apostolischen »Dienst der Versöhnung« (2Kor 5,18) gibt; diese apostolische *Diakonia* repräsentiert der Gemeinde nicht nur ihre Abhängigkeit vom lebendigen Evangelium Jesu, sondern vermittelt ihr kraft des Geistes zugleich wirksam dessen Gnadenmacht, und zwar gerade nicht aus eigener Autorität, sondern – der personalen Dimension des Heilsgeschehens gemäß – »an Christi Statt« (2Kor 5,20), d.h. durch Gott in pneumatischer Teilhabe an der Vollmacht des auferstandenen Gekreuzigten.

Doch fragt sich, ob die wirklich schwerwiegenden Probleme nur dort liegen, wo jene theologischen Einsichten (häufig eher rhetorisch denn programmatisch) in Zweifel gezogen werden. Mindestens ebenso groß scheinen die Probleme auf der Seite der konkreten Amtsführung zu sein. Pfarrherrlichkeit und Autoritätshörigkeit sind Gift für die Gemeinden. Vom Neuen Testament her gibt es die große Möglichkeit, auf eine neue Art Kirche zu sein: neu in der Besinnung auf die vielen Gaben des Geistes und die vielen Aufgaben der Gegenwart, neu auch in der Leidenschaft für das Evangelium und im Verständnis für das Wort Gottes. Wenn aber diese Chance besteht, sind einerseits alle Getauften gefragt, wieweit sie wirklich bereit und in der Lage sind, Verantwortung zu übernehmen – für die Katechese, für die Diakonie, für die Pflege der Gemeinschaft. Andererseits sind aber die Amtsinhaber, vor allem die Pfarrer, gefragt, in welchem Maße sie zum Dialog und zur Kooperation wirklich bereit und in der Lage sind. Es wird sich zeigen, daß im selben Maße, wie Aufgaben abgegeben und Verantwortungen geteilt werden, die Herausforderung einer sozial, liturgisch, spirituell und theologisch kompetenten Gemeindeleitung wächst; und es zeigt sich gleichfalls, daß im selben Maße, wie Gemeindeleitung nicht mit paternalistischer Bevormundung und autoritärem Gehabe verwechselt wird, sondern in den Dienst des Evangeliums gestellt wird, die Begabungen, die Einfälle und Ideen der vielen Gemeindeglieder aufblühen und fruchtbar werden können, ohne dadurch die Einheit der Gemeinde zu paralysieren. So jedenfalls hat Paulus seine Aufgabe als apostolischer Gemeindegründer und Gemeindeleiter gesehen – und womöglich auch ein wenig Erfolg gehabt.

● Gerade wer aus neutestamentlich-theologischen Gründen von der Notwendigkeit des kirchlichen Amtes überzeugt ist und ihm die Kompetenz verbindlicher Lehre und Gemeindeleitung zuerkennt, wird fragen müssen, weshalb nicht sog. »Laientheologen«, Frauen wie Männer, in der Kraft des Geistes an dieser Vollmacht teilhaben können und weshalb ihnen nicht auf dem Wege einer von der Kirche akzeptierten Delegation der Dienst der Predigt und der Gemeindeleitung in Kooperation mit einem ordinierten Pfarrer, aber mit durchaus eigenen Rechten und Pflichten, übertragen werden kann.

● Gerade wer aus neutestamentlich-theologischen Gründen davon überzeugt ist, daß die Gemeinden das Evangelium nicht zur Disposition stellen können, sondern darauf angewiesen sind, im Verein mit der ganzen Kirche amtliche Strukturen auszubilden, die ihnen ihre Hinordnung auf ihren Herrn Jesus Christus repräsentieren, wird fragen müssen, ob es nicht auch um der Profilierung des Amtes willen angezeigt wäre, in stärkerem Maße als heute demokratische Elemente bei der Bestellung eines Bischofs oder eines Pfarrers einzubeziehen. Weshalb soll bei der Aufstellung von Pastoral-, Personal- und Finanzplänen nicht mehr Mitbestimmung der Gemeinden und der Christen einer Diözese möglich sein? Weshalb sollte ein Bischof oder ein Pfarrer nicht gehalten sein, seiner Gemeinde Rechenschaft über seine Amtsführung zu geben? Solche Reformen könnten ein Mittel sein, die gemeinsame Glaubens-Verantwortung aller Getauften zu stärken und gleichzeitig die Akzeptanz des amtlichen Dienstes zu erhöhen. Das synodale Element in der katholischen Kirche wiederzubeleben, führt, wie sich vielfach zeigt, zu einer Belebung des Bistums – wenn die spezifische Kompetenz des bischöflichen

Lehramtes nicht tangiert wird und wenn nicht nur Themen, die im gesellschaftlichen Trend liegen oder von kleinen Interessengruppen favorisiert werden, zur Debatte stehen, sondern wirklich die Fragen der Glaubenden, gerade der einfachen Menschen.

Entscheidend ist die Entwicklung eines neuen Miteinanders auf der Ebene der Pfarrgemeinden, der Bistümer, der Weltkirche. Hier liegt der Schlüssel für die Zukunft. Dialog und Kooperation sind das Gebot der Stunde.[100]

5. Option für Diakonie und soziales Engagement

Die Anziehungskraft, die von den urchristlichen Gemeinden ausging, beruhte nicht zuletzt auf den Formen menschlichen Miteinanders, die in ihnen gepflegt wurden. Die Aufgabe war schwer genug: In Gottes Erwählung ist eine fundamentale Gleichheit aller Christen begründet; sie bezieht sich nicht nur auf die gemeinsame Würde als Geschöpfe Gottes, sondern zugleich auf die gemeinsame Hoffnung auf Vollendung. Die Kraft der Gnade Gottes ist so groß, daß sie *alle* Barrieren überwindet, die Menschen zwischen sich aufgerichtet haben, um durch Rivalität, Ausgrenzung und Selbstimmunisierung auf Kosten der anderen groß sein zu können. Die Christengemeinde, in der Arme und Reiche, Sklaven und Freie, Gebildete und Ungebildete, Männer und Frauen mit ihren gesellschaftlich vorgegebenen Rollenerwartungen zusammenkommen, ist der Ort, die gesellschaftlich geprägten Diskriminierungen zu überwinden: im gemeinsamen Gebet, im gemeinsamen Hören auf das Wort Gottes, im gemeinsamen Brechen des Brotes, nicht zuletzt in der Diakonie, auch in der Verantwortung für die gesamte Gemeinde. Daß die »Mühseligen und Beladenen« zu Jesus kommen können, um dort Ruhe und Erfrischung zu finden (vgl. Mt 11,28ff), ist eine große Gabe und eine große Aufgabe für die Nachfolger Jesu. Bis heute eine große Gabe: denn nach wie vor dürften die Gemeinden, gerade in der hergebrachten Form der Pfarreien, vielerorts zu den wenigen Räumen gehören, in denen Angehörige ganz unterschiedlicher Gesellschafts- und Bildungsschichten überhaupt zusammenkommen.

Und deshalb auch bis heute eine große Aufgabe: Besuchsdienste, Nachbarschaftshilfen, Diakoniestationen, integratives Lernen in kirchlichen Kindergärten und Schulen, Hausaufgabenbetreuung, Eingliederungshilfen für Aussiedler, Telefonseelsorge, psychologische Beratung, Begleitung von Asylbewerbern, Krankenpflege, Sterbebegleitung, ... – es ist gut, die mannigfaltigen Dienst-Leistungen, die in vielen Gemeinden und Pfarrverbänden organisiert oder ganz selbstverständlich praktiziert werden, in Erinnerung zu bringen und als genuin *kirchliche* Aktionen zu würdigen; und es ist gut, weiter an diesem Beziehungsnetz zu knüpfen – gut für die Menschen und gut für die Kirche.

Jene soziale Sensibilität und Aktivität kann dann aber auch eine starke Antriebsfeder für ein politisches Engagement von Christen werden: nicht im Sinne einer Klerikalisierung der Politik, auch nicht aufgrund eines »gesunden« Willens zur Macht, sondern als Ausdruck des Hungers nach Gerechtigkeit (Mt 5,6), sowohl für die Mitglieder des eigenen Staatswesens wie auch für die anderen Völker. Die Aufgabe der Kirchen im öffentlichen Diskurs leitet sich zumal aus der sozialen Dimension des Evangeliums und dessen Option für die Freiheit ab. Daraus resultiert vor allem der Kampf für die Menschenrechte, die sich ja ohnedies am besten als (wenngleich kirchlich allzu lang verkannte) juridische Umsetzung der biblischen Anthropologie verstehen lassen[101]. Glaubwürdigkeit gewinnt die Kirche freilich erst dort, wo sie nicht nur bei der Verletzung eigener Rechte aktiv wird, sondern auch die der anderen verteidigt: die Religions- wie die Gewissensfreiheit auch der Andersdenkenden, das Recht auf Leben vor wie nach der Geburt, das Recht auf Lebensunterhalt und Bildung, das Recht auf gesellschaftliche Mitbestimmung und politische Mitverantwortung auch in der Kirche.

Entscheidend ist jedoch nicht nur der gute Wille, sondern auch das sachkundige Urteil. Sollte sich die kirchliche Politik auf die Proklamation von Forderungen zurückziehen, wäre wenig gewonnen, sosehr es der Warnung, der Mahnung, der Anregung bedarf. Theologische Allgemeinplätze helfen nichts. Umgekehrt zeigt sich noch und noch, wie sehr die Pragmatiker der Politik, der Wirtschaft, des Rechts, des Sozialsystems, auch der Kultur auf den Dialog mit Kirchenvertretern angewiesen sind, die ihnen Auskunft über tragende Werte und lohnende Handlungsziele geben können. Der ehemalige Bundesverfassungsrichter Ernst-Wolfgang Böckenförde notiert[102]:

Der freiheitliche säkularisierte Staat lebt von Voraussetzungen, die er selbst nicht garantieren kann.

Die Zukunft gehört solchen politisch-sozialen Projekten, die einen längeren Gesprächsprozeß voraussetzen, in dem die Kompetenz der fachlichen Experten mit dem biblisch fundierten Glaubens- und Lebenswissen der Kirche verbunden wird.[103]

6. Option für Liturgie und geistliche Erneuerung

Die Qualität des christlichen Gottesdienstes ist von großer Bedeutung für die Ausbreitung des Christentums gewesen. Zweierlei ist den Zeitgenossen immer wieder aufgefallen: die Schlichtheit und die Intensität der Liturgie. Im Zentrum des christlichen Gottesdienstes, der Eucharistie, stehen ganz einfache und deshalb ganz bedeutsame Gegenstände, Gesten und Worte: Brot und Wein, Segnen und Danken, Brechen und Teilen, Essen und Trinken, Sprechen und Schweigen. Eine Rückbesinnung auf das Elementare christlicher Liturgie tut not: Viele Gottesdienste drohen in Routine zu erstarren; andere verlieren sich in immer neuen Experimenten und immer neuen Zeichen-Setzungen, die zwar den Erlebniswert einer Feier steigern können, aber den Verdacht mangelnden Vertrauens in die Verständlichkeit und Überzeugungskraft der biblischen Worte und der liturgischen Zeichen aufkommen lassen. Nichts wäre fataler, denn biblische Texte *sind* verständlich, für Erwachsene wie für Jugendliche und für Kinder – sie müssen nur gut vorgelesen und ausgelegt werden. Die liturgischen Gesten *sind* einprägsam – sie müssen nur konzentriert gemacht und (gelegentlich) ausgedeutet werden.

Die pastoraltheologische Schwierigkeit besteht – besonders in volkskirchlichen Milieus – gewiß auch darin, Menschen, vor allem Jugendlichen, die in beengter Weise sozialisiert worden sind, gottesdienstliche Freiräume zu schaffen, in denen sie Luft zum Atmen bekommen. Alternative Lieder, moderne Gebetstexte, zusätzliche Zeichen können ihnen helfen, Zugang zur Liturgie zu gewinnen. In einer Gesellschaft, die ökonomisch, sozial und kulturell in außerordentlichem Maße auf individuell zugeschnittene, exakt zielgruppenorientierte Angebote setzt, wären die Kirchengemeinden schlecht beraten, nur den traditionellen Einheitsgottesdienst für die *eine* Gemeinde zuzulassen. Freilich bleibt die Aufgabe, nicht eine Fülle liturgischer Sonderkulturen zu pflegen, sondern die Gemeinde als ganze zusammenzuführen – freilich in aller Vielfalt ihrer Glaubensbiographien und in allem Reichtum ihrer Geistesgaben.

Mindestens ebenso groß scheint freilich in der gegenwärtigen Angebots-Kultur die pastoraltheologische Aufgabe, Menschen, die auf die Rezeption schneller Bilderfolgen eingestellt sind und sich deshalb leicht ablenken lassen, die Gelegenheit zur Besinnung, zum Durchatmen, zum Verweilen, zur Konzentration zu geben. »Die Entdeckung der Langsamkeit« (Sten Nadolny), die Einübung eines sorgfältigen Umgangs mit den liturgischen Riten, ist eine wichtige liturgische Tugend unserer Zeit.

Wird sie praktiziert, kann von der christlichen Liturgie nach wie vor eine große Anziehungskraft auf die »Unkundigen« ausgehen, die Paulus so sehr am Herzen liegen (1 Kor 14) und die heute wohl weniger unter den Nicht-Christen zu finden wären als unter jenen Getauften, denen die religöse Sprache und Praxis abhanden gekommen ist. Zahlreiche Erstkommunion- und Konfirmationsfeiern, zahlreiche Tauf-, Trau- und Weihnachtsgottesdienste, zahlreiche Beerdigungsriten legen davon Zeugnis ab. Selbst wenn die sog. Fernstehenden, was angesichts der soziokulturellen Rahmenbedingungen zu erwarten ist, in der übergroßen Mehrzahl

nicht die Kraft zu einem regelmäßigen Gottesdienstbesuch auf-
bringen werden – die Ahnung: »Wahrhaftig, Gott ist mitten unter
euch!« (1 Kor 14,25), mag sie noch so vage bleiben, bricht doch bei
vielen auf, wenn der Gottesdienst nur gut gefeiert wird.

Der Lebensatem der Urkirche ist ihre Frömmigkeit. Geprägt
von einer unerhört neuen Gotteserfahrung, die ihnen der Geist
zuteil werden ließ, findet sich bei den neutestamentlichen Christen eine staunenswerte Dichte des Gebetslebens wie des theologischen Nachdenkens, der Christusbeziehung wie des Gottes-
glaubens – und von daher der Ethik. Nicht sosehr ekstatische
Visionen, spirituelle Höhenflüge, enthusiastische Ausbrüche
waren es, die neutestamentliche Gemeinden im Gottesglauben
verankert sein ließen, sondern weit mehr nüchterne Prophetie,
verständliche Lehre, erfahrungsgesättigtes Gebet. Diese spirituelle Intensität ist vorbildlich bis heute.

Die entscheidende Aufgabe besteht gegenwärtig wohl nicht
sosehr darin, den Sinn der Menschen für die Unendlichkeit, für
die Dimension des Göttlichen zu wecken, sondern darin, ihrer religiösen Bewegungsfreude eine Richtung zu geben, ihrer religiösen Sehnsucht einen festen Anhaltspunkt, ihrer religiösen Neu-
gier ein Ziel. Entscheidend ist es, den Sinn für Gott zu wecken –
nicht nur für irgendein höheres Wesens, das am Ende doch nur
die Projektion des individuellen oder kollektiven Ichs ist, sondern
für den »lebendigen und wahren Gott« (1 Thess 1,9), der sich in
der Geschichte Israels, zuhöchst aber in der Geschichte Jesu als
»Gott der Hoffnung« (Röm 15,13) erweist. Es geht darum, das
Wort Gottes als Wort des Lebens vernehmbar werden zu lassen;
dies setzt voraus, in der Verkündigung zu sagen, wie das Leben
selbst zum Ort der Offenbarung Gottes wird; und es geht darum,
das Wort des Lebens als Wort Gottes vernehmbar werden zu lassen; das setzt voraus, in der Verkündigung zu sagen, inwiefern der
eine Gott das Geheimnis des menschlichen Lebens ist.

Die Vermittlungsprobleme resultieren nicht zuletzt aus der
religiösen Sprachnot, die derzeit groß ist – Sprachnot im weite-

sten Sinn des Wortes: Unfähigkeit, sich religiös auszudrücken; Unfähigkeit, die liturgische Zeichensprache zu verstehen; Unfähigkeit, den eigenen Glauben mit anderen ins Gespräch zu bringen. Menschen, die traditionelle Gebete verlernt und eine persönliche Gebetssprache nie entwickelt haben, Menschen, die nicht wissen, wie sie sich in Kirchenräumen verhalten und beim Gottesdienst mitmachen sollen, tun sich nicht nur schwer, ihren jeweils ureigenen Glauben auszudrücken; sie werden auch kaum in der Lage sein, den Glauben an die kommende Generation zu vermitteln. Wer die Hilflosigkeit junger Eltern kennt, die zwar die Verantwortung spüren, ihre Kinder religiös zu erziehen, aber ganz unsicher sind, welche Wege sie einschlagen sollen, und wer aus eigener Erfahrung weiß, wie schlecht es um die religiöse Sprachkompetenz vieler Jugendlicher bestellt ist, die nicht wissen, wohin sie mit ihren Gefühlen, ihren Ideen, ihrem Protest und ihren Träumen sollen und dringend auf Ansprechpartner angewiesen sind, wird die Dimension der Herausforderung erkennen: Religiöse Spracherziehung für den öffentlichen wie den privaten Raum, für den Gemeindegottesdienst wie für die Familien, für Kinder, Jugendliche, Erwachsene und Alte ist eine der entscheidenden katechetischen und didaktischen Aufgaben, vor denen die Kirche steht.

Wie aber soll diese Aufgabe erfüllt werden, wenn nicht in den Gemeinden, in den Gottesdiensten, in den Katechesen, in den Gruppen und Verbänden das Gespür für die einzigartige spirituelle Kraft der Heiligen Schrift, des Alten wie des Neuen Testaments, entwickelt wird? Viele Initiativen gibt es bereits. Sie zu verstärken und auszuweiten, dürfte eine der dringendsten Aufgaben gegenwärtiger Gemeindepraxis sein. Bibelkreise können ein starkes Ferment bilden; doch sind sie zumeist klein. Entscheidend ist, über diese Gruppen hinaus in den Lebens-Fragen und Glaubens-Problemen, die sich inmitten der Gemeinde stellen, das Wort Gottes im Wort der Heiligen Schrift vernehmbar zu machen. Wer sieht, welch starkes Echo die Heilige Schrift mit ihrer Sprache und ihren Symbolen, ihrer Gottesrede und ihrem Menschenbild in der zeitgenössischen Kultur hinterläßt, in der Philosophie wie der Malerei, der Literatur wie der Musik: der fragt sich gelegentlich, ob diese Entwicklung nicht in manchen Gemeinden schlicht verschlafen wird – und darf dennoch zuversichtlich sein, daß eine aus biblischen Quellen erneuerte Spiritualität überzeugend sein wird.[104]

7. Option für verständliche und verbindliche Theologie

Die Kirche lebt, wenn in ihr das Evangelium verkündet wird. Die Verkündigung des Evangeliums setzt zweierlei voraus: zum einen, die Menschen sehr gut zu kennen, die es hören und verstehen sollen, zum anderen aber, in der Fülle der Themen das Zentrum der Frohen Botschaft zu erkennen und von der Mitte des Glaubens aus die vielen Facetten des Kerygmas zu entdecken. Beides, das Nachdenken über die gegenwärtige Verkündigungssituation und das Nachdenken über den Gehalt des Verkündigten, ist die ureigene Aufgabe der Theologie. Sie hat ihren Ort innerhalb der Kirche, insofern sie im Dienst der Glaubenserkenntnis und der Glaubensvermittlung steht. Umgekehrt muß es der Kirche um eine gute, auf das Evangelium konzentrierte und deshalb ebenso kritische wie konstruktive Theologie zu tun sein.

Was heißt das für die Gegenwart?

Von Johannes XXIII. wird eine Anekdote überliefert, die wie ein Gründungsmythos des Zweiten Vatikanischen Konzils klingt. Ein römischer Prälat, ganz entgeistert ob des kühnen päpstlichen Entschlusses, ein allgemeines Konzil einzuberufen, fragt den Papst, warum das um Himmels willen notwendig sei; und Johannes XXIII., ohne ein Wort zu sagen, sei aufgestanden und habe nur das Fenster seines Zimmers geöffnet.

Kein Zweifel: eine faszinierende Geste, eine sprechende Metapher. Allerdings, ihre befreiende Plausibilität setzt eine bestimmte Kirchen-Erfahrung voraus: daß man sich in einem festen Gebäude mit dicken Mauern befindet, in einem verschlossenen Zimmer, in dem es ein wenig muffig riecht, weil man sich allzu lange vor der Welt verbarrikadiert hat. Wer in einem solchen Kir-

chen-Haus lebt, lechzt nach neuen Erfahrungen, nach unge-
wohnten Freiheiten, nach voller Aufklärung. Die katholische
Theologie hat nach dem Konzil vielen Katholiken diese Spielräu-
me erschlossen. Sie hat damit, trotz einiger Überspanntheiten,
dem Glauben unschätzbare Dienste geleistet: Sie hat harte Verkrustungen aufgebrochen, falsche Selbstverständlichkeiten in
Frage gestellt, fromme Illusionen zerstört.

Es gibt kein Zurück hinter den Stand des Problembewußt-
seins, der von den fünfziger Jahren bis in die siebziger Jahre erarbeitet worden ist. Allein, die Zeiten haben sich geändert! Welcher
junge Christ, welche junge Christin lebt hierzulande noch in jener
scheinbar uneinnehmbaren Glaubens-Burg, die voll Glorie weit
über alle Land schaut? Wer hat wirklich noch das Evangelium als
Drohbotschaft verkündet bekommen? Wie viele pädagogische
Repressionen haben sie in ihrem Religionsunterricht oder in ihrer
Gemeindekatechese denn wirklich erfahren?

Keine Frage: negative Beispiele gibt es immer wieder. Aber das
Gesamtbild hat sich doch ganz erheblich verändert. Viele Menschen, besonders viele Jugendliche, sind religiös obdachlos geworden. Sie brauchen und sie suchen ein Haus des Glaubens, das
ihnen zur Heimat werden kann, ein Haus, in dem sie – zusammen
mit anderen – leben (und dann auch sterben) können, ein Haus,
dessen Türen offen stehen und dessen Licht warm und anziehend
ist. Ein solches Glaubens-Haus aber muß vielerorts überhaupt
erst wieder errichtet werden. Das wäre nicht nur eine elementare
kirchliche, sondern ebenso eine elementare gesellschaftspoliti-
sche Aufgabe.

In diesen Hausbau die ganze Energie der Theologie zu
stecken, scheint nötig und dankbar. Was Christen glauben und
wie sie glauben, welchen Erfahrungsschatz die Bibel bereithält,
welches Welt- und welches Menschenbild der Heiligen Schrift
entspricht, welches gültige Werte und notwendige Tugenden sind
– diese Fragen stellen sich heute in ganz neuer Unmittelbarkeit,
und sie fordern von der Theologie, besonders der Bibelwissenschaft, ganz neue Antworten.

Diese Antworten zu geben, wird nur unter zwei Voraussetzungen möglich sein. Die erste Voraussetzung ist, daß keine kritische Frage abgewimmelt wird, die, von wem auch immer, an das Gottesbild und die Glaubensaussagen, die Ethik und die Spiritualität sowohl der Bibel als auch der (ihr verpflichteten) Kirche gerichtet wird. Widerspruch tut gut; Konkurrenz belebt das Geschäft; nur interesseloses Wohlwollen ist tödlich. In einer Flaute kann man nicht segeln, im Gegenwind aber sehr gut – wenn man ein gutes Boot hat, was beim Evangelium Jesu angenommen werden darf, und wenn man die Kunst des Segelns beherrscht, was sich herausstellen muß.

Die zweite Voraussetzung ist, daß die ganze Schatzkiste der Bibel ausgepackt, daß kein Gedanke, kein Satz, kein Text der Heiligen Schrift verachtet, daß vielmehr alle Anstrengung darauf gerichtet wird, auch die anstößigen Stellen zu verstehen, zu gewichten, zu würdigen. Ähnlich angesichts der kirchlichen Tradition: gewiß gibt es viele Schwachstellen, manches Versagen, schreckliche Schuld. Aber in ihrer langen Geschichte, ihrer facettenreichen Gegenwart und ihrer großen Zukunft ist und bleibt die Kirche doch die von Gott durch Jesus Christus selbst gestiftete und am Leben erhaltene Gemeinschaft der Glaubenden, die nicht nur zum Gotteslob und zum Dienst am Nächsten *bestellt* ist, sondern dieses Gotteslob und diesen Dienst am Nächsten auch tatsächlich noch und noch *praktiziert.* Welch geistigen Reichtum gibt es zu entdecken – in den Bibelkommentaren der Kirchenväter, in den klösterlichen Liturgien des Mittelalters, in den spirituellen Bewegungen der Neuzeit! Wie fahrlässig wäre es, diese Überlieferung zu verachten oder zu vergessen – und wie leichtfertig, sie unkritisch nachzubeten. Eberhard Jüngel hat das Problem in seinem Beitrag zur Diskussion über den Ort der Theologie an der Universität, die in der »Frankfurter Allgemeinen Zeitung« geführt worden ist, genau beschrieben[105]:

Was im Gedächtnis der Kirche aufgehoben ist, kann der Gegenwart zu Hilfe kommen, kann aber auch dazu beitragen, die Gegenwart zu vergiften. Die wissenschaftliche Theologie ist nicht zuletzt dazu gut, mit dem Elefantengedächtnis der Kirche einigermaßen hygienisch umzugehen, auf daß alles, was der Wahrheit des Evangeliums dient, lebendig bleibt und alles andere aus dem lebendigen Gedächtnis ins kirchengeschichtliche Archiv überstellt wird.

Beides ist wohl nötig: das kollektive Gedächtnis der gegenwärtigen Christengeneration aufzufrischen und Aussortierungsarbeiten vorzunehmen. Das eine ist die Voraussetzung des anderen, wenn nicht der Zeitgeschmack, sondern theologische Kompetenz die Entscheidung treffen soll.

Wenn jene beiden Voraussetzungen erfüllt sind, sowohl Respekt vor der Heiligen Schrift und faire Auseinandersetzung mit allen neuen und alten Einwänden gegen das Evangelium, als auch kenntnisreiche Kritik, Aneignung und Anverwandlung der kirchlichen Tradition, dann kann die Hauptarbeit der Theologie wie der Glaubensverkündigung in Angriff genommen werden: die großen und die kleinen, die bekannten und die unbekannten, die beliebten und die unbeliebten, die passenden und die unpassenden Texte der Bibel neu zu entdecken und neu zur Sprache zu bringen – nicht in erstarrten Formeln und nicht in windschnittigen Werbeslogans, sondern im Gespür für die große Sprachkraft, die von der Bibel selbst ausgeht und bis weit über das Terrain der Theologie und der Prediger hinaus gespürt wird.

Das große Thema, das in dieser Weise von der Bibel her zur Sprache gebracht werden muß, heißt Wahrheit – nicht nur Wahrhaftigkeit, Aufrichtigkeit, Glaubwürdigkeit, sondern Wahrheit. Daß sich Fundamentalisten aller Couleur dieses gefährlichen Themas bemächtigen, zeigt nur die Notwendigkeit, es in der Freiheit des Geistes anzugehen. Indem es aber die Theologie, zumal die exegetische, sich zu stellen wagt, leistet sie einen Dienst für die gesamte Kirche *und* für die Gesellschaft. Ingolf U. Dalferth, der evangelische Systematiker, hat zwar recht, wenn er in seiner Zürcher Antrittsvorlesung 1996 feststellt[106]:

In Sachen Religion und Glaube scheint die öffentliche Meinung heute allenfalls noch Geschmacksfragen zu kennen.

Aber ihm ist gleichfalls zuzustimmen, wenn er aus dieser Beobachtung nicht etwa die Relativierung, sondern die öffentliche Formulierung vernünftiger Glaubensverantwortung ableitet. Dann aber geht es um die Wahrheit und nichts als die Wahrheit.

Freilich kommt die Prononcierung der Wahrheitsfrage an der Schwelle zum 3. Jahrtausend bezeichnenderweise weniger aus dem Westen als aus dem Osten Europas. Der polnische Philosoph Józef Tischner aus Krakau fragt[107]:

Was kann Westeuropa einem aus dem GuLag Entlassenen derzeit anbieten? Was haben ihm Existentialismus, Strukturalismus, Psychoanalyse, Hermeneutik und Sprachphilosophie und nicht zuletzt auch der Neuthomismus zu sagen? Wird ihm als erstes geraten, sich von seinem Alptraum ablenken zu lassen? Wird man ihm weismachen, daß das Bild Gottes vor Auschwitz mit jenem danach identisch ist und der Mensch jetzt nach den GuLags der gleiche geblieben ist? Will nun Westeuropa ernsthaft darauf bestehen, daß nun alles vorbei ist und bald vergessen sein wird? Waren also wirklich alle Totalitarismen nichts weiter als ein Betriebsunfall, der dem europäischen Verstand zwar einmal passiert ist, ihn aber nicht daran hindern wird, unbeirrt am Bau der künftigen glücklichen Welt weiterzubasteln?

Die Verblüffung westlicher Intellektueller war groß, als Václav Havel, heute der Staatspräsident Tschechiens, seine begeisternden Reden auf dem Wenzelsplatz in Prag unter das Leitmotiv Lüge und Wahrheit stellte.[108] Dabei hätte man schon zuvor um die Bedeutung dieses Themas wissen können.[109] In einem 1984 erschienenen Essay über »Politik und Gewissen« schrieb er prophetisch, auf den Russen Andrej D. Sacharow und den Polen Lech Walesa anspielend[110]:

Es zeigt sich, daß Wahrheit und Sittlichkeit einen neuen Ausgangspunkt für die Politik begründen können und auch heute ihre unstreitige politische Kraft haben können: die warnende Stimme eines einzigen tapferen Wissenschaftlers, eingeschlossen irgendwo in der Provinz und von der aufgehetzten Umgebung terrorisiert, ist über die Kontinente hinweg zu hören und spricht das Gewissen der Mächtigsten dieser Welt mehr an, als ganze Brigaden besoldeter Propagandisten imstande sind, sich selber anzusprechen. Es zeigt sich, daß so durch und durch persönliche Kategorien wie Gut und Böse immer noch ihre eindeutige Bedeutung haben und unter bestimmten Bedingungen imstande sind, eine scheinbar unerschütterliche Macht mit ihrer ganzen Armee von Soldaten, Polizisten und Bürokraten zu erschüttern. Es zeigt sich, daß die Politik bei weitem nicht immer eine Angelegenheit professioneller Techniker der Macht bleiben muß und daß ein einfacher Elektriker, der das Herz auf dem rechten Fleck hat, etwas über sich achtet und sich nicht fürchtet, die Geschichte seines Volkes beeinflussen kann.

Wer, wenn nicht die Theologie, sollte in den Dienst dieser Wahrheit treten, die zugleich Sittlichkeit hervorbringt? Wo, wenn nicht in den Kirchen, sollte die Leidenschaft für die Wahrheit zur Sprache kommen?

Was aber hieße dies für die Rede über die Kirche selbst? Die Wahrheit über die Kirche zu sagen, bedeutet: sie nicht zu verklären und nicht in den Schmutz zu ziehen; die Höhen und die Tiefen ihrer Geschichte nüchtern zu beschreiben; die Biographien der vielen Menschen nachzuzeichnen, die sie geprägt hat; wachsam ihre gegenwärtigen Versuchungen und selbstkritisch ihre gegenwärtigen Leistungen zu erkennen; die Not wahrzunehmen, in die sie Menschen gebracht hat, und die Not, aus der sie Menschen geholfen hat; die Hoffnungen zu sehen, die sie erfüllt und die sie enttäuscht hat; die Liebe, die sie verweigert und gelebt hat; den Glauben, den sie bezeugt und beschwert hat. Das Resultat wird weder eine düstere Kriminalgeschichte noch eine glorreiche Siegesgeschichte sein, sondern eine leidenschaftlich genaue Sozial-, Ideen-, Frömmigkeits- und Überlieferungsgeschichte der Kirche, der nichts Menschliches fremd ist und die dennoch – oder deswegen? – in einzigartiger Weise von der Präsenz des Geistes Gottes bestimmt ist.

Damit aber kommt erst der entscheidende Aspekt in den Blick. Die Wahrheit über die Kirche zu sagen, bedeutet nämlich auch: vom Evangelium zu reden, das sie auszurichten hat, das ihr anvertraut ist, dem ihr Leben gehört. Die Wahrheit dieses Evangeliums ist nicht nur die subjektive Wahrheit großer Gefühle, intensiver Erfahrungen und persönlicher Überzeugungen. Es ist vielmehr eine Wahrheit, die in der Wirklichkeit Gottes selbst besteht. Diese Wahrheit ist verletzlich; sie wird noch und noch mißbraucht. Sie kann nicht »wissenschaftlich bewiesen« werden – aber nicht, weil sie unwissenschaftlich, am Ende gar irrational wäre, sondern weil sie jeder Wissenschaft und Rationalität vorausliegt. Die Aufgabe der Theologie (nicht nur der universitären) ist es, diese Wahrheit des Evangeliums aufzuweisen, darzustellen, anzuleuchten – so daß sie aus sich selbst heraus zu überzeugen vermag. Dies gelingt in dem Maße, wie die großen Texte und die großen Themen der Bibel, die prägenden Aussagen über Gott und seinen Christus, über die Menschen, ihre Schuld und ihre Hoffnung, über die Welt, ihre Schöpfung und ihre Vollendung zur Sprache gebracht werden – in einer Sprache, die von den Menschen heute verstanden werden kann, weil sie weder erstarrte Formeln repetiert noch modisch daherplätschert, sondern die Worte der Bibel selbst wiederzugewinnen versucht.

Für die Wahrheit einzutreten, führt die Theologie der Kirche nicht zum Fundamentalismus, der ja gerade der Wahrheits*frage* auszuweichen trachtet. Für die Wahrheit einzutreten, führt die Theologie vielmehr zu Jesus Christus – im respektvoll kritischen Gespräch mit den Kulturen und Religionen der Vergangenheit wie der Gegenwart. Und in der Gewißheit von Joh 8,32 gilt:

Die Wahrheit wird euch freimachen!

Anmerkungen

1   Eine gute Gesamt-Einführung in die Thematik gibt auf der Basis exakter bibel-
    wissenschaftlicher Studien, aber in Konzentration auf die wesentlichen Fra-
    gestellungen *J. Roloff,* Die Kirche im Neuen Testament (Das Neue Testament
    Deutsch. Ergänzungsreihe 10), Göttingen 1993.

2   *A. Vögtle,* Die Dynamik des Anfangs, Freiburg – Basel – Wien 1988.

3   *J. B. Metz,* Gotteskrise. Ein Portrait des zeitgenössischen Christentums, in: SZ
    am Wochenende. Feuilleton-Beilage der Süddeutschen Zeitung Nr. 168, Sams-
    tag/Sonntag 24/25. Juli 1993; vgl. *ders.,* Der unpassende Gott, in: Frankfurter
    Allgemeine Zeitung v. 31. 8. 1995, S. 27.

4   *O. Marquard,* Lob des Polytheismus, in: ders., Abschied vom Prinzipiellen,
    Stuttgart 1981, 91-111; *ders.,* Apologie des Zufälligen, Stuttgart 1986.

5   *O. Marquard,* Der Philosoph als Schriftsteller, in: H. Fechtrup – F. Schulze – Th.
    Sternberg (Hg.), Sprache und Philosophie, Münster 1996, 9-22.

6   Nähere Informationen bei *J. Roloff,* Apostelgeschichte (Das Neue Testament
    Deutsch 5), Göttingen 1981, 106-111.

7   Vgl. *H. D. Betz,* Der Galaterbrief, München 1988, 196f.

8   Vgl. *A. Weiser,* Miteinander Gemeinde werden, Stuttgart 1993 (1982).

9   Vgl. *G. Theißen,* Studien zur Soziologie des Urchristentums (Wissenschaftliche
    Untersuchungen zum Neuen Testament 19), Tübingen [3]1989; *E. u. W. Stege-
    mann,* Urchristliche Sozialgeschichte. Die Anfänge im Judentum und die Chri-
    stusgemeinden in der mediterranen Welt, Stuttgart u.a. 1995.

10 Vgl. *J. Maier,* Zwischen den Testamenten (Die Neue Echter Bibel. Ergänzungs-
    band 1), Würzburg 1990.

11 Vgl. *H.-J. Klauck,* Die religiöse Umwelt des Urchristentums (Studium Katholi-
    sche Theologie 9/1.2), 2 Bde., Stuttgart 1995/96.

12 Geschichtliche Überblicke vermitteln *H. Conzelmann,* Geschichte des Urchri-
    stentums (Das Neue Testament Deutsch. Ergänzungsreihe 5), Göttingen [5]1983
    ([1]1969); *W. Schneemelcher,* Das Urchristentum, Stuttgart u.a. 1981.

13 *A. Loisy,* L'Évangile et l'Église, Paris 1902, 111.

14 Vgl. *H. Merklein,* Jesu Botschaft von der Gottesherrschaft (Stuttgarter Bibel-
    Studien 111), Stuttgart [3]1989.

15 Zu dieser Auslegung des Festmahl-Gleichnisses vgl. meine Studie: Das Gleich-
    nis vom Gastmahl (Lk 14,15-24 par Mt 22,1-10). Zur ekklesiologischen Di-
    mension der Reich-Gottes-Verkündigung Jesu, in: R. Kampling – Th. Söding
    (Hg.), Ekklesiologie des Neuen Testaments. FS K. Kertelge, Freiburg – Basel –
    Wien 1996, 56-84.

[16]   Vgl. *J. Gnilka,* Jesus von Nazaret (Herders Theologischer Kommentar zum Neuen Testament. Supplementband 3), Freiburg – Basel – Wien 1993, 187-192.

[17]   Vgl. *H.-J. Klauck,* Judas – ein Jünger des Herrn (Quaestiones disputatae 111), Freiburg – Basel – Wien 1987, 40-44.

[18]   Nähere Begründungen und Hinweise auf Literatur finden sich in meinem Beitrag: Das Mahl des Herrn. Zur Gestalt und Theologie seiner ältesten nachösterlichen Tradition, in: J. Hilberath – D. Sattler (Hg.), Vorgeschmack. Ökumenische Bemühungen um die Eucharistie. FS Th. Schneider, Mainz 1995, 134-163.

[19]   Vgl. *Th. Söding,* Mehr als ein Buch. Die Bibel begreifen, Freiburg – Basel – Wien ²1996 (¹1995), 218-231.

[20]   Vgl. *K. Kertelge,* Jüngerschaft und Nachfolge, in: Th. Söding (Hg.), Der Evangelist als Theologe. Studien zum Markusevangelium (Stuttgarter Bibel-Studien 163), Stuttgart 1995, 151-165.

[21]   Einen guten Einblick vermittelt *J. Ernst,* Markus. Ein theologisches Portrait, Düsseldorf 1987.

[22]   Vgl. *Th. Söding,* Glaube bei Markus (Stuttgarter Biblische Beiträge 12), Stuttgart ²1987 (¹1985), 332ff.

[23]   *J. Ernst,* Matthäus. Ein theologisches Portrait, Düsseldorf 1989, 38.

[24]   Vgl. *U. Luz,* Die Jesusgeschichte des Matthäus, Neukirchen-Vluyn 1993.

[25]   Vgl. *C. Thoma,* Das Messias-Projekt, Augsburg 1994, 175-218.

[26]   Vgl. *H. Frankemölle,* Matthäuskommentar I, Düsseldorf 1994, 165-168.

[27]   Ob diesem Kontrast freilich eine historische Begebenheit zugrundeliegt, ist zweifelhaft, weil es außerhalb von Mt 2 kein Zeugnis für den »Kindermord« gibt.

[28]   *F. Dürrenmatt,* Zusammenhänge, Zürich 1980, 15f.

[29]   Vgl. *H. Weder,* Die »Rede der Reden«, Zürich 1985, 89f.

[30]   Eine bewegende Auslegung, die Exegese und Applikation untrennbar miteinander verbindet, gab 1935, da sich die Bekennende Kirche zu finden begann, *H. Schlier,* Das Schifflein der Kirche (Theologische Existenz heute 23), Bern 1935.

[31]   Vgl. *K. Schatz,* Der päpstliche Primat – seine Geschichte von den Ursprüngen bis zur Gegenwart, Würzburg 1990.

[32]   Vgl. *A. Vögtle,* Das Evangelium und die Evangelien, Düsseldorf 1971, 137-170.

[33]   Vgl. *J. Gnilka,* Das Matthäusevangelium II (Herders Theologischer Kommentar zum Neuen Testament I/2), Freiburg – Basel – Wien 1988, 67ff.

[34]   Vgl. *K. Kertelge,* Gemeinde und Amt im Neuen Testament, München 1972, 136f.

[35]   Vgl. *F. Hahn,* Exegetische Beiträge zum ökumenischen Gespräch I, Göttingen 1986, 185-200.

[36] Vgl. *U. Luz,* Das Evangelium nach Matthäus II (Evangelisch-katholischer Kommentar zum Neuen Testament I/2), Zürich – Neukirchen-Vluyn 1990, 466.

[37] Zur Einführung vgl. *J. Ernst,* Lukas. Ein theologisches Portrait, Düsseldorf 1985.

[38] Den alttestamentlichen Hintergrund beleuchtet *Ch. Dohmen,* Von Weihnachten keine Spur? Adventliche Entdeckungen im Neuen Testament, Freiburg – Basel – Wien 1996.

[39] Einen Überblick über die relevanten Stellen verschafft *E. Ruckstuhl,* Jesus – Freund und Anwalt der Frauen, Stuttgart 1996 (auch wenn die Beobachtungen und Wertungen mancherorts kritisch überprüft werden müssen).

[40] Vgl. die Auslegung von *A. Weiser,* Die Apostelgeschichte I (Ökumenischer Taschenbuchkommentar zum Neuen Testament 5), Würzburg 1981, 101-106.

[41] Vgl. *R. Pesch,* Die Apostelgeschichte I (Evangelisch-katholischer Kommentar zum Neuen Testament V/1), Zürich – Neukirchen-Vluyn ²1994, 184-194.

[42] Vgl. *E. Lohse,* Paulus. Eine Biographie, München 1996.

[43] Vgl. *Th. Söding,* Die Trias Glaube, Hoffnung, Liebe bei Paulus (Stuttgarter Bibel-Studien 150), Stuttgart 1992.

[44] Vgl. *Th. Söding,* Das Wort vom Kreuz. Studien zur paulinischen Theologie (Wissenschaftliche Untersuchungen zum Neuen Testament 93), Tübingen 1997, 260-271.

[45] Vgl. *J. Werbick,* Kirche, Freiburg – Basel – Wien 1994, 277-315.

[46] Vgl. *Th. Söding,* Das Wort vom Kreuz (s. Anm. 44) 272-299.

[47] Gute Auskünfte bezieht man bei *H.-J. Klauck,* Gemeinde – Amt – Sakrament, Würzburg 1989.

[48] Vgl. *R. Schnackenburg,* Der Brief an die Epheser (Evangelisch-katholischer Kommentar zum Neuen Testament X), Zürich 1982, 17-34.

[49] Vgl. *N. Lohfink,* Das Jüdische am Christentum, Freiburg – Basel – Wien 1987.

[50] Vgl. *L. Oberlinner,* Die Pastoralbriefe I-II (Herders Theologischer Kommentar zum Neuen Testament XI/2,1.2), Freiburg – Basel – Wien 1994/95.

[51] Vgl. *J. Roloff,* Der Erste Timotheusbrief (Evangelisch-katholischer Kommentar zum Neuen Testament XV), Zürich – Neukirchen-Vluyn 1988, 177-189.

[52] Die Diskussion dieser Frage ist kontrovers; vgl. aber *G. Dautzenberg,* Zur Stellung der Frauen in den paulinischen Gemeinden, in: ders. u.a., Die Frau im Urchristentum (Quaestiones disputatae 95), Freiburg – Basel – Wien 1983, 182-224.

[53] Von den Neutestamentlern wird es gemeinhin zu den Pseudepigraphen gerechnet. Zu den Entstehungsverhältnissen vgl. *U. Schnelle,* Einleitung in das Neue Testament, Göttingen 1994, 455-474.

215

54 Vgl. *Th. Söding (Hg.)*, Zukunft der Kirche – Kirche der Zukunft. Christen in der modernen Diaspora, Hildesheim 1994.

55 Vgl. *F. Schumacher*, »Laßt euch als lebendige Steine zu einem geistigen Haus aufbauen!« (1Petr 2,5), in: R. Kampling – Th. Söding (Hg.), Ekklesiologie des Neuen Testaments (s. Anm. 15) 440-457.

56 Vgl. *Th. Söding*, Mehr als ein Buch (s. Anm. 19) 303-312.

57 Vgl. *J. Gnilka*, Theologie des Neuen Testaments (Herders Theologischer Kommentar zum Neuen Testament. Supplement 5), Freiburg – Basel – Wien 1994, 375-385.

58 Vgl. *Th. Söding*, Mehr als ein Buch (s. Anm. 19) 278-290.

59 Klar herausgestellt von *E. Gräßer*, Der Brief an die Hebräer I-II (Evangelisch-katholischer Kommentar zum Neuen Testament XVII/1.2), Zürich – Neukirchen-Vluyn 1990/93.

60 *K. Lehmann*, Neuer Mut zum Kirchesein, Freiburg – Basel – Wien ³1982.

61 Vgl. *W. Popkes*, Adressaten, Situation und Form des Jakobusbriefes (Stuttgarter Bibel-Studien 125/126), Stuttgart 1986.

62 Theologiegeschichtliche und exegetische Hintergrundinformationen gibt *H. Frankemölle*, Der Brief des Jakobus II, (Ökumenischer Taschenbuch-Kommentar zum Neuen Testament 17/1.2), Würzburg – Gütersloh 1994, 729-732.

63 Vgl. *K. Scholtissek*, Kinder Gottes und Freunde Jesu. Beobachtungen zur johanneischen Ekklesiologie, in: R. Kampling – Th. Söding (Hg.), Ekklesiologie des Neuen Testaments (s. Anm. 15) 184-211.

64 Vgl. zum folgenden *F. Schumacher – Th. Söding*, Leben gegen den Tod. Das Ostergeheimnis im Johannesevangelium, Freiburg – Basel – Wien 1994, 82-93.

65 In seiner Passionsmusik zum Johannesevangelium (BWV 245) hat *Johann Sebastian Bach* diese Seite der Worte Jesu in dem Choral »Er nahm alles wohl in acht« (Nr. 28) hervorgehoben.

66 Vgl. *U. Wilckens*, Maria, Mutter der Kirche (Joh 19,26), in: R. Kampling – Th. Söding (Hg.), Ekklesiologie des Neuen Testaments (s. Anm. 15) 247-266.

67 Vgl. *H.-J. Klauck*, Die Johannesbriefe (Erträge der Forschung 276), Darmstadt 1990.

68 Vgl. *F. Mußner*, Maria, die Mutter Jesu im Neuen Testament, St. Ottilien 1993, 119-155.

69 Vgl. *J. Roloff*, Exegetische Verantwortung in der Kirche, Göttingen 1990, 228f.

70 *K. Lehmann*, Glauben bezeugen, Gesellschaft gestalten. Reflexionen und Positionen, Freiburg – Basel – Wien 1993, 39.

216

[71] »Die Last der Geschichte annehmen«. Wort der Bischöfe zum Verhältnis von Christen und Juden aus Anlaß des 50. Jahrestages der Novemberpogrome 1938 (Die Deutschen Bischöfe 43), Bonn 1988.

[72] Begründet der neutestamentliche Kanon die Einheit der Kirche? (1951), in: ders. (Hg.), Das Neue Testament als Kanon, Göttingen 1970, 124-133: 131.

[73] Vgl. *J. Gnilka*, Die Kollekte der paulinischen Gemeinden für Jerusalem, in: R. Kampling – Th. Söding (Hg.), Ekklesiologie des Neuen Testaments (s. Anm. 15) 301-315.

[74] Zur näheren Auslegung vgl. *Th. Söding*, Das Liebesgebot bei Paulus (Neutestamentliche Abhandlungen 26), Münster 1995, 176-183.

[75] Vgl. Gemeinsame römisch-katholische/evangelisch-lutherische Kommission, Das Herrenmahl, Paderborn 1978.

[76] Es handelt sich um die aus Anlaß des ersten Papstbesuches in Deutschland 1980 begonnene Studie über die wechselseitigen Lehrverurteilungen aus der Zeit der Reformation; vgl. Ökumenischer Arbeitskreis evangelischer und katholischer Theologen, Lehrverurteilungen – kirchentrennend? Bd. I: Rechtfertigung, Sakramente und Amt im Zeitalter der Reformation und heute, hg. v. K. Lehmann – W. Pannenberg, Freiburg i. Br. – Göttingen 1986.

[77] Der Entwurf einer gemeinsamen Erklärung ist abgedruckt in: Herder-Korrespondenz 50 (1996) 302-306.

[78] Vgl. die Dokumentation von *H. Meyer – H.J. Urban – L. Vischer (Hg.)*, Dokumente wachsender Übereinstimmung. Bd. I: Sämtliche Berichte und Konsenstexte interkonfessioneller Gespräche auf Weltebene 1931-1982, Paderborn – Frankfurt/M. 1983; Bd. II: Sämtliche Berichte und Konsenstexte interkonfessioneller Gespräche auf Weltebene 1982-1990, Paderborn – Frankfurt/M. 1992.

[79] Vgl. Gemeinsame römisch-katholische/evangelisch-lutherische Kommission, Kirche und Rechtfertigung. Das Verständnis der Kirche im Lichte der Rechtfertigungslehre, Paderborn – Frankfurt 1994.

[80] Wichtige Impulse gibt die Enzyklika »Ut unum sint« vom Mai 1995 (Verlautbarungen des Apostolischen Stuhles 121), Bonn 1995; vgl. zu ihr auch von evangelischer Seite die bedenkenswerten Anmerkungen von *G. Wenz*, Ut unum sint: Una Sancta 50 (1995) 305-315.

[81] Vgl. *F. Mußner*, Traktat über die Juden, München ²1988 (¹1979).

[82] Im Gestrüpp der Mutmaßungen und Verdächtigungen, das gegenwärtig um Qumran herum wuchert, fällt die Orientierung schwer. Ein zuverlässiger Wegführer ist *H. Stegemann*, Die Essener, Qumran, Johannes der Täufer und Jesus, Freiburg – Basel – Wien 1993.

[83] Vgl. *R. Rendtorff – H. H. Henrix (Hg.)*, Die Kirchen und das Judentum. Dokumente 1945 bis 1985, Paderborn – München ²1989.

[84] *E. Drewermann*, Das Markusevangelium, 2 Bde., Olten 1987.1988; Das Matthäusevangelium, 2 Bde., Olten 1992/1994; *H. Wolff*, Jesus als Psychotherapeut,
Stuttgart 1978; *F. Alt*, Jesus, der erste neue Mann, München 1989.

[85] Anders dann in nachneutestamentlicher Zeit: Marcion verwirft das »Alte Testament« in Bausch und Bogen, der pseudepigraphe »Barnabasbrief« spricht es
den Juden ab, um es für die Christen zu vereinnahmen; vgl. *Th. Söding*, Alles
neu!? Neutestamentliche Anmerkungen zum Verhältnis zwischen beiden Testamenten, in: G. Steins (Hg.), Leseordnung. Altes und Neues Testament in der Liturgie. Sonderheft Gottes Volk, Stuttgart 1997, 78-91.

[86] Eine kritische Bestandsaufnahme der bisherigen Bemühungen unternimmt *K.
Richter*, Jüdische Wurzeln christlicher Liturgie im Spiegel der neueren Liturgie-
wissenschaft, in: M. Marcus – E.W. Stegemann – E. Zenger (Hg.), Israel und Kirche heute. FS E. L. Ehrlich, Freiburg – Basel – Wien 1991, 135-147; *ders.*, Unver-
zichtbar Jüdisches in der christlichen Liturgie, in: S. Schröer (Hg.), Christen
und Juden. Voraussetzungen für ein erneuertes Verhältnis, Altenberge 1992, 84-
103.

[87] Die Liste reicht von Justins Gegner, dem Juden Tryphon (Justinus, Dialogus
cum Tryphone Judaeo 10,2), bis zu *C. C. Montefiori* (The Synoptic Gospels II,
London ²1927, 81) und weit darüber hinaus; vgl. die stark differenzierende Position von *G. Vermes*, Jesus der Jude. Ein Historiker liest die Evangelien, Neukirchen-Vluyn 1993. Auch *S. Freud* macht sich diesen Einwand zu eigen: Das Un-
behagen in der Kultur (1930), in: Gesammelte Werke 14, London 1948,
419-506: 468-475.493-506 (Abschnitte V. VIII). Zur kritischen Auseinandersetzung vgl. meinen Beitrag: Der Anstoß des Glaubens. Anmerkungen zum Streit
um die Ethik Jesu, in: P. Schmidt-Leukel (Hg.), Berechtigte Hoffnung. Über die
Möglichkeit, vernünftig und zugleich Christ zu sein, Paderborn 1995, 175-198.

[88] Vgl. *D. Zeller*, Christus unter den Göttern. Zum antiken Umfeld des Christusglaubens, Stuttgart 1993.

[89] Vgl. *H. Merklein*, Ägyptische Einflüsse auf die messianische Sohn-Gottes-Aus-
sage des Neuen Testaments, in: H. Cancik – H. Lichtenberger – P. Schäfer (Hg.),
Geschichte – Tradition – Reflexion. FS M. Hengel III: Frühes Christentum, hg.
v. H. Lichtenberger, Tübingen 1996, 22-48.

[90] Vgl. *U. Schnelle*, Gerechtigkeit und Christusgegenwart. Vorpaulinische und
paulinische Tauftheologie, Göttingen ²1986 (¹1985), 77f.

[91] Vgl. meinen Beitrag: Wiedergeburt aus Wasser und Geist. Anmerkungen zur
Symbolsprache des Johannesevangeliums am Beispiel des Nikodemus-Ge-

sprächs (Joh 3,1-21), in: K. Kertelge (Hg.), Metaphorik, Mythos und Neues Testament (Quaestiones disputatae 126), Freiburg – Basel – Wien 1990, 168-219.

92 So die These des englischen Philosophen *J. Hick,* God and the Universe of Faiths, London 1973; *ders.,* An Interpretation of Religion. Human responses to the Transcendent, London 1989. Dazu die kritische Auseinandersetzung in: *R. Schwager (Hg.),* Christus allein? Der Streit um die pluralistische Religionstheologie (Quaestiones disputatae 160), Freiburg – Basel – Wien 1996.

93 Dies ist die Perspektive des Ökumenismus-Dekrets »Nostra Aetate« (»In unserer Zeit«) des Zweiten Vatikanischen Konzils.

94 Vgl. *G. Schulze,* Die Erlebnisgesellschaft, Frankfurt/M. 1993.

95 *H. Blumenberg,* Die Genesis der kopernikanischen Welt II: Die Legitimität der Neuzeit, Frankfurt/M. 1975.

96 *H. Lübbe,* Religion nach der Aufklärung, Graz – Wien – Köln 1986.

97 *H. Belting,* Bild und Kult. Eine Geschichte des Bildes vor dem Zeitalter der Kunst, München 1990.

98 Vgl. *A. Stock,* Zwischen Tempel und Museum. Theologische Kunstkritik – Positionen der Moderne, Paderborn u.a. 1991.

99 Scharfsichtig analysiert von *G. Picht,* Kunst und Mythos, Stuttgart [3]1990 ([1]1986).

100 Vgl. *K. Lehmann,* Vom Dialog als Form der Kommunikation und Wahrheitsfindung in der Kirche heute (Der Vorsitzende der Deutschen Bischofskonferenz 17), Bonn 1994. Vorabdruck: Herder-Korrespondenz 49 (1995) 29-35.

101 Vgl. *L. Kühnhardt,* Die Universalität der Menschenrechte. Studien zur Geschichte und Politik (Bundeszentrale für politische Bildung. Schriftenreihe 256), Bonn 1987; *J. Punt,* Die Idee der Menschenrechte. Ihre geschichtliche Entwicklung und ihre Rezeption durch die moderne katholische Sozialverkündigung (Abhandlungen zur Sozialethik 26), Paderborn 1987.

102 *E.-W. Böckenförde,* Staat – Gesellschaft – Freiheit. Studie zur Staatstheorie und zum Verfassungsrecht, Frankfurt/M. 1976, 60.

103 In bemerkenswert intensiver Form ist dies im Konsultationsprozeß geschehen, den die evangelische und katholische Kirche jüngst zur wirtschaftlichen und sozialen Lage in Deutschland initiiert haben: Für eine Zukunft in Solidarität und Gerechtigkeit. Wort des Rates der Evangelischen Kirche in Deutschland und der Deutschen Bischofskonferenz zur wirtschaftlichen und sozialen Lage in Deutschland (Gemeinsame Texte 8), Hannover – Bonn 1997.

104 Gute (und ganz unterschiedliche) Beispiele liefern *C. M. Martini,* Dein Stab hat mich geführt. Geistliche Weisung von Mose zu Jesus, Freiburg – Basel – Wien 1981; *ders.,* Und sie gingen mit ihm. Der Weg des Christen nach dem Markus-

evangelium, Freiburg – Basel – Wien 1983; *J. Bours,* Da fragte Jesus ihn. Schritte geistlicher Einübung in die Jesusnachfolge, Freiburg – Basel – Wien 1983; *F. Kamphaus,* Der Stein kam ins Rollen. Worte, die zum Glauben reizen, hg. v. P. Deselaers, Freiburg – Basel – Wien 1986; *ders.,* Was die Stunde geschlagen hat. Worte, die den Mut wecken, Freiburg – Basel – Wien 1990; *K. Berger,* Wie ein Vogel ist das Wort. Wirklichkeit des Menschen und Parteilichkeit des Herzens nach Texten der Bibel, Stuttgart 1987; *P. v. Breemen,* Wie Brot, das gebrochen wird. Zwanzig Schriftmeditationen, Würzburg 1987.

[105] *E. Jüngel,* Keine Ermäßigung auf die Wahrheit: F.A.Z. v. 22. 6. 1996, S. 39.

[106] *I. U. Dalferth,* »Was Gott ist, bestimme ich«: Theologische Literaturzeitung 121 (1996) 416-430: 417.

[107] *J. Tischner,* Glaube in düsteren Zeiten, in: P. Hünermann (Hg.), Das neue Europa, Freiburg – Basel – Wien 1993, 111-127: 127.

[108] Auch nach seiner Ernennung zum Staatspräsidenten; vgl. *V. Havel,* Angst vor der Freiheit, Reinbek bei Hamburg 1991.

[109] Vgl. *V. Havel,* Versuch, in der Wahrheit zu leben, Reinbek bei Hamburg 1989.

[110] *V. Havel,* Am Anfang war das Wort, Reinbek bei Hamburg 1990, 81-113: 111f.

Thomas Söding
Mehr als ein Buch

Die Bibel begreifen

448 Seiten, gebunden
ISBN 3-451-23633-8

Die Bibel wird gelesen als Wort Gottes, als Buch der Kirche, als Buch des Glaubens, als Buch des Lebens, als Buch in zwei Teilen, von denen der erste als »alt«, der zweite als »neu« gilt. Aber warum bezeichnet man die Bibel so, und wie wirkt sich das auf den Umgang mit ihr aus? Klar und anschaulich gibt Thomas Söding darauf Antwort. Dabei weicht er auch dem kontroversen Gespräch der Gegenwart nicht aus, das über Gott und die Welt geführt wird, über die Menschen, ihre Schuld, ihre Würde und Hoffnung, wie auch über Fragen der Spiritualität und Ethik. Den Leserinnen und Lesern erwächst ein neues und tieferes Verständnis der Heiligen Schrift, ihrer Vielfalt und ihres Reichtums.

Herder
Freiburg · Basel · Wien

Medard Kehl

Wohin geht die Kirche?

Eine Zeitdiagnose

173 Seiten, Paperback
ISBN 3-451-23961-2

Die entscheidende Herausforderung für die Kirche heute ist die Suche nach neuen Formen, in denen der christliche Glaube auch unter den Bedingungen von Moderne und Postmoderne angemesssen gelebt und vermittelt werden kann.

Wer besser verstehen will, warum sich so viele traditionelle Strukturen in Gemeindeleben und Verkündigung so rapide ändern, aber auch, welche Chancen für Gegenwart und Zukunft der Kirche gerade darin liegen, findet hier nüchterne Analysen und ermutigende Perspektiven aus der Hand eines renommierten Theologen und engagierten Seelsorgers.

Herder
Freiburg · Basel · Wien